체육지도자를 위한
스포츠 심리학

김 성 운 편저

Academy House
學 士 院

서 문

현대는 과학기술의 시대라고 일컬어진다. 그러나 과학기술의 발전을 통한 인간 문명의 고도발달은 아이러니(irony)하게도 인간존재의 가치(價値)를 도외시(度外視)하고 인간에게 불행을 가져다주고 있으며, 스포츠에서도 마찬가지 현상이 나타나고 있다.

원래 스포츠 심리학은 인간학을 도외시하고는 논할 수 없다. 왜냐하면 스포츠를 행하는 주체가 인간이기 때문이다. 인간은 다른 동물과 마찬가지로 육체를 가진 생물학적 존재이지만, 그와 동시에 높은 수준의 정신기능을 갖는 심리학적 존재이기도 하다. 따라서 스포츠라는 활동을 이해하고 이를 효과적으로 실행해 가기 위해서는 고도로 분화한 신체학적 측면뿐만 아니라, 인간으로서의 저마다 다른 심리적 특징과 현상에 대해서도 깊은 성찰이 따라야 한다.

오늘날 21세기의 심리학은 과학적 학문으로서 급속히 발전하여 가고 있으며, 행동 및 사회과학에서 선도적인 역할을 해나가고 있다. 정치·경제·사회·문화·스포츠에 관련된 제반 인간형성과 사회현상, 스포츠현상이 인간자신과 자신의 수행에 관계되어 있는 한 심리학의 발전은 인간의 복지와 인간문제의 해결에 큰 도움을 줄 것으로 믿어 의심치 않는다. 특히 스포츠는 상황에 따라 수많은 문제들이 심리학적 지식에서 도움을 받는 것이 너무 많다는 사실을 고려한다면 스포츠심리학 교육이 하루빨리 스포츠현장에서 강화되어야 한다.

스포츠 심리학은 19세기말부터 급속도로 빠르게 발전된 분야로 본서에서는 스포츠에 대한 심리적 적응, 스포츠 경기의 유형별 심리학의 문제, 발달단계별 심리적 특징(特徵) 등에 대해 기술하였다. 그러나 진정 경기력(競技力)이 체력과 기술, 그리고 정신력에 의해 향상된다면 정신적인 면에 대한 과학적 연구의 필요성이 강조되어야 할 것이며, 그 주체인 인간에 대한 이해가 뒤따르지 않으면 안 된다. 가령, 스포츠를 좋아하는가 좋아하지 않는가, 한 마디로 좋아한다고 하더라도 어떠한 종목을 좋아하는가 하는 단순한 사항에 관해서도 거기에는 사람마다 각기 다른 성격이 반영되어 있기 때문에 이 점을 가볍게 보아 넘겨서도 안 된다. 연습이나 트레이닝의 방법에 관해서도 선수의 성격적인 차이에 따라 많은 영향을 미친다. 또 각 종목별 경기에 관해서 적합한 적성(適性)이 있는지 없는지에 대한 문제도 스포츠지도자로서는 무시(無視)할 수 없는 것이다.

한편, 스포츠의 실시는 필연적으로 기능의 향상을 요구하는 경향이 강하며, 그것은 연습(학습)으로써 성취되므로 그 연습이 효과적이기 위해서는 학습에 관한 심리학적 법칙을 충분히 습득·활용할 필요가 있다. 그럴 경우, 자신의 동작을 어떻게 지각하고 어떻게 판단하여 최종적으로 목적에 맞는 유효(有效)한 동작을 하는가 하는 조화능력(調和能力)과 인지법칙(認知法則)의 이용 등에 관한 사항도 중요한 문제가 된다. 또한 스포츠를 레크리에이션 접근이 아닌 승패(勝敗)를 의식하고 기량(技倆) 겨루기를 행할 경우라면 당연히 이기기 위해서는 유리한 경기장면에서의 심리에 관해서도 연구하지 않으면 안 된다. 더 나아가서 스포츠를 하는 사람, 또는 연습하는 사람의 심리적 특징까지도 고려하지 않으면 적절한 지도를 할 수 없다. 유아(幼兒)와 초등학생은 심리적 특징이 다르고, 고교생(高校生)과 성인(成人) 사이도 크게 다르다고 할 수 있다.

실제로 많은 지도자들은 연습이나 경기상황에서 개인의 심리적 측면이 지닌 중요성을 인식하고 있으며, 참여자들의 심리적 측면에 도움을 줄 수 있는 방법을 알고 싶어하지만 그러한 정보를 쉽게 접하지 못하고 있는 실정이다. 이런 환경에서 스포츠심리학적 지식을 지도자들에게 전달하는 효과적으로 방법 중 하나는 실제의 운동수행이나 운동지도 장면과의 관련성을 지닌 내용들을 포함한 참고서적을 일상적이고 평범한 용어로 진술하여 제공하고 있다. 그런 관점에서 이 책은 위의 요구를 충족시켜줄 것이다.

이 책에서 편자는 스포츠 및 운동 상황에서 고려되어야 할 심리적 측면들을 간결하면서도 포괄적으로 기술하였다. 또한 스포츠심리학 분야의 각 주제들에 대한 주요 연구결과들을 누구나 쉽게 이해할 수 있도록 진술하였으며, 아울러 각 주제와 관련된 사례를 제시함으로써 독자들이 실제의 상황에서 스포츠심리학적 개념을 생각해볼 수 있는 기회를 제공해 줄 것이다.

하지만 이 책을 저술하면서 여러 가지 측면에서 많은 한계를 느꼈다. 그리고 부족하고 미흡한 부분이 많아 아쉬움이 크다. 앞으로 이러한 부분은 더 많은 연구와 노력을 통하여 수정하고 보완할 것을 약속한다.

2015년 7월

편자 씀

차 례

제1장 스포츠 심리학의 의의

1. 운동심리학과 스포츠 심리학 ·················· 16
   1) 운동의 개념 ·················· 16
   2) 운동심리학 ·················· 17
   3) 스포츠 심리학 ·················· 17
2. 운동심리학의 연구와 문제 ·················· 19
3. 스포츠심리학의 역사 ·················· 19

제2장 운동지배의 신경생리

1. 신경계와 운동 ·················· 23
   1) 신경계 ·················· 23
   2) 신경계의 구성 ·················· 24
   3) 정보의 전달 ·················· 26
   4) 뉴런의 흥분전달 ·················· 27
   5) 반사에 의한 운동의 조절 ·················· 28
2. 운동과 활성화 측정 ·················· 31
   1) 운동의 활성화 ·················· 31
   2) 활성화의 결정과 충고 ·················· 32
   3) 활성화와 수행의 관계 ·················· 32
   4) 유도긴장과 정신작업 ·················· 34

제3장 운동과 지각

1. 지각과 일반적 성질 ·················· 36

1) 지각과 인지 ·· 36
　　2) 지각의 일반적인 성질 ·· 36
2. 시각의 연동지각 ·· 38
　　1) 연동지각 ·· 38
　　2) 운동역 ·· 38
　　3) 운동속도의 지각 ·· 39
　　4) 외관운동의 지각과 기서 ·· 40
3. 운동과 근운동감각 ·· 41
4. 운동잔효 ·· 41
　　1) 운동잔효 ·· 41
　　2) 운동잔효의 특징 ·· 42
5. 시각기능 ·· 42
　　1) 시야 ·· 43
　　2) 추도시각 ·· 44
　　3) 동체시력 ·· 45

제4장 운동학습의 심리

1. 운동학습과 학습이론 ·· 47
　　1) 운동학습의 의미 ·· 47
　　2) 학습이론 ·· 48
　　3) 기술학습 ·· 50
2. 운동기능의 구조와 분류 ·· 50
　　1) 운동기능의 정의 ·· 50
　　2) 운동과제에 의한 분류 ·· 51
3. 운동학습의 프로세스 ·· 51
　　1) 학습의 과정 ·· 51
　　2) 운동기능의 획득 ·· 54
　　3) 슬럼프 ·· 62
4. 운동학습과 피드백 ·· 67

1) 피드백 ·· 67
   2) 피드백의 기능 ·· 70
   3) 운동학습과 피드백 ·· 71
   4) 동기설정의 방법 ·· 72
   5) 사회적 동기의 활용 ·· 73
5. 운동학습의 심리적 요인 ·· 73
   1) 욕구와 동기설정 ·· 73
   2) 개성과 동기설정 ·· 73
6. 운동학습의 전이 ·· 77
   1) 양측성 전이 ·· 77
   2) 언어적 사전훈련에서의 전이 ·· 78
   3) 다른 운동학습에로의 전이 ·· 78

제5장 동기유발과 운동지도

1. 동기유발 ·· 79
   1) 동기유발의 의미 ·· 80
   2) 동기유발의 종류 ·· 80
   3) 동기유발의 방법 ·· 82
   4) 동기형성의 최적수준 ·· 84
2. 연습의 배분과 과제의 분할 ·· 85
   1) 연습법 ·· 85
   2) 과제의 분할 ·· 91
3. 언어적 지도 ·· 92
   1) 운동과 언어기능 ·· 92
   2) 언어화 효과 ·· 93
4. 시각적 지도 ·· 94
   1) 운동기능과 시각 ·· 94
   2) 시각미디어의 효과 ·· 94
5. 운동감각적 지도 ·· 95

1) 운동학습과 운동감각 ··· 95
　　2) 운동감각정보의 인위적 지도 ·· 95
6. 정신적 연습 ··· 97
　　1) 멘탈 프렉티스 ·· 97
　　2) 심상훈련 ··· 97

제6장 운동선수의 사회심리

1. 운동행위와 사회적 영향 ··· 99
　　1) 집단효과와 흥분상태 ··· 99
　　2) 극한시의 근력한계 ··· 100
2. 운동집단의 구조와 기능 ··· 101
　　1) 운동집단의 경쟁과 협동 ·· 101
　　2) 운동집단의 개념과 의의 ·· 101
3. 운동에 대한 태도와 형성 ··· 102
　　1) 태도의 정의와 개념 ·· 102
　　2) 스포츠행동의 과정과 신체활동영역 ···································· 103
　　3) 태도형성의 기능과 태도변용이론 ·· 104
4. 운동집단의 리더십 ·· 105

제7장 스포츠와 인지

1. 인지의 과정 ··· 107
2. 시간의 인지 ··· 109
　　1) 운동의 반응시간 ·· 109
　　2) 운동과 타이밍 ·· 112
　　3) 운동과 리듬 ·· 114
　　4) 시각에 의한 시간인지 ·· 115
　　5) 청각에 의한 시간인지 ·· 116
3. 공간의 인지 ··· 116

1) 체위의 인지 ·· 116
　　2) 시야계측과 깊이지각 ·· 117
　　3) 동체시력 ·· 118
　　4) 중심시와 주변시 ··· 118
4. 운동시의 시간·공간·근력 추산 ·· 119
　　1) 시간의 추산 ··· 119
　　2) 공간의 추산 ··· 121
　　3) 근력의 추산 ··· 122
5. 사회적 요인의 인지 ··· 123

제8장 스포츠의 적응심리

1. 성격 형성 ··· 125
2. 태도 변용 ··· 126
　　1) 스포츠와 운동능력과의 관계 ·· 127
　　2) 스포츠에 대한 태도 ··· 127
　　3) 스포츠에 대한 인식 ··· 128
　　4) 스포츠에 대한 태도변용 ··· 129
3. 스포츠 카운슬링 ··· 129
　　1) 운동싫어하기 ·· 130
　　2) 비만인의 특성 ··· 130
　　3) 체력이 미약한 자 ·· 133
　　4) 운동기능이 낮는 자 ·· 134
4. 스포츠의 심리적 적성 ·· 135
　　1) 스포츠 적성 ··· 135
　　2) 인지적 특징 ··· 136
　　3) 사고적 특징 ··· 137
　　4) 정서적 특징 ··· 138
　　5) 사회적 특징 ··· 141

제9장 운동과 발달

1. 발달의 성숙과 학습 ·· 143
2. 지각운동훈련과 능력습득 ·· 144
   1) 지각운동훈련 ·· 144
   2) 인지적 요소의 습득 ··· 145
3. 운동경험과 성격의 발달 ·· 147

제10장 발달단계별 심리적 특징

1. 아동기(초등학생)의 특징 ··· 149
   1) 지적인 면 ·· 149
   2) 정서적인 면 ·· 149
   3) 사회적 행동면 ·· 150
   4) 운동적인 면 ·· 151
   5) 초등학생의 지도요점 ·· 152
2. 청년 전기(중학생)의 특징 ··· 152
3. 청년 중기(고교생)의 특징 ··· 157
4. 청년 후기(대학생) 및 성인의 특징 ······································ 160

제11장 운동기능의 연습과 지도

1. 스포츠 기능과 퍼포먼스 ·· 165
   1) 스포츠기능(운동기능) ··· 165
   2) 퍼포먼스 ·· 166
   3) 스포츠기능의 분류 ··· 167
2. 스포츠 기능의 연습 ·· 170

1) 기능의 숙달과정 ····· 170
　　2) 연습의 전이 ····· 176
　3. 기능의 지도방법 ····· 185
　　1) 동기부여의 문제 ····· 185
　　2) 기능지도의 강조점 ····· 189
　　3) 시각적 지도 ····· 191

제12장 경기의 심리

1. 경쟁의 심리와 성적 ····· 196
　1) 경쟁의 심리 ····· 196
　2) 경쟁과 성적 ····· 198
2. 운동심리와 현상 ····· 202
　1) 믿음이 주는 것 ····· 202
　2) 심신과 컨디션 ····· 203
3. 마음과 몸 ····· 205
　1) 마음과 몸 ····· 205
　2) 기록향상의 요인 ····· 207
4. 얼어버림 ····· 208
　1) 얼기 현상 ····· 208
　2) 얼기 현상의 극복 ····· 210
5. 원정경기의 심리 ····· 211
6. 지도자의 태도 ····· 211

제13장 운동과 스트레스

1. 스트레스의 용어의 정의 ····· 215
2. 스트레스의 생리적 현상 ····· 218
3. 스트레스 생성요인과 단계 ····· 219

4. 경기자의 스트레스 요인 ·· 221
   1) 외적 요인 ·· 222
   2) 내적 요인 ·· 222
   3) 긴장을 유발시키는 인자 ··· 223
   4) 경기자 긴장의 징후 ·· 224
   5) 시합중의 컨디션 탈감법 ··· 225
   6) 자기이완법 ·· 226
   7) 긴장의 방지대책 ··· 227
5. 스트레스 해소를 위한 실천 ·· 227

제14장 스포츠와 최면

1. 스포츠의 장과 최면 ·· 231
   1) 최면과 도핑 ·· 232
   2) 자기계발과 자기최면 ·· 233
2. 최면의 의의와 학설 ·· 235
   1) 최면의 의의와 개념 ·· 236
   2) 최면의 생리학설 ··· 238
   3) 최면의 심리학설 ··· 240
3. 최면을 이용한 실험 ·· 240
   1) 최면과 근력 ·· 242
   2) 자율훈련법에 의한 선수훈련 ·· 243
4. 정신훈련이 의미하는 것 ··· 243
   1) 알파(α)파와 베타(β)파 ··· 243
   2) 스포츠와 마음의 트레이닝 ··· 245

제15장 최상의 운동수행과 코칭

1. 선수의 경기행동과 코칭 ··· 247
   1) 강화와 경기행동 유지하기 ··· 247

2) 선수의 성격특성에 따른 코칭 ··· 249
　3) 경기에 영향을 미치는 각성과 스트레스 ···························· 251
2. 코칭의 주요내용 ··· 261
　1) 스포츠심리학의 이해 ·· 261
　2) 스포츠심리학 속으로 들어가기 ······································· 262
　3) 정신력과 최대수행 ··· 267
　4) 자신감 갖기 ·· 273
3. 코칭 시 심리적 원리 ·· 277
　1) 코칭의 원리 ·· 277
　2) 코칭 커뮤니케이션의 원칙 및 원리 ································· 285
　3) 선수의 심리훈련 방법 ··· 286
　4) 선수의 관리 ·· 294

※ 참고문헌 ··· 300

제1장
스포츠심리학의 의의

 최근 스포츠(sports)의 다양한 과학적 연구(科學的 硏究)가 심화되면서 교육(敎育)의 입장을 떠나서 운동자체의 과학적 기초체계(基礎體系)를 확고히 규명·연구·실험·적용·실천함으로써 운동과학(運動科學)의 영역을 스포츠과학(sports 科學)과 구별해서 확립하려는 경향이 강해졌다. 이처럼 운동과학(運動科學: motor science)은 스포츠의 과학적 기초를 확고히 하는 것이 되며, 실제 운동과학이 스포츠과학과 분리할 수 없는 관계에 있다.
 운동심리학(運動心理學: exercise psychology)은 운동(스포츠) 주체자(主體者)인 인간에 기초하여 인체기능(人體機能)과 생리학(生理學), 인간의 심리학(心理學)에 바탕을 두고 운동을 심리학적으로 연구하는 영역을 의미한다. 운동심리학은 운동을 교육심리학(敎育心理學)으로 수용해야 하며, 교육심리학적 면에서 스포츠심리학(sports 心理學)과 운동심리학으로서 함께 해석되어야 하는 분야이다. 그러나 운동은 교육(敎育)의 장(場)을 떠나서도 존재할 수 있으며, 운동자체를 심리학적으로 연구하는 것이 가능하므로 운동심리학이 되는 것이다.
 운동심리학(運動心理學)은 스포츠의 과학적 기초를 확립시켜 줄 뿐만 아니라, 교육적용면을 포괄하기 때문에 스포츠심리학이라고 볼 수 있다. 즉, 스포츠심리학을 교육심리학의 한 영역, 또는 교육심리학이 스포츠에의 응용으로 생각하는 입장이 아니라, 운동심리학이 스포츠에 응용됨으로 스포츠심리학이라고 하는 입장을 취하고 있는 것이다.
 최근의 스포츠심리학의 발전, 인간의 기능수행(機能遂行: performance)이나 운동학습(運動學習: motor learning)에 관한 연구의 급속한 진전을 생각하면, 인간의 운동행동(運動行動: movement behavior)을 연구대상으로 하는 학문분야를 운동심리학으로서 스포츠심리학과 구별하여 논하는 것도 필요하게 되었다.

1. 운동심리학과 스포츠 심리학

1) 운동의 개념

(1) 운동의 여러 가지 정의
① 사전적 뜻으로는 단지 '움직이는 일'을 의미한다.
② 물리학적 면에서는 '물체가 시간의 경과와 함께 공간적으로 위치를 바꾸는 일'이며, 철학적 면에서는 물질적 존재의 가치변화이다.
③ 사회적 뜻으로는 환경운동·질서운동·새마을운동 등과 같이 '어떤 목적을 위해서 노력하는 일'이다.
④ 보건을 위하여 건강유지나 증진을 목적으로 '신체를 단련하는 일'이다.
⑤ 스포츠의 개념적 측면에서는 '경기 방법과 기술을 위해 훈련하는 일'이다.

운동심리학에 있어서 운동은 신체운동이고, 또 몸을 움직이므로 건강한 신체를 만들거나 운동종목에 따라 운동자·경기자의 심리적 상태를 말한다.

(2) 여러 가지 신체운동의 종류
① 운동을 하는 주체의 의지(意志: will, 능동적인 마음의 작용)가 어느 정도 관여하는가에 따라서 반사운동·감관운동·수의운동으로 분류한다.
  ⓐ 반사운동(反射運動: reflex movement): 자극에 의해 의식과 관계없이 기계적으로 일어나는 근섬유운동을 말한다.
  ⓑ 감관운동(感官運動: sensory movement): 눈·귀·코·입·피부의 오관(五官)에 의한 자극을 받아 일어나는 운동을 말한다.
  ⓒ 수의운동(隨意運動: voluntary movement): 자신의 의지에 따라 근육·골격을 움직이는 운동으로 유의운동(有意運動)이라고도 한다.
② 운동을 할 때 신체사용의 대소(大小) 크기에 따라서 소근운동·대근운동으로 분류한다.
  ⓐ 소근운동(小筋運動): 차기·두드리기 등 손끝·발끝의 운동과 같이 손가

　　　　락·발가락·입 등 소근군을 사용하는 운동을 이른다.
　　ⓑ 대근운동(大筋運動) : 달리기·높이뛰기·던지기·들기 등 팔·다리·허리와 같은 대근군을 사용하는 운동을 이른다.

2) 운동심리학

　스포츠를 운동과학의 한 분야로 생각한다면, 그 주요대상은 놀이(공놀이·물놀이 등)·스포츠·체조(體操)·댄스 등의 신체운동으로 볼 수 있다.
　운동을 실시할 때 주체자(실시자)의 운동에 대한 운동의 목적달성을 위한 효율을 높이고, 운동의 재미를 느끼는 스포츠 활동시의 만족감·성취감 등의 운동에 대한 긍정적 사고와 동기유발 등을 운동심리학이라 하겠다. 즉 운동상황에서 개인의 태도·인지·행동을 이해하고, 개인의 태도·인지·행동에 영향을 주는 사회적 요인을 이해하는데 관심을 두는 학문분야라 할 수 있다.

3) 스포츠심리학

　스포츠심리학은 교육심리학의 원리·법칙을 스포츠에 적용하거나 응용하는 방향으로 체계화한 것이다. 물론 스포츠심리학은 교육심리학의 단순한 적용이 아니라 독자성을 갖는 것이어야 한다. 교육심리학에서 다루고 있는 운동은 주로 소근운동인 것에 비해, 스포츠에 있어서는 운동이 대근운동인 점이다. 소위 지적 과학의 학습장면이 교실과 같은 한정된 장(場)인데 비해, 스포츠는 학습의 장(場)이 체육관이나 운동장과 같이 열려진 장(場: field)이고, 동적인 장이라는 점 등이 차이점이다. 그러나 스포츠를 '신체의 교육', 또는 '신체활동을 통한 교육'이라고 한다면 기본적으로는 교육심리학의 한 분야로도 볼 수 있다.

　운동심리학을 인간의 운동행동의 심리학으로 보고, 스포츠의 과학적 기초를 확고히 하는 것으로서 운동과학의 한 분야로 생각한다면 위의 도식은 다음과 같이

변경될 것이다.

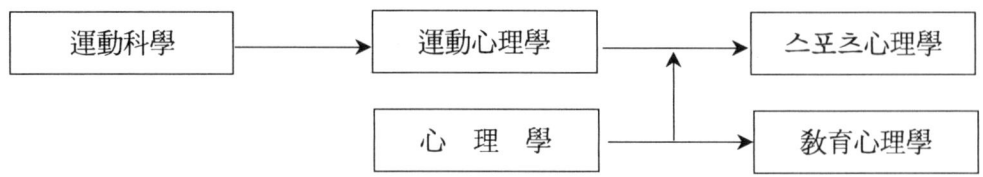

스포츠심리학은 일반심리학의 하위개념으로 모든 측면을 스포츠상황의 운동수행에 초점을 두어 그에 미치는 심리적·사회적 요인을 스포츠 상황 속에 일어나는 인간행동과 관련된 여러 가지 문제에 대한 해답을 추구하는 스포츠과학이다. 지금까지 이 분야에서 이루어진 연구를 살펴보면 스포츠심리학은 (1) 다양한 심리적 변인이 개인의 운동참가와 수행에 미치는 영향의 이해, (2) 스포츠와 운동 참여가 개인의 다양한 심리적 발달 및 정신적 건강에 미치는 영향의 규명이라는 두 가지의 목적을 가지고 있다.

스포츠란 유희(놀이)·경쟁(경기)·신체단련(건강)을 위해 룰(rule, 규칙)과 기술적 동작(활동)으로 개인 또는 단체가 오락으로 즐기거나 승부를 겨루기 위한 신체적 운동(경기)이다. 과거에는 스포츠는 사냥·낚시 같은 야외 오락을 지칭했으나 오늘날에는 스포츠와 운동경기를 구별하지 않게 되었다. 스포츠는 인간이 만든 행동문화 또는 운동문화로서 존재하며, 학교체육에 있어서 스포츠는 그것을 활용한 것이며, 교육(教育: education) 안에 이루어지기 때문에 체육(體育: physical education)이라고 한 것이다. 즉, 스포츠(sports)는 교육적인 활동으로서 행해지기 보다는 더욱 넓게 깊은 내용을 갖는 것이고, 교육적인 활동 이전의 활동이다. 예를 들면 스포츠는 건강을 유지·증진하고, 체력을 높이기 위해서 체육교과의 교재로서 받아들여질 수가 있지만, 한편 이들의 목표와는 관계없이 각종의 기술을 겨루는 활동으로서 활동자체를 즐기는 오락으로서 생각할 수도 있으며, 그 결과로서 건강의 유지·증진이나 체력향상에 기여하는 활동으로서 그 위치를 부여할 수 있다. 따라서 스포츠심리학은 운동심리학의 한 분야로서가 아니라, 스포츠 행동을 심리학적으로 연구하는 독립된 영역이라 할 수 있다.

그런데 운동심리학의 대상을 운동놀이·스포츠·체조·댄스(aerobic dance 포함) 등의 신체운동이라고 할 때 운동심리학과 스포츠심리학과의 관계는 운동심리학을 상위개념으로 하고 그 속에 스포츠심리학이 포함된다고 본 것이다. 운동심리학적 연구는 오늘날에 있어서 스포츠를 대상으로 한 것이 많기 때문에 운동심리학과 스포츠심리학은 거의 같은 맥락에서 해석되고 있다.

2. 운동심리학의 연구와 문제

(1) 운동심리학의 연구
스포츠의 과학적 기초로서 '동인·특질·특성·기술·학습·정신장애 치유' 등 여러 분야로 연구되고 있다.
① 놀이나 스포츠의 동인(動因)에 관한 연구
② 각종 운동의 심리적 특질(特質)에 관한 연구
③ 반응시간이나 타이밍컨트롤(timing control) 등 운동기술의 기초적인 연구
④ 운동발달 프로그램이나 운동학습에 관한 연구
⑤ 운동집단의 특성에 관한 연구
⑥ 댄스(dance)·스포츠(sports) 등 정신장해의 치료적 효과에 관한 연구

(2) 운동심리학적 제 문제
스포츠의 과학적 기초로서 '생리심리·운동지각·경기지도·인간발달·사회심리' 등 문제를 다룬다.
① 운동의 기초로서 운동지배적 생리심리(運動支配的生理心理)에 관한 문제
② 외적·내적 자극(刺戟)과 운동과의 관계에 대한 문제(운동과 지각)
③ 운동심리와 학습에 관한 문제
④ 운동경기지도에 관한 문제
⑤ 운동과 인간발달에 관한 문제
⑥ 운동과 사회심리학에 관한 문제

3. 스포츠 심리학의 역사

19세기 후반 미국에서 스포츠의 효율적인 운동학습을 위한 연습체계(練習體系)

에 스포츠심리학을 도입함으로써 학문적 연구가 시작되었다. 그것은 스포츠 수행훈련(修行訓練: performance practice)에서 신체동작의 발단(發端: start)·수련(修練: training)·제어(制御: control) 등을 감각(感覺: sense)·성격(性格: character)의 심리적 특성을 과학적으로 연구하는 일이다.

스포츠심리학이 스포츠계에 도입된 지 한 세기가 지난 오늘날에는 선수지도에 널리 적용되고 있다. 1999년 미국 메이저리그에서 좋은 성적을 내던 야구투수 박찬호선수가 4월 24일(현지 23일) 세인트루이스 카디널스전 3회 초에서 페르난도 타티스(Fernando Tatis) 선수에게 미국 메이저리그 123년 역사상 한 이닝에서 한 선수에게 두 번 만루 홈런을 맞은 대기록을 헌납하자, 당시 LA다저스(LA Dodgers)의 데이비드 존슨(David Johnson) 감독의 심상훈련(image training)을 권유받고 심리치료를 받은 후 후반부 리그에 많은 승수를 쌓았고, 다음 2000년도에는 18승을 기록하였다.

우리나라 여자 양궁선수인 윤미진은 자투리 시간마다 심상훈련을 실시하여 좋은 성적(금메달)을 냈으며, 골프는 실수를 적게 해야만 하는 특수성으로 한타 한 타가 아주 중요한 요소이다. 미국 LPGA(Ladies Professional Golf Association)의 우리 한국낭자들 모두 다 심리적으로 무장된 선수들이다. 이들이 훈련을 쌓은 것이 스포츠심리학을 응용한 정신연습(mental practice)·심상훈련(image training)이라 부른다. 커리어 그랜드슬램을 달성한 박인비 선수가 바로 그 주인공이다. 다음은 스포츠심리학 발전에서 일련의 역사적 과정을 살펴본다.

(1) 제1기: 태동기(1895~1920년)

미국의 심리학자이며, 사이클 열광자였던 노먼 트리플릿(Norman Triplett, 1861~1931)이 최초로 스포츠심리학 연구자로 1898년 사이클 경주를 연구하여 발표한 것이 시초이며, 자전거를 혼자 타는 것보다 여러 사람이 함께 경쟁하면서 달리면 경기력이 향상된다는 것을 심리적 요인의 작용으로 규명한 것이다.

(2) 제2기: 도약기(1921~1938년)

미국 스포츠심리학의 아버지라 불렸던 콜먼 그리피스(Coleman Griffith, 1893~1966)가 1923년 일리노이 대학에서「심리학과 운동경기」라는 과목을 개설하여 강의한 것이 시초이며, 최초로 스포츠심리실험실을 설립하여 선수에게 심리적 지식을 적용하여 팀의 사기를 높이므로 효과를 거두고, 연구서적과 많은 논문을 발표하였다. 그의 저서로 『코칭심리학(Psychology of Coaching)』과 『운동경기심리학(Psychology of Athletics)』이 있다.

(3) 제3기: 정착기(1939~1965)

미국 캘리포니아주 버클리대학(UC Berkeley)의 스포츠심리학 교수로 체육학을 학문분야로 발전시킨 프랭클린 헨리(Franklin M. Henry, 1904~1993)는 평생 스포츠와 운동기술 습득에 관련된 심리적인 측면을 과학적으로 연구하여 운동과학 교과과정을 체계화시키고 많은 스포츠심리학 분야의 논문을 집필하였고, 후진학자 양성에 힘쓰면서 학문적 중요성을 강조하여 체육발전에 기여하였다.

(4) 제4기: 발달기(1966~1977년)

1960년대에 들어와서 스포츠심리학은 체육의 독자적 학문영역으로 자리매김하였다. 1966년 브루스 오길비(Bruce Ogilvie, 1920~2003)와 그의 공저자인 캐나다 빅토리아 출생 미국인 토머스 투코(Thomas Tutko, 1931~2010)는 그들의 저서 『문제선수와 그 취급법(Problem Athletes and How to Handle Them)』을 출판하여 체육계의 선수·코치들의 많은 반응을 일으켰다. 특히 오기빌은 미국 응용스포츠의 아버지라 불리기까지 하였다.

드디어 1965년에는 이탈리아 로마에서 스포츠심리학의 전 세계적 정보공유를 위한 「국제스포츠심리학회(International Society of Sport Psychology: ISSP」가 창설되었으며, 4년마다 열리는 학술대회는 그간 13차 ISSP 국제학술대회를 2013년 중국 베이징(체육대학)에서 개최하였다.

또 1965년 북미 체육·스포츠심리학 국제학회(North American Society for Psychology of Sport and Physical Activity): NASPSPA)가 결성되었다. 이 시기에 경기자의 성격·불안·자존감·슬럼프 등의 심리적 요인이 스포츠 수행에 어떠한 영향을 미치는지 규명하고자 하였으며, 이런 결과로 스포츠심리학 관련학회들이 창설되기 시작하면서 1967년에는 『국제스포츠심리학저널(International Journal of Sport Psychology: IJSP)』이 출간되기 시작하였다.

그리고 1967년 유럽지역의 각국 스포츠심리학자들이 주도하여 결성된 유럽연합 스포츠심리학 자치회(European Federation of Sport Community Association: FEPSAC)는 4년마다 유럽지역을 순회하며 학술대회를 개최하였다. 2015년 7월 14~19일 스위스(Switzerland)의 베른(Bern)에서 14차 학술대회를 개최하였다. 또한 1969년에는「정신운동학습과 스포츠심리학 캐나다학회(Canadian Society for Psychomotor Learning and Sport Psychology: CSPLSP)」가 창립되었다.

(5) 제5기: 활성기(1978년 이후 현재)

그 동안 전문학술지 발간, 학술대회 개최 등으로 스포츠심리학은 괄목할만한 발전을 가져왔다. 1985년에 응용스포츠심리협회(Association for Applied Sport Psychology: AASP)가 결성되어 매년 정기 학술대회에서 논문발표와 세미나를 가졌으며, 이 심리학전문단체가「스포츠심리상담전문가자격기준」을 마련하였다. 1988년 협회명칭을 위와 같이 개칭했다(원명은 Association for the Advancements of Applied Sport Psychology였다).

1989년에는 아시아남태평양 국제스포츠심리학회(Association Sport Psychology of Asia and South Pacific: ASPASP)가 한국·일본·중국·호주 등 아시아 남태평양 국가들이 연합하여 창설, 매 4년마다 학술대회를 가지고 있다. 2003년 제4차 학술대회가 서울에서 열렸고, 제7차 학술대회는 2014년 8월 7~10일까지 일본 토쿄에서 열렸다.

(6) 한국의 스포츠 심리학의 현황

① 1953년 한국체육학회가 창립되고, 1955년 한국체육학회지 창간호를 발간하였다.

② 1970년대에는 체육심리학(Sports Psychology), 또는 운동심리학(Exercise Psychology)이란 용어를 쓰기 시작하였다.

③ 1980년대는 프로스포츠가 출범하면서, 1986년 아시안게임과 1988년 서울올림픽을 치루면서 1989년 한국체육학회의 분과학회로 한국스포츠심리학회가 창립되고, 한국스포츠심리학회지를 발간하면서 스포츠 심리학 시대를 열었다.

④ 1990년 이후 많은 스포츠 심리학자·연구자가 배출되었다.

⑤ 2002년 한국연구재단 등제학술지에 선정되므로 종목별 세부영역의 스포츠심리학의 연구가 활발히 진행되어 지금까지 많은 성과물이 나오고 있다.

제2장
운동지배와 신경생리

1. 신경계와 운동

 운동지배는 신체운동시 운동실행자인 사람의 의지대로 되지 않는 불수의(不隨意)의 반사운동이나, 의지와 자동조절의 활동에 의한 수의운동(隨意運動)의 변화를 촉진시켜 신경계통에 고도의 분화(分化)와 통합(統合)이 이루어지게 하는 것을 의미한다.

 이와 같이 신체운동을 지배하는 신경계(神經系)는 외계(外界)의 정보를 인식하고, 그것을 과거의 경험(經驗: 기억)에 비춰서 적절하게 처리하고, 진행 중의 운동을 수정하거나 다음의 운동기획을 세우게 한다. 그 운동의 중심적인 역할을 완수하고 있는 뇌는 1,000억 개의 신경세포와 10조개에서 100조개에 이르는 신경연접부가 정보망(神經網)을 구사(驅使)해서 전체의 기능을 수행한다(조선주간 2067호, 「뇌 연구 어디까지 왔나」). 그것은 인간의 뇌가 가지는 특유의 기능→창조성만이 완수할 수 있는 역할이다. 그러나 창조성(創造性)·감정(感情) 등이 어떻게 해서 생기는가 하는 확실한 메커니즘(mechanism)은 미지일 뿐이다. 그것은 정신적 활동(심리현상)이라고 하지만, 뇌세포가 대사(代謝)를 통해서 촉진·영위하는 생리현상이다.

1) 신경계

 어떠한 운동도 신경계(神經系: nervous system)의 작동 없이는 원활히 수행되지 않는다. '시동(始動)에너지'(starting energy)는 근활동(筋活動)에 의해 산출(産

出)되지만 그 근활동이 개시하는 데에는 신경계를 통하여 근(筋)에 임펄스(impulse: 충격·자극에 의하여 신경섬유를 타고 전해지는 활동전위)가 전달되어야 한다. 즉, 다음과 같은 계열을 거쳐서 처음으로 신체운동이 개시된다.

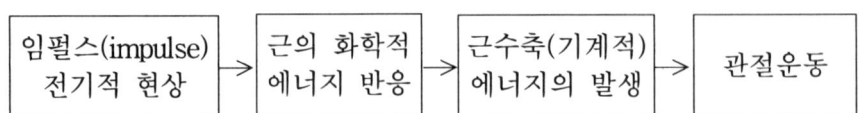

2) 신경계의 구성

(1) 중추신경계와 말초신경계

① 중추신경계(中樞神經系: central nervous system)는 뇌(brain)와 척수(脊髓: spinal cord)가 포함되어 있다.

② 말초신경계(末梢神經系: peripheral nervous system)는 뇌신경(12쌍)·척수신경(31쌍)으로 되어 있으며, 중추신경계와 수용기(受容器: receptor), 또는 효과기(效果器: efferent; 도출성 작동체)와의 사이에 임펄스를 전달하는 신경이다.

(2) 신경계를 이루는 부위의 역할

① 척수(脊髓) : 뇌(腦)와 말초신경계(末梢神經系)를 연결(連結)하는 신경로(神經路: 길이가 43~45cm 원통형 신경조직)라고 하는 것뿐만 아니라 다수의 반사중추(反射中樞: reflex center)로 되어 있다.

② 뇌(腦) : 특유의 기능을 가진 많은 영역을 포함하고 생명유지에서 고도의 정신활동에 이르기까지 모든 기능의 중추(center)이다.

③ 대뇌피질(大腦皮質) : 말단수용기(末端受容器)에서의 정보를 포착(catch)하는 여러 가지의 감각야(感覺野), 수의적으로 운동을 발령(發令)하는 운동야(運動野) 외에 지각된 정보를 인지하고 판단하고 기억하는 고도의 통합작용(integrative action)을 한다. 대뇌피질에만 145~160억 개 정도의 신경세포가 있다고 한다.

    ⓐ 감각야(감각령: 感覺領: sense area) : 말단수용기에서의 정보를 포착하는 촉각·시각·청각·후각·미각의 1차적 감각을 수용하는 대뇌피질에는 여러 가지 부위를 이루고 있다.

ⓑ 운동야(운동령: 運動領: motor area) : 수의적으로 운동을 지배하고 발령하는 부위로 신경섬유가 분포하고 있다.

특정부위를 지배하는 영역이 국재(局在)하고 있는 피질하(皮質下)에는 감정을 상반한 행동동작이나, 식욕·성욕에 관계하는 간뇌(間腦: diencephalon)가 있고, 그 기능은 간뇌를 포함해서 대뇌피질 부위에 널리 퍼진 대뇌변연계(大腦邊緣系: limbic system)에 의해 통합적으로 표출된다.

④ 소뇌(小腦) : 후두엽(後頭葉: occipital lobe) 하부에 위치하며, 자세유지·보행·근육긴장을 반사적으로 조정한다.

⑤ 대뇌변연계(大腦邊緣系: limbic system) : 뇌실(腦室: 내척수액이 차 있는 뇌의 빈 곳)을 둘러싸는 부분으로 대뇌피질 주변에 존재하며, 동물적 행동의 중추로 식욕·성욕·집단욕과 같은 본능행동이나, 공포·분노의 공격반응·방위반응을 일으키며, 기쁨·슬픔과 같은 본능적 행동(분노·흥분: 공격반응), 두려움(방위반응) 등의 감정을 일으킨다.

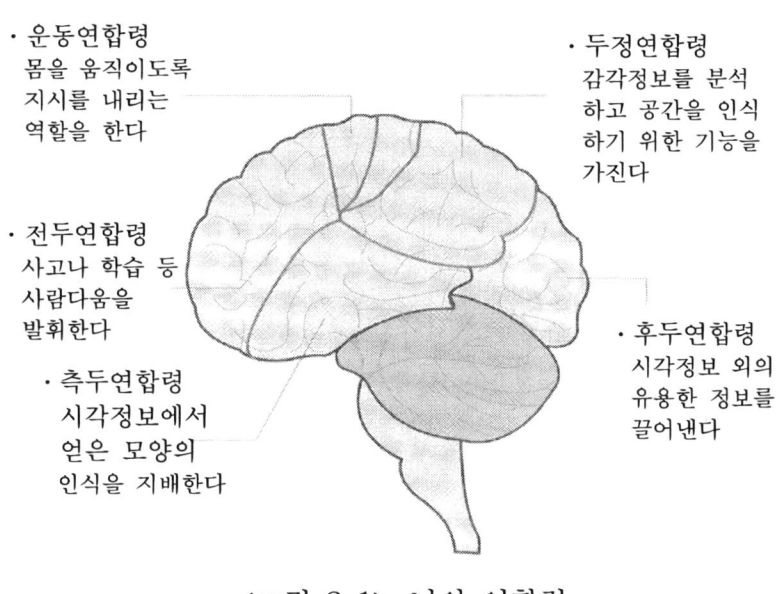

<그림 2-1> 뇌의 연합령

(3) 중추신경계의 각 영역
① 복잡한 신경망(神經網: neural network)에 의해 밀접한 연락작용
② 뇌간부(腦間部: brain stem)이하의 반사와 고위중추를 중심한 통합작용

③ 동작을 원활하고 합목적적으로 하기 위한 중심적 역할의 중추작용
④ 주체성이 있고 자극에 대해 기능의 상승작용

(4) 중추신경계의 대뇌작용
① 정보를 수집·처리한다(시각·청각·촉각·후각·미각 등의 감각정보).
② 기억한다(학습능력).
③ 판단한다(분별한다, go-stop). 조건 반사한다(촉진 및 억제).
④ 궁리한다(창조·추측).

(5) 체성신경계(somatic nervous system)
뇌신경(腦神經: cranial nerve)과 척수신경(脊髓神經: spinal nerve)을 합한 신경계로 말초신경의 주요부분을 구성하며, 감각이나 골격근의 기능에 관여하여 근육을 움직인다(연결·전달).

(6) 자율신경계(autonomic nervous system)
우리 인간이 자신의 의지로 제어할 수 없는 말초신경계로 내장의 여러 기관(內藏·心肺·消火器代謝)의 기능에 관여한다.

(7) 신경계의 전달원리
① 원심성신경(遠心性神經: efferent nerve) : 임펄스를 중추에서 말단에 전달하는 신경이다.
② 구심성신경(求心性神經: afferent nerve) : 임펄스를 말단에서 중추로 전달하는 신경이며, 내장의 신경, 모든 감각신경을 말한다.

3) 정보의 전달

신경계가 가지는 특징적인 역할은 정보를 전달하는 일, 신경에 자극을 주면 자극부위(刺戟部位)에 흥분(excitation)이 일어난다.

① 흥분(興奮)은 실제상, 신경의 활동전위(活動電位: action potential)로 나타난다.
② 활동전위는 신경세포에서 순시적으로 신경충격(神經衝擊: nerve impulse), 또는 임펄스를 일으켜 근육세포로 운동에 필요한 근육수축을 일으킨다.
③ 신경에서 일어나는 흥분이 신경섬유(神經纖維: nerve fiber, 신경중추로부터 몸의 각 부위로 뻗어나간 신경의 줄기와 가지)를 통하여 이동하는 것을 전도(傳導: conduction)라 한다.
④ 세포간의 이동을 전달(transmission)이라 한다.

활동전위의 크기는 자극이 일정 이상의 강도에 관계없이 한 번 일어난 활동전위는 상실하지 않고 신경섬유를 전도해서 말단에 전달된다.

4) 뉴런의 흥분전달

① 뉴런

신경계는 다수의 신경 집합체이고, 그 기본적인 구성단위가 뉴런(neuron)이다. 뉴론의 구조는 세포체(細胞體: cell body)에서 돌출하는 다수의 수상돌기(樹狀突起: dendrite)와 1본(一本)의 축색(軸索: axon)으로 구성되어 있다. 임펄스(impulse: 전류)는 수상돌기·세포체에 전해져서 축색의 단방향에 보내져 다른 신경 또는 근육 등의 효과기(效果器: effector, 신경자극이나 호르몬작용에 의해 근수축, 호르몬 분비와 같은 반응을 보이는 세포나 조직 기관)에 전달된다. 축색을 신경섬유라 부른다.

② 유수신경(有髓神經)

인체의 골격근(骨格筋: skeletal muscle)을 지배하는 신경에는 수초(髓鞘: 말이집: myelin)가 있다. 수초는 전기적으로 절연체역할을 하여 정보를 빨리 보낸다. 수초가 축색돌기를 감싸고 있는 신경세포를 유수신경세포라 한다.

③ 무수신경(無髓神經)

내장 여러 근(筋)의 신경에는 수초가 없다. 수초가 없는 세포를 무수신경세포라 한다.

④ 시냅스

뉴런(neuron) 사이의 접속부를 시냅스(synapse)라 한다. 신경과 근의 접합부도 일종의 시냅스이지만, 이를 신경근접합부(神經筋接合部: neuromuscular junction)

라 하고, 신경말단부는 운동종판(運動終板: motor end plate)이라 한다.

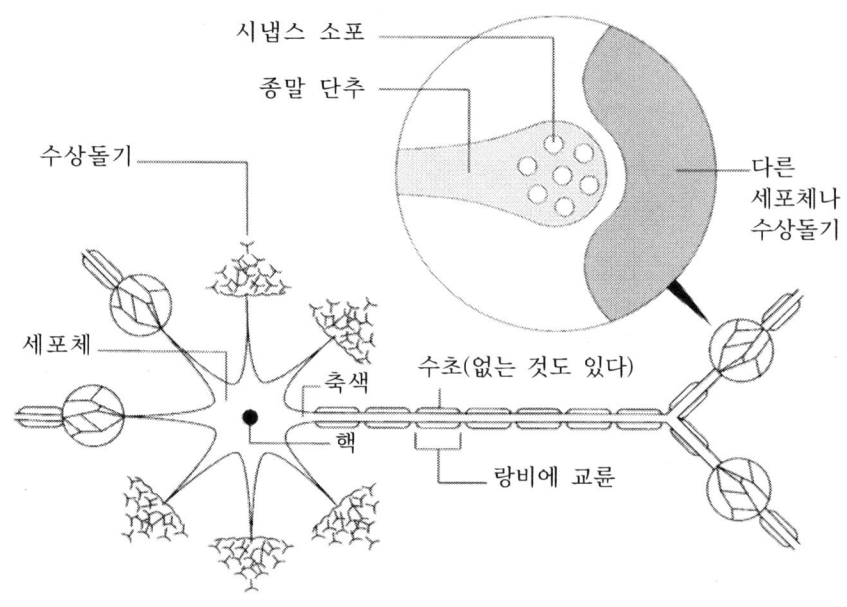

<그림 2-2> 뉴런과 시냅스

⑤ 운동단위

1본(本)의 신경섬유와 그 지배하에 있는 근섬유(筋纖維: muscula fiber)는 기능적인 단위로 되어 있는 곳에서 운동단위(運動單位: motor unit), 또는 신경근단위(神經筋單位: neuromuseuiar unit)라 한다.

⑥ 신경지배비

1본의 신경섬유와 그 지배하의 근섬유수를 비(比: 비율: ratio)를 신경지배비(神經支配比: innervation ratio) 하고, 안구(眼球)나 손가락과 같은 정밀한 활동을 하는 부위는 지배비가 적고(1:120~165), 대퇴(大腿)나 체간부(體幹部)의 근육에는 지배비(支配比)가 크다(1:1000~3000).

5) 반사에 의한 운동의 조절

교묘한 운동의 기반(基盤: 기초적 바탕)에는 여러 가지 반사(反射)가 관계하고 있다. 반사는 각각 특유의 의미를 가지고 (감각기→반사중추→효과기)의 신경회로

(神經回路, 반사회로)를 통해서 교묘한 조절작용에 관여하고 있다.

운동에 직접 관계하는 조절(또는 제어)은 골격근(骨格筋)의 근활동(筋活動)을 조절하고, 또 결과로써 자세를 합목적적(合目的的)으로 변화시키는 일을 한다.

(1) 굴곡반사와 신장반사

① 굴곡반사(屈曲反射: flexor reflex) : 척수반사(脊髓反射) 중에서 가장 단순한 것의 하나이다. 이것은 아픔 등의 자극(刺戟)에서 손·발을 움직이는 반사이며, 이를 침해수용반사(侵害收容反射: nociceptive reflex)라고도 한다.

② 신장반사(伸長反射: stretch reflex) : 골격근의 긴장을 교묘하게 조절하는 반사로서, 근육이 신장(伸長)되면 그 자극이 같은 근육에 피드백(feed back, 되돌림)되어 수축력이 강해진다. 즉 신장에 대하여 근육의 길이를 일정하게 지키려고 하는 활동이 일어난다.

(2) 반사신경지배

굴근(屈筋)이 수축할 때 그 길항근(拮抗筋: 역학적으로 대항작용을 하는 근육군의 상호관계)인 신근(伸筋)은 억제(抑制)를 받아서 이완(弛緩)한다. 반대로 신근이 수축해서 관절을 펴려고 하면 굴근(屈筋)이 이완한다. 이와 같은 반사신경지배를 상반신경지배(相反神經支配: reciprocal innervation)라 한다.

(3) 의지와 반사의 협동

수의운동(隨意運動: voluntary movement)의 지령은 대뇌피질의 운동야(運動野: motor area, 독일의 신경학자로 대뇌결질을 52개 영역으로 나눈 브로드만영역, Korbinian Brodmann, 1868~1918)에 있는 섬유세포(纖維細胞)에서 시작하고 연수(延髓)에서 대부분 교차해서 척수(脊髓)를 하행하여 전각세포(前角細胞: anterior horn cell)에 결부된다. 이 수의운동의 신경로(神經路: nerve tract, 피질과 하부운동 뉴런 사이의 직접적인 통로)를 추체로계(錐體路系: pyramidal tract)라 한다.

운동 뉴런에 직결(直結)해서 직접적으로 골격근을 지배한다. 이것에 대하여 불수의 자세조절 등에 관계하는 신경로를 추체외로계(錐體外路系: extrapyramidal tract)라 한다.

수의운동(隨意運動)에서 원활한 운동이나 목적에 적합한 자세를 유지하는 데에는 ① 다리(腿), ② 피부(皮膚), ③ 관절(關節), ④ 미로(迷路, 속귀:內耳), ⑤ 망막(網膜) 등의 정보가 반사회로(反射回路)를 통해서 피드백 될 필요가 있다.

뇌의 추체외로계(錐體外路系)는 복잡한 피드백 시스템(feed back system)의 중심에서 대뇌피질의 ① 지각(知覺), ② 인지(認知), ③ 판단(判斷)이 운동의 지령과 일체가 되어 원활한 동작, 통합된 동작을 하고 있다.

그 중에서도 소뇌(小腦: cerebellum)를 포함한 피드백 회로는 극히 중요하고 소뇌에 장애가 있으면 운동실조(運動失調: ataxia)가 일어난다.

(4) 운동의 기획과 숙련

우리들이 운동기술을 배울 때 최초에는 의식적으로 동작하지만 몇 번이고 되풀이 하는 사이에 동작이 파악(把握)되어 마침내 동작은 원활하고 신속하게 된다. 결국 동작은 수의적인 것에서 반사적인 것으로 변한다. 동작중의 근전도(筋電圖)를 조사해보면 숙련하는데 따라서 운동에 불필요한 근활동이 억제되고 필요한 근육에 좋은 순간(timing)의 집중적 방전(放電: 전기방출; discharge)을 일으킨다. 이때 동작은 합리적이고 원활하며, 에너지 낭비(浪費)를 감소시키는 방향으로 변화하고 있다.

① 동작의 반사화의 현상은 특정의 동작에 의해 이미 고정된 기획(企劃)이 형성된 것을 의미한다.

② 숙련(熟練)에 의한 동작 패턴의 모델은 소뇌에서 형성되어 무의식적인 유효한 운동이 가능하게 된다.

③ 숙련에 이르는 학습의 과정에는 과거의 경험(기억; memory)을 토대로 이미지(image: 표상)라고 하는 창조적 프로그램의 작성이나 예측(豫測: prediction)이 이루어진다.

이는 페일라드(J. Paillard)가 그의 저서 『The Patterning of Skilled Movements』에서 지적한 것과 같이 "생득적인 동작보다도, 새롭게 학습(연습)하는 동작 쪽의 가소성(可塑性: neuroplasticity)이 크다"고 하는 기능성의 문제에 관계가 있다. '뇌의 가소성원리'에서 "뇌는 쓰면 쓸수록 개발된다"고 하는 것과 같다.

2. 운동과 활성화

1) 운동의 활성화 측정

우리 인간은 평온함·흥분(興奮)·침착성·수면 등의 연속 가운데 살고 있다. 또 한 편에서는 깊은 수면(睡眠)을, 다른 한 편에서는 강렬한 신체적 운동이나 극심한 스트레스 상태의 생활체(生活體) 에너지나 흥분(興奮) 수준을 활성화(活性化: activation)하고 있다.

더피(E. Duffy)는 그의 저서 『Activation and Behavior』에서 "유기체(有機體)의 활성화 수준은 활동이나 반응 중에 볼 수 있는 유기체의 조직에 축적된 잠재(潛在)에너지의 발산(發散) 정도로써 정의될 수 있다"라고 하였다.

이와 같이 활성화는 행동의 생리적인 과정을 나타내는 언어이지만 동기유발과 관계가 깊다.

더피는 활성화의 측도(測度)로서 ① 골격근의 긴장, ② 피부전기반사(皮膚電氣反射: GSR: galvanic skin reflex), ③ 뇌파(腦波), ④ 호흡(呼吸), ⑤ 심박수(心博數), ⑥ 혈압(血壓), ⑦ 체온(體溫), ⑧ 에너지대사 등을 들고 있다.

과거에는 골격근의 긴장이 대표적 측도였지만 린즈리(Ogden R. Lindsley, 1922~2004)는 뇌파를 중시했다.

린즈리는 활성화를 "행동 활력과 방향의 동기는 어떤 목표를 지향하는 행동을 일으키고, 방향을 제시하고 유지하는 힘의 총합이다"라고 정의하고 다음과 같이 주장하였다.

① 일정자극(一定刺戟)에 대한 반응은 신체부위에 따라 완전히 다르다는 것이다.

② 일정자극에 의한 생리적 기능의 변화는 그 자극이 주어지는 이전에 있던 기능수준에 의존한다는 것이다.

③ 여러 가지의 생리적 기능은 서로 영향(影響)을 준다는 것이다.

2) 활성화의 결정과 충고

(1) 활성화 결정
① 활성화는 과제(課題)의 성질(性質)·양(量)에 의해서 결정된다.
② 활성화는 개인의 통제력(統制力: 억제하는 힘)에 의해 결정된다.
③ 활성화는 연습의 단계인 대전(對戰)의 적성·계획 등의 전망에 의해 결정된다.

(2) 활성화 충고
① 활성화가 최고일 때 충고해서는 안 된다 (a).
② 가속도적으로 늘고 있을 때 충고한다 (b).
③ 활성화가 저하할 때 충고한다 (c).
④ 아직 충분히 활성화되어 있지 않은 때 충고해서는 안 된다 (d).

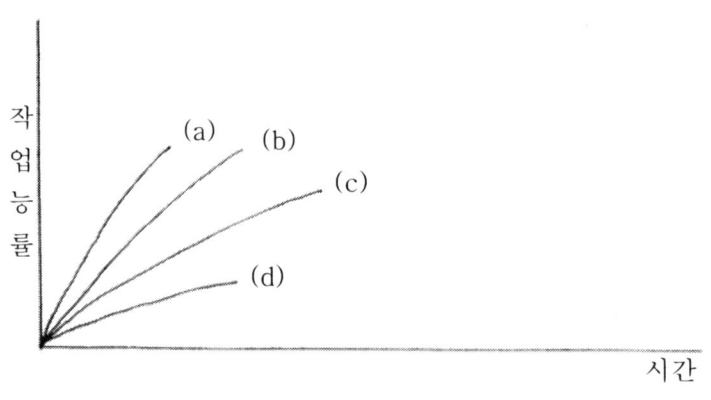

<그림 2-3> 활성화의 수준

3) 활성화와 수행의 관계

(1) 활성화와 수행(遂行)의 신경(神經)
① 정신작업을 하는 경우
운동(자극)이 대뇌피질에 어떻게 영향을 주는가를 연구한 바에 의하면 최대근

력의 1/4일 때 수행하기 가장 좋다고 하였다. 운동을 통해서 이완(弛緩)-각성(覺醒)이 최적수준을 만드는 것이 각종 정신작업의 수행을 발휘케 하였다.

기억한다 → 정신작용과 활성화 ← 악력(握力) ┐
　　　　　　(근긴장)　　　← 각력(脚力) ┘

② 감정과 신체

자율신경계는 교감신경과 부교감신경이 담당한다. 다음에 특징을 들어본다.

	교감신경(交感神經)	부교감신경(副交感神經)
심장(心臟)	박동(博動), 증(增, +)	박동(博動), 감(減, -)
혈압(血壓)	상승(上昇)(흥분)	하강(下降)(안정)
안구(眼球)	돌출(突出)	함몰(陷沒)(닫는다)
소화기(消化器)	억제(抑制)	소화력 활발
피부(皮膚)	수축(收縮)	이완(弛緩)
한선분비(汗腺分泌)	분비가 많다. 냉한(冷汗)	분비가 적다.
방광(膀胱)	이완(弛緩)	배뇨(억제)근이 수축

(2) 활성화와 수행의 관계(역U형곡선)

여러 가지의 수행(遂行)에는 각각 수행량(遂行量)이 최고에 달하듯이 활성화도 최고수준이 있다. 활성화가 너무 낮거나 지나치게 높으면 활동에 대한 과잉된 충격이 있고, 활성화 단서(실마리)의 이용범위를 초월한다. 일반적으로 활성화의 수준과 수행간의 관계를 나타내는 곡선은 역U형곡선이 된다.

더피(Duffy)에 의하면 활성화의 수준은 ① 과제의 성질, ② 인간의 억제능력, ③ 연습단계라고 한다.

활성화는 신체활동에 활력을 주고, 정신활동에도 활력을 준다.

① 활성화와 활동수행의 관계

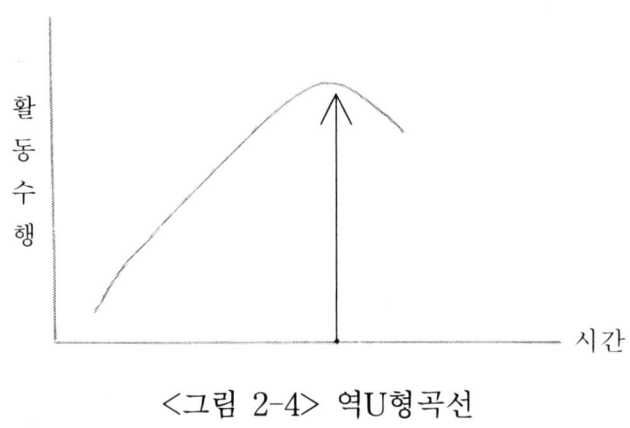

<그림 2-4> 역U형곡선

② 활성화와 수행의 관계

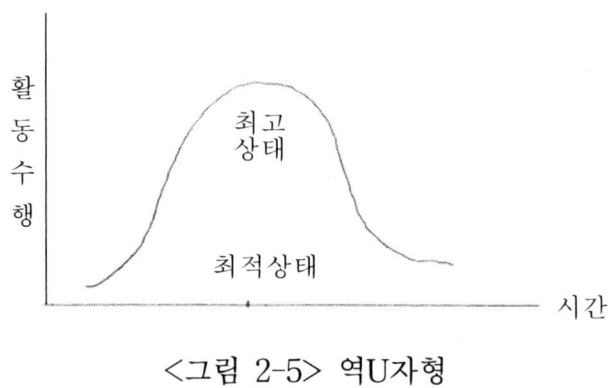

<그림 2-5> 역U자형

4) 유도긴장과 정신작업

(1) 유도긴장

근육에는 여러 가지 운동단위(motor unit)가 있어서, 이들 근섬유가 각각 자극을 받으면 휴식상태에서도 부분적인 수축이 지속되는 경우가 있는데 이 상태를 근육긴장(muscle tone)라 한다. 근육에 대한 실험으로 압력계를 쥐거나, 조정봉을 당기는 것 같은 외적 조작에 의해 긴장을 일으키는 방법을 유도긴장(誘導緊張:

muscle tone of induction, 또는 유도근긴장)이라 한다.

코츠(F. A. Courts)는 그의 저서 『Relationship between Muscular Tension and Performance』에 의하면 피험자의 최대근력을 압력계로 측정할 때, 최대근력을 1/8, 1/4, 1/2, 5/8, 3/4의 강도로 압력계를 쥐면, 최대긴장의 1/4일 때에 수행이 가장 좋고, 이것에서 떨어짐에 따라서 수행은 저하하고, 최대긴장의 5/8를 지나면 무긴장상태보다 억제되는 것을 발견하였다.

(2) 정신작업

운동이 인지·판단·기억·계산이라는 정신활동에 미치는 문제와, 운동에 의한 생체의 자극이 대뇌피질에 어떻게 영향을 미치는가의 문제를 피험자에게 정량적인 운동을 일으켜서 운동중이나 운동후의 정신작업의 결과를 운동전의 것과 비교하여 운동후·운동중의 대뇌피질의 흥분수준을 측정하는 방법이다.

메이어(Meyer), 스텐네트(Stennete) 등에 의해서 가산작업(加算作業), 순간제시의 수열기억, 변별학습(辨別學習: 두 가지 자극을 주어 구별해내는 학습) 등의 정신작업(精神作業: spiritual works)의 연구에서 다음과 같은 결론을 얻었다.

① 유도긴장이 정신작업에 미치는 영향(효과)은 역U곡선에 따른다.

② 피험자(被驗者)에 의해 최적인 긴장량은 다르고, 유도긴장의 효과는 보통 피험자보다 열세의 피험자에서 보다 크다. 그것은 열세의 피험자는 낮은 긴장수준에서 수행하고 있기 때문에 유도긴장에 의해 최적수준에 가까워지기 때문이다.

③ 유도긴장(誘導緊張)의 최고수준은 과제의 성질이나 피험자의 곤란함이 유도긴장의 유형과 관계된다는 것이다.

제3장
운동과 지각

1. 지각과 일반적 성질

1) 지각과 인지

(1) 지각

지각(知覺: perception)이란 일반적으로 인간을 비롯한 생명체가 감각기관을 통하여 외부의 사물이나 사건을 수용할 때 일어나는 신체의 인식상태를 말한다.

감각영역은 시각(視覺)·청각(聽覺)·미각(味覺)·후각(嗅覺)·촉각(觸覺) 등 신체적 감각(感覺)이다.

(2) 인지

인지(認知: cognition)란 과거의 경험한 기억을 기초로 인지대상에 의미를 주고, 그것을 자기와의 관련으로 파악하여 지각·기억·상상·구상·판단·추리 등을 포함한 지적 작용이다.

2) 지각의 일반적인 성질

(1) 지각의 공간성과 시간성

보고(시각)·듣고(청각)·접촉(촉각)하는 사물에 의해 지각을 일으키지만, 자극(刺戟)되는 사물은 환경 중의 어느 일정 공간에 위치하고 있다. 그 사물의 운동이나 변화를 자극의 시간성과 공간성이라 한다.

시각에 의해 확실하게 지각되는 시공간(視空間: visual space)과 청각에 의한 청공간(聽空間: auditory space) 등은 주관적인 공간을 가리키는 것이며, 물리적인 존재로서 실제공간과는 반드시 일치하지 않는다.

(2) 지각의 항상성

지각(知覺)은 공간적인 거리와 크기에 밀접한 관계가 있다. 사물은 거리가 멀어지면 작게 보이고, 크기는 시각의 변화에 수반된 망막상(網膜上)의 대소와의 변화와는 대응하지 않으며, 일정의 거리범위에는 원래의 크기를 지니고 있다. 이것을 '크기의 불변성(size constancy)'이라 한다.

예를 들면 관찰자에서 음원(音源)이→가까우면→크게 들리고, 음이 약하면→가까워도→약하게 느껴진다. 항상도(恒常度)는 공간적 거리가 가까울수록 높다.

인체는 외계의 자극을 지각할 때 내부생체를 안정적으로 일정하게 유지하려는 항상성(恒常性: homeostasis)의 경향이 있다.

(3) 지각의 상대성

자극이 '크고 작다, 강하고 약하다, 밝고 어둡다'는 성질에 의해서만 결정되는 것이 아니라, 상대적 관계에서도 결정된다. 지각은 항상 상대적이고, 그 기준이 되는 것을 상대성(相對性: relativity)이라 한다.

(4) 지각의 양극성

지각을 한 편에서는 외적인 자극으로써 지각하고, 다른 한 편에서는 자신의 내부에서 지각하는 것으로 이 성질을 양극성지각(兩極性知覺: bipolarity perception)이라 한다.

예를 들면 한쪽의 정지(靜止)한 손을 다른 손으로 쓰다듬으면, 쓰다듬는 손은 정지해 있는 손을 겉으로 지각하지만, 쓰다듬어지는 손은 그 느낌을 자신의 내부에 갖는다고 하는 현상이다.

(5) 지각의 상호작용

외계의 자극지각은 공간성·시간성으로 나누어지지만, 공간적인 요인은 시간적인 영향을 강하게 받는다.

① 촉각이나 지각의 경우 3가지의 자극 ⓐ, ⓑ, ⓒ를 계속적으로 행하는 경우, ⓐ와 ⓑ의 공간거리에 대해서 자극의 시간간격(時間間隔)을 짧게 하면, ⓐ와 ⓑ보다도 ⓑ와 ⓒ의 공간거리가 짧게 느껴지는 착각현상이 생긴다. 이렇듯 시간간격이 공간간격의 지각에 영향을 미쳐 착각을 일으키는 이 현상을 타우효과(Tau effect: T效果)라 한다.

② 시간도 공간적 조건의 영향을 받는다.

어두운 공간에 같은 시간간격으로 계속적으로 나타난 2가지 광점의 시간간격은 광점의 공간거리가 클 때 과대평가되고, 작을 때 과소평가된다고 하는 크기효과(size effect)가 있다.

③ 하나의 자극에 대해 그것에 대응하는 하나의 감각이 생기는 것이지만, 다른 영역의 감각이 동시에 활동하는 공감각(共感覺: synesthesia)이라 하는 현상이 있다. 예를 들면 색청(色聽: color audition)이라 하는 것으로 음자극에 의해 청각에 음(音)을 느낌과 동시에 시각에 색이나 빛을 느낀다고 하는 관계이다.

2. 시각의 연동지각

1) 연동지각

연동(連動: squirming)은 한 부분이 움직이면 다른 부분도 잇따라 함께 움직이는 현상을 말한다.

인간은 동물적 운동생리에 따르지 않고, 자신의 조건·환경조건의 변화에 의해 변하는 것이고, 물체가 존재하는 공간조건의 변화에 상반하여 운동지각은 여러 가지로 변화한다.

2) 운동역

운동역(運動閾)이란 움직임을 인식할 수 있는 최소속도를 말한다. 여기에서 한

자 역(閾)은 자극에 의해 감각적 반응이 일어나는 경계의 순간적 값을 말한다.

객관적으로 운동이 일어나고 있어도 운동으로써 지각되는 것은 어느 한정된 조건 내에 있어서이다. 움직임의 속도가 너무 빨라도·너무 늦어도, 또 움직이는 거리가 너무 짧아도 운동으로서 지각되지 않는다.

3) 운동속도의 지각

물체의 크기·형태·주위의 상황, 관찰자의 태도 등에 의해 지각되는 운동속도(運動速度: motor speed)는 달라 보인다. 운동지각에 관해서 실제운동의 장(場)과 직접적인 관계가 있다. 타이밍 컨트롤(timining control)이란 이동하는 시표(視標: 보이는 표적)를 공간적·시간적으로 정확하게 지각하고, 거기에 자신의 동작을 합치시키는 것이다.

타이밍 컨트롤에는 시력·공간 판단·속도 등의 조건이 있다. 시력의 중심부에서 무엇이 어떠한가를 구별하고, 주변부에서 무엇인가의 존재를 탐색시킨다.

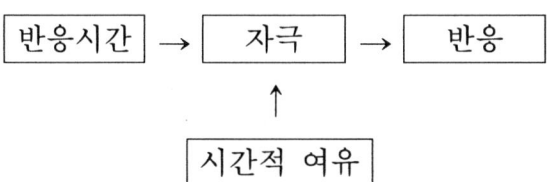

타이밍 컨트롤은 운동기술에 대해서 공치성(工緻性: 기술이 치밀하고 공교함)에 있다. 야구를 예로 들면 시간·공간·볼의 움직임과의 타이밍 맞추기이다.

(1) 숙련된 동작
① 행위에 유연성이 있다.
② 동작의 협응능력이 있다.
③ 타이밍 컨트롤이 좋다.
④ 행위에 대한 계열적(系列的) 지식을 갖는다.
⑤ 가까운 장래에 일어날 일을 미리 예측한다(예측불가능성도 있다).
⑥ 연습에 의해 동작이 자동화된다.

(2) 타이밍

타이밍(timing)이란 어떤 일에 시간적으로 원하는 순간에 동작을 합치시키는 것을 말한다.

① 수용기(受容器)의 예상 → 대상이 움직이는 방향·속도를 예상하는 일이다(눈동자의 감각기관).

② 효과기(效果器)의 예상 → 반응을 위해서 필요한 근육의 수축에 대해서 준비한다(동작을 빠르기에 맞춘다).

③ 지각적(知覺的) 예상 → 과거의 학습된 과정으로부터 속도반응의 계기(契機)를 미루어 포착시킨다.

(3) 시기능(視機能: 시력)

동체시력(動體視力)이란 움직이고 있는 물체를 보다 잘 보는 것으로 ① 공간이동거리, ② 공간이동시간을 생각할 수 있다.

예를 들면 타이밍 컨트롤과 동체시력과의 사이에 정적(+) 상관성(相關性)의 확인으로 오차가 적은 것은 동체시력이 뛰어나기 때문이다.

4) 외관운동의 지각과 기서

물체가 움직일 때 그것을 보면 운동의 지각이 일어난다. 이 운동지각의 생리학 배경은 망막상(網膜上)의 점을 물체가 차례로 자극하는 생리적 기서(生理的 機序)에서 감각이 일어나는 현상이고, 이것과 동시에 대뇌피질에서도 똑같은 변화가 일어나기 때문이다.

(1) 가현운동

객관적으로 정지한 물체(視象)가 특정한 조건 아래에서 출현(出現) 또는 소실(消失)하거나 움직이므로 마치 운동하고 있는 것처럼 보이는 현상을 가현운동(假現運動: apparent movement)이라 한다.

(2) 유도운동

자기가 타고 있는 전차가 움직이기 시작할 때 반대 측에 멈춰있는 전차가 움직이는 것처럼 지각되는 현상을 유도운동(誘導運動: induced movement)이라 한다.

3. 운동과 근운동감각

근운동감각(筋運動感覺)이란 신체운동을 실행할 때 자신의 위치·자세·운동 등에 있어서는 시각(視覺)에 의해 용이하게 인지할 수 있다.

미로(迷路)에의 활동에 의해 신체전체 또는 두부(頭部)의 위치나 운동을 감지하는 이것은 미로감각(迷路感覺: labyrinthine sensation)에 의한 것이고, 근육 및 힘줄 등에 있는 근방추(筋紡錘: muscle spindle)나 건방추(腱紡錘: tendon spindle)의 활동에 의한 심부감각(深部感覺: deep sensation) 또는 운동감각에 의한 것이다. 심부감각은 근(筋)·건(腱)·관절(關節)·골막(骨膜) 따위에 감각기로부터 전해지는 수족·신체에 위치·운동·저항·통증의 감각작용을 심부에서 지각하는 것을 말한다.

4. 운동잔효

1) 운동잔효

운동잔효(運動殘效: kinesthetic after effects)란 예를 들면 평상시 5kg 덤벨을 들어 올렸을 때 손에 느끼는 중량감과, 미리 몇 차례 10kg 덤벨을 들어 올리고 나서 다시 5kg 덤벨을 들어 올렸을 때의 중량감을 비교하면, 평상시의 5kg 덤벨을 들어 올렸을 때보다도 10kg을 들고난 뒤가 가볍게 느껴진다. 이런 근운동(筋運動: muscular movenent)의 감각에 있어서와 같은 현상을 운동잔효라 한다.

2) 운동잔효의 특징

① 움직이는 물체가 사라지면 단시간(길어도 수십초)에 소실하는 현상이다.
② 직접 퍼포먼스(performance: 표현행동)의 증대는 바라지 않는다.
③ 감각 판단의 차이를 일으킨다.

운동잔효에 의한 성과의 증대보다는 오히려 경기자에 유리한 작용, 즉 감각의 변화(가볍다든가 빠르다는 느낌)가 가져오는 정신적 측면의 영향을 이용하는 것이 무엇보다 효과적이다.

한 예로 시합 때의 과도한 긴장을 풀기 위해서 "잘 할 수 있을 거야", "신체가 가벼워졌겠지", "문제가 없어"라고 말로 암시하는 것이다. 그러나 감각의 차이가 반드시 대비적인 쪽에 일어난다고는 말할 수 없기 때문에 선수 개개인의 입장을 미리 확인해 둘 필요가 있다. 또한 감각의 차이가 거리감이나 속도감의 착오로 인해 당면한 운동에 악영향을 미치는 일도 생각할 수 있기 때문에 이 점에도 유의해야 한다.

5. 시각기능

동물의 시각은 눈을 통해 사물의 크기와 모양·빛깔·원근 정도를 인지한다. 눈을 통해 들어온 정보는 망막(網膜: retina)과 연결된 시신경을 통해 뇌에 전달되고, 뇌는 시각부위에 관계된 특정부위에서 전달된 정보를 처리한다. 인간은 10만 가지의 색상을 구별할 수 있다. 시각기능은 다음과 같다.

(1) 탐지기능(探知機能) - 먼저 물건의 존재유무를 인식한다.
(2) 재인기능(再認機能) - 이번에는 어떠한 종류의 물체인가?
(3) 분해기능(分解機能) - 모양·크기가 같은가, 어떤가의 식별이다.
(4) 정위기능(定位機能) - 물건의 위치판단이다.

1) 시야

(1) 주시범위(注視範圍)
인간이 목표물을 주의깊게 살필 때 보는 방법은 다음과 같다.
① 주시야(注視野): 안구만 움직여 보는 명시(明視) 가능한 범위이다.
② 정시야(靜視野): 안구를 고정하여 보는 주변시야이다.
③ 동시야(動視野): 색·모양(형), 움직임을 가늠할 수 있는 범위이다.

(2) 주변시야
정면을 똑바로 향한 채로 어느 정도 주변(周邊)이 보이는가(간접시야)이다.
① 전진색(前進色): 난색계통의 색채로 황색·적색·백색은 휘도·반사율이 높다.
② 후퇴색(後退色): 한색계통의 색채로 녹색·보라색·회색은 배경색상이다.

(3) 거리지각(距離知覺)
관찰자의 위치에서 관찰대상이 되는 물체와의 거리에 대한 지각을 말하며, 이 때 단안시(單眼視: mono vision)로는 거리 초점이 양안시(兩眼視: binocular vision) 때 더욱 명확해진다. 거리자각에는 시각을 포함하여 청각에 의한 것과 한열(寒熱)에 의한 것 등이 있다.

(4) 방향지각(方向知覺)
관찰자가 위치한 곳에서 주시하는 쪽의 물체의 포착을 말하며, 물론 시각과 청각에 의한다.

(5) 광량조절
안구의 각막(角膜: cornea)과 수정체 사이에 있는 고리모양의 얇은 막인 홍채(虹彩: iris)가 빛의 양에 따라 작용하여 반사적으로 수축하기도 하고, 확대하기도 한다. 홍채의 변화는 대뇌중추의 중요한 척도(barometer)의 역할을 한다.

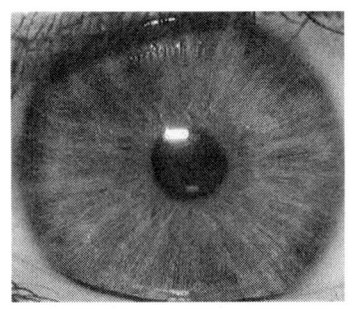

<그림 3-1> 홍채

2) 추도시각

추도시각(追徒視覺: running vision)이란 인간이 달려가면서 사물을 인식할 수 있는 한계를 말한다. 40km 속도에서 양안시야 각도가 140°이며, 200km로 속도에는 40° 정도로 좁아 보이므로 눈의 시계도 좁아진다.

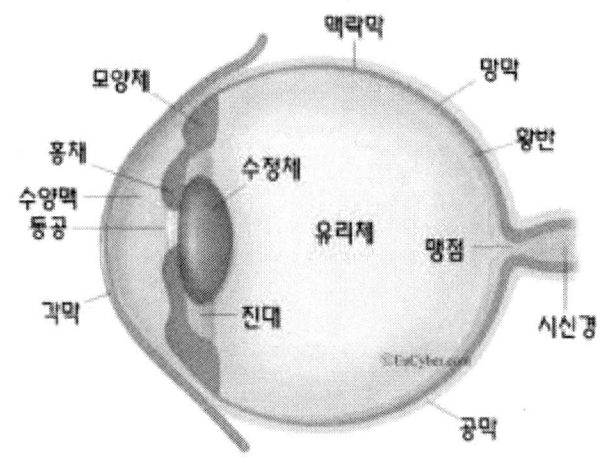

<그림 3-2> 눈의 구조

(1) 속도감각
나르는 볼의 행방·밝기·형·색의 성질에 따라 물건을 볼 수 있다.
(2) 색채감각
무슨 색이냐 식별하는 것은 40° 정도의 각도에서 알 수 있다.
(3) 존재감각

무엇인가 있다는 것을 아는 것은 70° 정도의 각도이다.

(4) 색도감각

색이 보이기 쉬운 순서는 ① 백, ② 청, ③ 녹, ④ 적 순서이다.

(5) 안근감각

안근(眼筋)은 눈알과 눈시울(속눈썹이 난 곳)에 붙은 가로무늬근으로 좌우에 각각 일곱 가닥으로 눈의 방향을 잡아주는 기능을 한다.

또 안근은 깊이의 감각을 일으킨다. 흑판과 책상과의 거리는 추측에 의한 경험을 바탕으로 말한다. 이때 거리지각은 좌우의 안구가 앞쪽을 향하여 두 시선이 이루는 각도에 의해 원근을 판단할 수 있다. 양안으로 바깥쪽은 약 100° 범위를 판단할 수 있으며, 안쪽의 위쪽은 60° 범위이고, 아래쪽은 약 70° 범위를 판단할 수 있다.

① 이안시야(二眼視野): 거리감을 가진다.
② 양안시차(兩眼視差)는 물체의 중복과 어긋난 부분을 좌안과 우안으로 느껴지는 시차를 말한다(그림 참조).

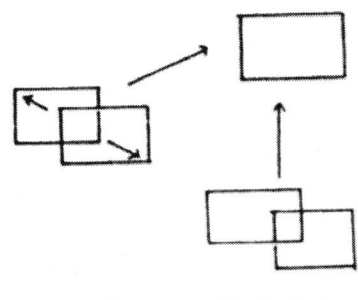

<그림 3-3> 양안시차

3) 동체시력

동체시력(動體視力)은 움직이는 물체를 정확하게 판별할 수 있는 시력을 말한다. 고정된 사물을 보고 판단하는 것을 정체시력(靜體視力)이라 한다.

(1) 시력(視力)

시력(視力)이란 물체의 형태 따위를 구별하는 눈의 능력을 말한다. 시력은 일반적으로 0.1부터 2.0까지 있는데 1.0 이상이면 정상시력으로 본다. 시력이 나쁘면 안경을 쓰는데 근시일 때는 오목렌즈를 쓰고, 원시일 때는 볼록렌즈를 써서 교정한다. 망막에는 중심부시력과 주변부시력이 있으며, 시력에 차이가 있다.

① 안구(眼球): 움직이는 물체(動體)를 보면 안구가 따라 간다.
② 편안(片眼)과 양안(兩眼): 편안은 거리감이 정확하지 않기 때문에 걸어갈 때 장해물에 부딪칠 수도 있다.
③ 정위(正位): 안구가 모두 정상위치이지만 시력·시각에 이상이 있을 수 있다. 사시(斜視)는 동안근(動眼根)의 이상으로 시선이 일치하지 못하는 경우이다.

(2) 볼 스피드와 잔상현상

볼이 빨리 날 때 그림처럼 형태가 일그러져 앞쪽은 보이지만 뒤쪽은 보이지 않으며, 꼬리가 있는 듯 느껴지는데 이는 잔상(殘像: afterimage)의 현상 때문이다.

<그림 3-4> 잔상현상

① 볼의 크기가 다름(골프공·테니스볼·핸드볼)에 따라 속도감이 다르다.
② 동일스피드는 동일한 크기(물리적)일 때이다.
③ 볼이 큰 쪽이 세게 가는 것처럼 보인다. 그것은 큰 덤프트럭이나 큰 사람 쪽이 빨리 가는 것처럼 보인다.

제4장
운동학습의 심리

운동학습(運動學習)은 운동심리학의 제 영역 중에서 가장 중심적인 위치를 차지하는 영역으로 본장에서는 ① 운동학습과 학습이론, ② 운동기능의 구조와 분류, ③ 운동학습의 프로세스(process), ④ 운동학습과 피드백(feedback), ⑤ 운동학습의 심리적 요인, ⑥ 운동학습의 전이(轉移) 등을 다룬다.

1. 운동학습과 학습이론

1) 운동학습의 의미

인간은 전 생애에 걸쳐 수많은 동작들을 학습하며, 이러한 학습을 통해 정상적인 삶을 영위하는데 필요한 다양한 움직임들을 습득하게 된다. 학습의 과정에는 수많은 경험과 연습이 포함되는데, 적절한 경험과 연습의 제공은 운동학습에 긍정적인 영향을 줄 수 있다.

운동학습은 운동학습자가 어떤 동작을 반복적으로 연습함에 의해서 그 동작의 방식이 변화하고 새로운 뛰어난 행동양식이 신체에 익혀져서 운동환경 내의 필요성이나 자기내부의 욕구를 충족시키기 위해서 능력을 높여가는 과정을 말한다. 신체운동・체육・스포츠 양식에는 각각 이와 같이 하면 좋다고 하는 이념상(理念像)이 있다. 하지만 실제에 있어서 그 이념상과 같도록 운동할 수는 없다.

개개인을 초월해서 도달목표로서 존재하는 고도의 운동양식을 운동기술(運動技術)이라 부른다. 또한 개개인에 의해 구현화된 그 운동형태에 있어서의 각각의 수준에서 운동수행능력 모두를 운동기술이라 한다.

운동수행에는 운동동작을 행해야 하는 상황의 정확한 인지판단(認知判斷)과 그것에 의한 반응을 행하면서 시시각각의 피드백(feedback)에 응해서 행동의 수정이 필요하다. 이들로부터 운동학습(運動學習)은 기술학습(技術學習: skill learning)·지각-운동학습(知覺-運動學習: perceptual-motor learning), 또는 감각-운동학습(感覺-運動學習: sensory-motor learning) 등으로 불려진다.

운동학습의 실제적 진행은 태도·의욕·특징, 또는 문화사회적인 인지나 가치관에 의해 관계한다. 단순한 신체활동의 반복만으로 반드시 고도의 운동기능은 획득되지 않고 기계적으로 가변성이 없는 '운동습관(motor habit)'이 형성되고, 경우에 따라서는 유동적인 환경 내에서의 적응성이 있을 수 있다.

냅(B. N. Knapp)의 『Skill in Sport, The Attainment of Proficiency』에 의하면 ① 지각적(知覺的) 기능이란 공놀이(ball game)와 같이 시시각각 변화하는 주변상태를 정확히 지각·판단해서 자기의 행동을 결정·수정·수행하는 것, ② 습관적 기능이란 던지기나 골프의 스윙과 같이 연동의 궤적이 일정의 이상상(理想像)과 항상 일치하는 것을 지향해서 반응이 고정화·습관화될 때까지 연습하려고 하는 일이다. 감각기관과 동작을 결합시켜 학습이 진행된다고 하였다.

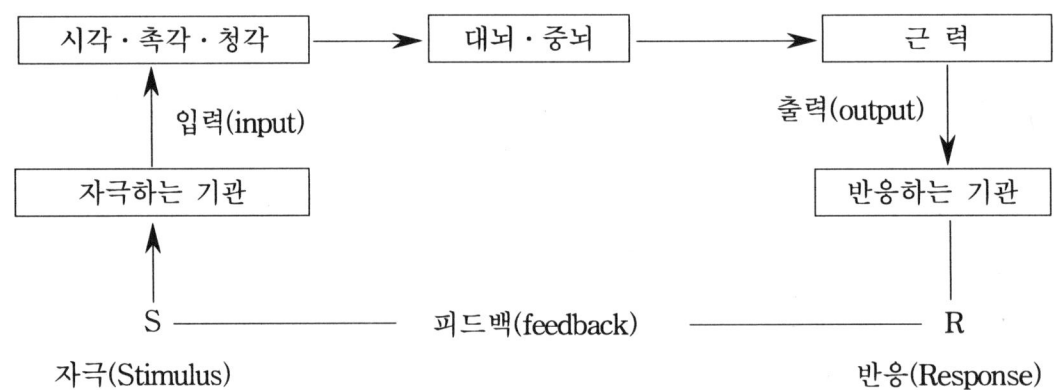

2) 학습이론

학습이론(學習理論: learning theory)에서 연합설(連合說: union theory)은 학습상태에 있어서 자극(stimulus)과 반응(response)의 연합성립의 요건으로서 양자의 시간적·공간적 접근이나 특정반응의 강화 등 객관적 법칙관계를 중요시하고, 그들의 조건을 분석해서 객관적 법칙을 확립시키려고 하는 것이라 했다.

연합설의 입장을 취하는 학습이론에는 파블로프(I. P. Pavlov, 1849~1936)의 조건반사설, 왓슨(J. B. Watson, 1878~1958)의 행동주의학습이론, 손다이크(E. L. Thorndike, 1874~1949)의 결합설, 클라크 레오나르드 헐(C. L. Hull, 1884~1952)의 동인저감설(추동감소이론), 거스리(E. R. Guthrie, 1886~1959)의 접근적 조건설, 스키너(B. F. Skinner, 1904~1985)의 반응형성설이 있다.

(1) 고전적 조건형성(S-R설)

고전적 조건형성(classical conditioning)이란 개에게 먹이를 줄 때마다 벨을 울리면 벨소리만으로도 타액이 나오게 되는 것이 그 예이다. 이 파블로프의 실험이론에서 S(stimulus: 자극)의 R(response: 반응)과의 구성과 제시조건을 제어하는 것으로써, 반응은 불수의적·수동적으로 발현한다고 한다. 이런 현상을 반응조건형성, 혹은 조건반사형성이라고 불려진다.

(2) 도구적 조건형성(S-O-R설)

도구적 조건형성(instrumental conditioning)의 예는 손다이크(Thorndike)의 문제상자나 스키너(Skinner)의 학습실험 상자를 사용한 연구가 유명하다. 손다이크의 예를 들면 '상자에 넣어진 고양이는 괴로운 나머지 난폭하게 행동하고(시행: trial), 일이 잘되지 않고(착오: error), 여러 가지 가능한 반응양식을 되풀이(반복: repeat)하는 사이에 특정동작(specific movements)을 했을 때 한해서 열쇠가 벗겨져 상자 밖으로 달아날 수(성공: success)가 있었다. 이것을 반복하는 사이에 고양이는 그 문제상자라고 하는 자극상태에서는 열쇠를 벗기기 위한 특정의 반응을 신속히 수행할 수 있게 된다. 따라서 학습자의 의도적 능동적인 수의근의 운동이 행해진다.

고전적 조건형성 이론은 학습자의 주체적 요인을 배제하고 자극과 반응만을 직결시켜 생각하기 때문에 'S-R설'이라 부른다. 도구적 형성이론은 학습자의 생활체(organism)로서의 욕구매개를 중시하기 때문에 'S-O-R설'이라고 한다.

그리고 인지설(認知說: cognitive theory)은 학습이란 문제 장면이나 자극사상의 구조를 인지함으로써 새로운 행동을 성립해 나간다는 학설이다. 달리 표현하면 학습자의 지각적·인지적인 측면에서의 변용을 학습성립요건으로서 중시하는 학습이론을 '인지설'로 총칭해 부른다.

3) 기술학습

기술학습은 감각운동학습(sensory motor learning)과 지각운동학습(perceptual motor learning)이 있다. 이런 학습은 기억과 함께 새로운 학습(learning)을 몸에 익혀간다.

(1) 지각적 기능
주위가 언제나 변하는 상황에 있어서는 그때 그때 대응한다. 상황변화에 즉각 대응할 수 있으며, 주위의 상황을 정확하게 인지하고 판단한다.

(2) 습관적 기능
현상적(現象的) 동작목표가 확실하여 이상적 동작에까지 가까워지는 목표가 있다. 이것은 전문기술자·연예인처럼 가장 합리적이고 효과적인 동작을 만들어 간다. 그러나 환경은 변하지 않는다.

2. 운동기능의 구조와 분류

1) 운동기능의 정의

인간의 행동이 저차원적인 반사활동에서 고차원적인 적응행동이나 창조행위의 단계까지 계층적 발달(階層的 發達: hierarchical development)을 하기 위해서는 생활체(生活體)에 일정의 연습이나 경험을 습득시킴으로써 행동에 비교적 영속적인 변화가 생긴다.

학습(學習: learning)이라 불리는 과정(process)은 적당의 복잡함을 가진 운동과제를 달성하는 것을 목적으로 의식적인 계열행동을 행하지 않으면 안 되는 운동기능(運動機能: motor skill)의 학습에도 중요하다.

2) 운동과제에 의한 분류

운동종류에 따라 부과된 과제가 다양하다. 그것을 다음과 같이 분류해 본다.
① 형성력(形成力): 기계체조 등에서처럼 일정한 형식의 형성운동 요구를 목표로 하는 것.
② 순간력(瞬間力): 단거리달리기·수영·투포환·모든 뜀뛰기(멀리뛰기·높이뛰기·장대높이뛰기·삼단뛰기) 등 순간적인 신체적인 에너지를 필요로 하는 것.
③ 기술력(技術力): 피겨스케이트·체조에서처럼 기술을 필요로 하는 것으로 전체적 협응을 필요로 하는 것.
④ 돌파력(突破力): 설상경기·자동차경주 등 위험성을 갖는 스포츠.
⑤ 협응력(協應力): 농구·축구·핸드볼 같은 대인경기의 팀 플레이를 필요로 하는 것.

3. 운동학습의 프로세스

1) 학습의 과정

(1) 관찰·이해 중심의 학습
유아·아동에게 기초적인 학습방법이다. 전반적인 이해를 위해 행동의 모델(모범)을 보인 후 따라 하게 한다.

(2) 기억중심의 학습
체육학습에는 관찰한 동작의 모방(단기기억)을 암기시키려고 하는 경우이다. 주어진 것을 익혀 반복 학습하여 고정된 기술을 숙달시켜 습관화시킨다. 감각적 기억, 동작적 기억이 많다.

(3) 사고중심의 학습

익혀서 습관화한 것을 궁리하고, 새로운 기술을 창조하여 발전시킨다. 문제해결 학습을 위해 정보를 모으고 → 분석하여 → 자기기능 속에 도입한다.

(4) 연습중심의 학습

기억회로가 반드시 형성되어 있지 않으면 암기한 것을 전부 기억하고 있다고는 말할 수 없다. 숙련에 의한 기능의 유지향상을 유지하기 위해서 자극한다. 감각운동학습은 자기신체로 반복연습을 함으로써 익혀 간다.

※ 워슈번(J. N. Washburne, 1889~1968)의 학습과정의 7단계
① 방향결정(方向結定: orientation)
학습발생의 제1단계로 행위자-장애-목표의 관계를 통해 예측하는 것으로 행위자욕구·동기유발·지각대상의 유발성 강도(强度) 등이 관계한다.
② 실지탐색(實地探索: exploration)
동기유발의 중요한 의미를 갖기 위해 실제 장애물 해결과 극복 방향으로 진행해 나간다.
   a. 흥미를 가지고 조사에 착수한다.
   b. 새로운 것에 대한 욕구(호기심)를 가지고 탐색한다.
   c. 행동을 일으키는 유인과제(誘引課題)와 문제점을 찾는다(장애물이 있는 방향으로 나아간다).
③ 정교조사(精巧調査: elaboration)
과거경험이나 시시각각의 피드백에 의한 정보를 머리 속에서 정확하고 치밀하게 검토한다.
   a. 과거의 체험(지금까지의 지식)을 상기하여 이제부터 미지(未知)의 것에 대한 관계를 발견해낸다.
   b. 해결의 실마리를 발견하려고 문제의 종류를 조사한다.
④ 분절화(分節化: articulation)

전체장면의 구조를 자세히 조사한 것과, 다른 시찰정보와 결합함으로써 인지(認知)가 성립된다.
   a. 문제해결을 위한 순서·이치를 생각한다.
   b. 과제의 전체구조와 해결의 절차를 분석한다.
⑤ 단순화(單純化: simplification)
   a. 효과를 높이는 방향설정을 위해 이미 얻은 지식, 실행할 기술의 정리, 불필요한 것을 가려낸다.
   b. 합리화된 폼(form: 형식)으로 효율이 좋은 방법을 남기고 불필요한 동작 운동을 제거한다.
   c. 불필요한 동작이나 내용에 대한 주의나 반응을 제거한다.
⑥ 자동화(自動化: automatization)
   a. 그다지 의식하지 않고 동작을 취한다.
   b. 행동의 의식적 긴장이 가벼워진다.
   c. 정보와 경험을 자유로이 판단할 수 있다.
   d. 자유로운 의지행동이 가능하다.
   e. 기초적 동작에서 기술적 동작으로 진보한다.
   f. 자동화되어 있지 않으면 스스로 자유로이 몸을 움직일 수 없게 된다.
자신과 환경 및 목표의 관계에 대해서 하나하나 입력·인지·판단·의지결정·행위수정이라는 복잡한 활동을 동시에 내적 과정화할 필요가 없어지며, 훨씬 단순한 경로를 통하는 행동형에 환원한다. 그래서 일정의 세밀한 판단을 자동적으로 처리한다. 복잡한 과정을 하나의 단위로서 숙달시킨다.
⑦ 재방향결정(再方向結定: reorientation)
   a. 새로운 기술, 새로운 분야에 몰두한다.
   b. 다음에 오는 장애나 과제에 맞선다.
   c. 보다 어려운 과제로 나아간다.
   d. 다음 방법으로 실시해나간다.

ⓐ 예상 → ⓑ 시행착오 → ⓒ 수정 → ⓓ 조건설정 → ⓔ 재수정

※ 피츠(P. M. Fitts)의 기능학습의 3단계
① 초기단계: 지시를 이해하고 2~3번의 예비동작을 실시하여 그 과제에 대한 적절한 '인지적 준비'를 완성시키기 위해 필요한 만큼의 짧은 기간으로 평가를 실시한다.
② 중간단계: 학습이 '고정화'되는 시기로 여기에서는 언어의 매개가 중요한 역할을 하며 행동의 재체제화(再體制化)로 나아간다.
③ 후기단계: 기능이 '자동화'되는 단계로 기능학습에서 동기유발만 지속되면 기능은 장기간에 걸쳐 지속적으로 개선된다고 하여 플래토(plateau: 정체기: 슬럼프) 현상을 부정하였다.

※ 카시와바라(柏原)는 신체활동의 학습을 실시하는 경우에 전형적인 과정을 다음과 같이 4가지로 설명하고 있다.
① 동기유발: 학습의욕의 환기
② 근거자료: 문제해결의 발견
③ 연습과제: 실제반응의 정착
④ 학습파지: 파지와 망각 – 학습된 내용이 지속적으로 기억되는 것을 파지(把持: retention)라 하고, 소실되는 것을 망각(忘却: forgetting)이라 한다.

2) 운동기능의 획득

(1) 일반화(一般化)
올바른 자극에 대한 반응이 고정화되고 자동화로 진행됨과 동시에 엄밀하게 같은 자극조건이 아니더라도 자극이 유사하다면 거의 같은 반응을 자아낸다. 자극조건에 다수의 변동이 있어도 거의 안정된 반응을 계속할 수 있어 일반화(一般化: generalization)된다.

(2) 분화(分化)
자극의 근소한 차이에도 민감하게 대응하여 다른 반응을 실행하기 때문에 조건자극의 특수화(特殊化: specialization), 곧 분화(分化: differentiation)가 생긴다. 그렇기 때문에 분별학습(discrimination learning)이 필요하다.

(3) 학습곡선

기능적 동작의 습숙과정(習熟過程)을 도표화해서 나타낸 것이 학습곡선(學習曲線: learning curve)이다. 기능의 획득은 점진적·누가적이고, 연습횟수의 증가에 따라 반응의 강도·속도·정확도 등의 학습의 지표는 높은 값을 나타내게 된다.

연습초기의 기능의 진보는 작고, 연습의 반응에 의해 진보율이 크게 되고, 다시 진보가 감소해서 상한(上限)에 도달된다. 학습곡선의 형태는 과제의 성질이나 학습의 측도(測度) 등에 의하여 변한다. 그렇기 때문에 어느 학습사례에도 이상적인 학습곡선형은 존재하지 않는다.

(4) 연습곡선 만드는 법

① 일정작업을 완료하는 시간(100m 달리기 x초)
② 일정시간 내에 수행된 작업량(1분간에 xm, 또는 y회)
③ 실수의 비율(시행횟수, 실수빈도)
④ 성공·실패의 비율(%, 또는 y회)
⑤ 작업내용의 질적 변화(타이밍, 유연도)

(5) 학습효과 법칙

학습효과를 올리기 위해 학습의 동기설정(動機設定)이 필요하며, 또한 자기가 실시한 행동과의 의미설정(意味設定)도 필요하다.

① 학습경험의 의미설정→성과에 대한 상(賞) 또는 벌(罰)을 준다.
② 학습효과는 학습자가 갖는 인상도(첫인상)나 욕구의 경우보다 쉽게 변한다.
③ 학습효과를 본인이 확인한다.

※ 학습법칙(學習法則: law of learning)

과거(記憶) + 신경험(未知) → 획득된 것이 남는다 → 중추(언제나 사용하면 사용할수록 기술이 좋아진다) → 기술의 향상(어느 회로에서 어느 회로까지의 통로가 부드럽게 이어진다. 거기에 자극을 준다)

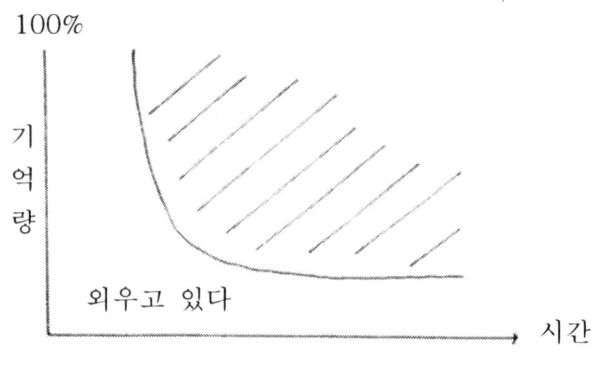

<그림 4-1> 학습과 기억량

학습의 기억력(retention of learning)을 효과적으로 높이기 위해서 다음 4가지 법칙이 중요하다.

① 빈도법칙(頻度法則: law of frequency)
    a. 연습회수의 빈도는 학습효과에 거의 비례한다.
    b. 연습의 횟수가 많은 만큼 학습효과가 높다.
    c. 어느 정도 약한 자극에서도 고정화되어진다.
    d. 반복효과가 있다(반복연습의 의의).

② 최신법칙(最新法則: law of recency)
    a. 새로운 것을 외울 때는 종합하여 암기하는 것이 좋다.
    b. 학습된 직후에 재생률은 시간이 경과하여 재생되는 것보다도 높다.

③ 접근법칙(接近法則: law of approach)
복잡한 이종(二種)의 내용을 관련시켜 학습한다. 똑같은 행동을 하게 될 경우 처음에서의 시행착오를 되풀이하지 않고 시간단축과 행동의 정확도가 높아진다.

④ 준비법칙(準備法則: law of preparation)
학습할 때에는 먼저 의욕의 정신적인 준비와 도구의 준비는 물론, 적절한 신체의 컨디션을 조절해 준비상태를 마련해 두어야 한다. 연습에 들어가기 전의 준비단계의 조건이 갖추어져 있을 때가 학습효과가 상승된다.
    a. 정신적 준비
    b. 신체적 준비
    c. 준비태세의 능력구비

(6) 회상력(reminiscence)

① 기억한 직후보다 한참 지나고 나서 잘 생각나는 현상이다(상승현상).
   a. 단락 가능한 단계로 기억할 수 있게 한다.
   b. 정보·기능의 학습량이 과다한 경우는 짧은 휴식을 넣음으로써 내용의 정리가 행해진다.
   c. 중심적으로 필요한 부분과 불필요한 부분이 분리된다.
   d. 학습이 강화된다.
   e. 수정이 행해진다.

② 학습하는 도중에 일시적으로 학습을 중단하였다가, 다시 계속하는 시점에서 재생률이 높아지는 현상이다.
   a. 인터벌 트레이닝(interval training): 운동 사이에 휴식을 두는 신체훈련이다.
   b. 서키트 트레이닝(circuit training: 다른 도구없이 맨몸의 체중만을 이용한 신체훈련이다.
   c. 리피트 트레이닝(repeat training: 운동과 운동 사이에 충분한 휴식을 취하면서 되풀이하는 신체훈련이다.

(7) 연습의 법칙(law of exercise)

연습은 인간의 몸을 사용하지 않으면 안 된다. 자극과 반응을 밀접하게 하면 할수록 학습효과를 높일 수 있게 된다.

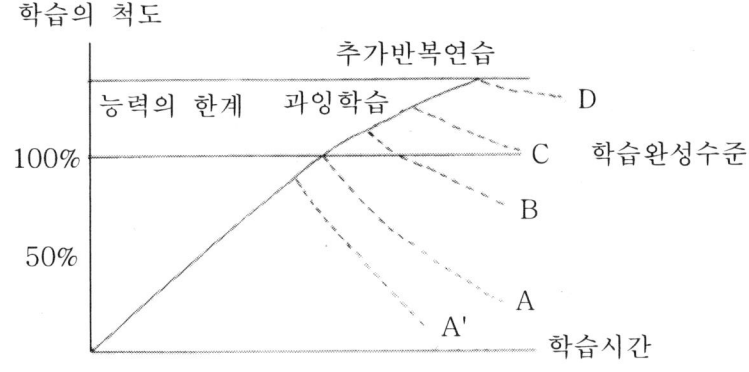

<그림 4-2> 학습의 척도와 시간

그림 중의 실선은 학습곡선으로 점선A'에 대한 ABCD는 과잉학습(過剩學習)의 정도가 다른 망각곡선(忘却曲線)이다. 이 그림은 과잉학습과 망각과의 관계를 보인 것이다. 많은 운동기능은 그 과제를 성취한다는 수준에서 멈추지 않고 더욱 반복연습을 한다. 이것은 과잉학습(over learning)이라 불리며, 학습효과(기능)의 고정과 자동화를 가져온다.

A처럼 일단 학습완성수준에 달하면 연습을 중단해도 몸에 배인 행동양식 내지 기능은 전부 소실해 버리는 일은 없지만, A'처럼 학습완성수준에 달하기 전에 그만 두게 되면 기능은 쉽게 소실해 버린다.

또 B·C·D처럼 추가반복학습(연습)된 것은 한 달이나 두 달이 지나도 잊어버리지 않는다. C까지 추가반복연습되면 기능의 유지가 행해지며, 능력의 한계까지 추가반복연습한 D는 기능의 숙달이 행해진 것이 된다. 망각은 연습중지 직후에 있어서 가장 현저하게 진행되고, 학습완성의 수준에 달하고 난후의 연습량이 적으면 망각진행 정도가 크다.

(8) 연습곡선(練習曲線: training curve)
① 초기연습과정 때는 성적상승
    a. 신기(新奇)의 욕구
    b. 학습의욕이 촉진됨
    c. 학습의 달성(도달)욕구
    d. 흥미관심의 유지가능
    e. 친근성이 생김
    f. 준비상태가 적절
    g. 연습으로 얻은 것의 확인(feed back)
② 초기~중기의 특징
    a. 기초학습의 단조로운 반복은 흥미가 솟지 않는다.
    b. 반복연습으로 망각을 방지한다.
    c. 내용적으로 충실해간다.
    d. 습득내용의 상호관계가 구해진다.
    e. 습득내용이 자기 것으로 만들어진다.

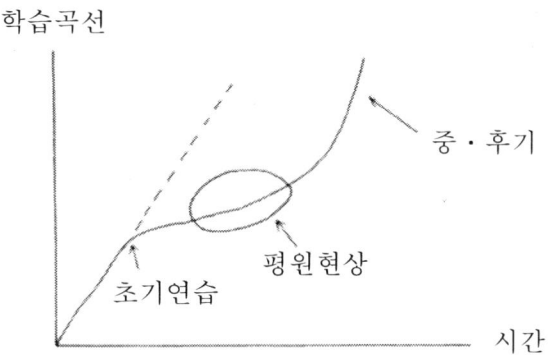

<그림 4-3> 성적의 일시적 정체시간

③ 학습성적의 측정(척도)
    a. 변화를 조사하는 단위를 정함
    b. 일정의 작업을 수행하는데 요하는 시간
    c. 성공도회수의 증감(정확도)
    d. 동작의 유연함(질적 측면의 평가)
    e. 반응개시 자극→반응이 생길 때까지의 시간
    f. 일정단위의 시간 내에 수행하는 작업량
    g. 일정회수의 시행중→성공·실패의 비율

(9) 운동학습의 과정(L. J. Cronbach-『Education Psychology』)
① 학습곡선 - 학습과정의 분석
② 운동학습과정의 6단계
Ⅰ. 준비단계(readiness step)
    a. 체력·기초운동능력 시작단계
    b. 발육단계와 학습의 최적시기 일치
Ⅱ. 증가속도 상승의 단계
    a. 효과가 급격히 상승
    b. 실제 동작의 요령을 체득하는 단계
    c. 초보적 단계(흥미, 의욕상승, 성적변화)

Ⅲ. 부가속도(附加速度) 상승의 단계(상승도가 완만)
   a. 학습효과와 진보가 느림
   b. 세부의 기능습득 단계(복잡한 내용의 변화), 연습의 반복(의욕의 감퇴)
Ⅳ. 고원현상
   a. 성적의 일시적 정체기가 온다.
   b. 습득한 것을 종합해 보고 음미해서 재구성한다.

   ※고원현상(高原現象: plateau)은 학습과정(학습곡선)의 일부로 새로운 운동을 연습할 때 처음에는 진보가 눈에 띄지만, 한참 지나면 정체하는 현상을 보이는 일이 있다. 이 진보의 정체된 시기를 고원현상이라고 한다. 이는 다음 진보의 준비단계이니까 초조해하는 일 없이 연습방법을 연구하여 계속 노력하면 다시 좋은 진보를 얻게 된다.

Ⅴ. 재상승의 단계
   중급단계보다 고도의 기능을 습득하는 단계
Ⅵ. 한계에 접근하는 단계
   체력적 한계·방법적 한계가 있으나 목표에 접근하는 단계이다.

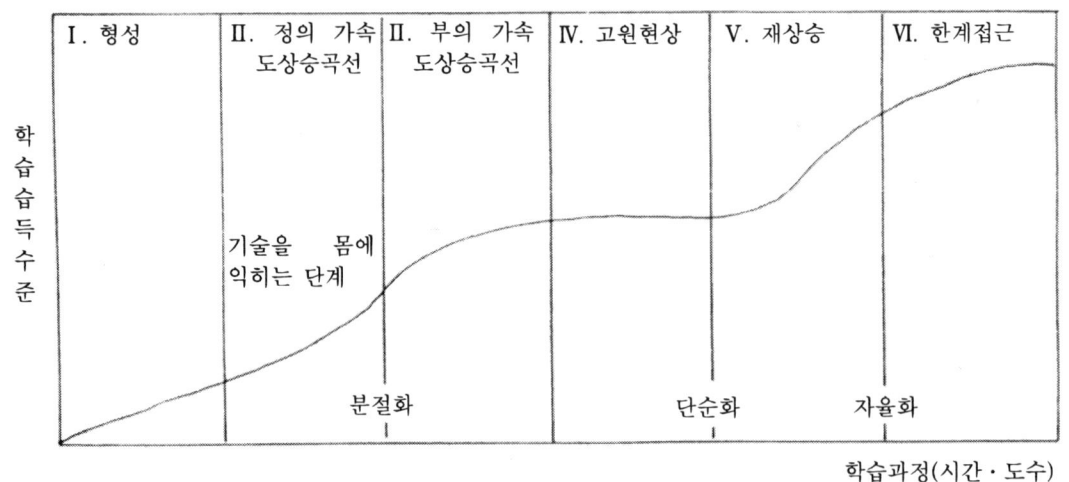

<그림 4-4> 단계별 연습곡선

※ 운동학습곡선의 여러 형태

Ⅰ. 직선상승형(直線上昇形)

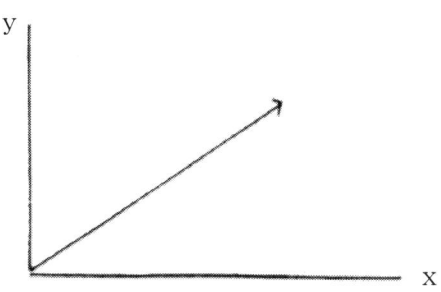

Ⅱ. 정(正)가속도 상승곡선   Ⅲ. 부(負)가속도 상승곡선

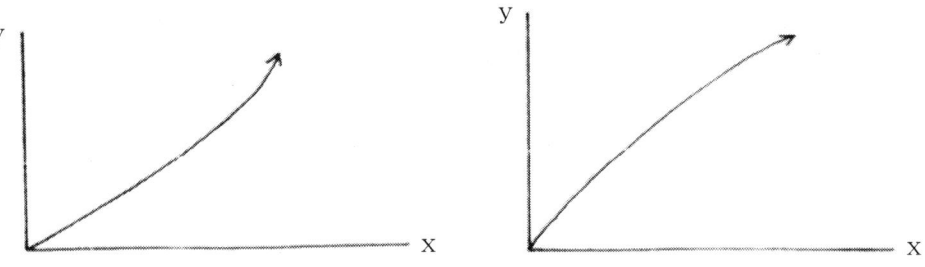

Ⅳ. 정체형(plateau) 상승   Ⅴ. Ⅵ. S자형 상승

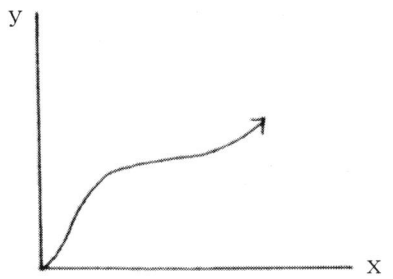

<그림 4-5> 운동학습곡선의 여러 형태

① 정(正)의 가속도상승곡선: 근력이 주가 되는 운동의 형으로 연습초기의 향상은 완만하고 나중에 점차 급속도로 향상하게 된다. 연습이 진행되는 시간 또는

회수에 따라서 운동수행이 거기에 직선적으로 비례하여 향상되는 경우를 나타내며, 과제 또는 기술의 난이도가 어려울수록 직선의 기울기가 낮아지게 된다.

② 부(負)의 가속도상승곡선: 신경계의 작용이 주가 되는 운동형의 초기에 급격한 상승을 보이고, 연습이 진행됨에 따라서 향상이 감소된다.

③ 정체형 가속도상승곡선: 연습이 진행되는데도 불구하고 시종 향상이 나타나지 않아 x축과 평행하는 듯한 유형이 나타날 때를 말한다.

④ S자형 가속도상승곡선: 이 형은 일반적으로 정적 또는 부적 가속곡선이 합쳐진 유형을 말한다.

(10) 과잉학습과 망각과의 관계
① 학습도중에서 중지할 때 기술적 유지가 힘들고 망각률이 높다(A).
② 불완전한 학습단계에서 중지할 때 망각은 크다(B).
③ 학습이 대강 완성된 단계에서 중지할 때 망각도는 중정도이다(C).
④ 학습완성 후에도 연습을 속행한다. 망각도는 가장 적다. 완전성을 유지할 수 있다(D).

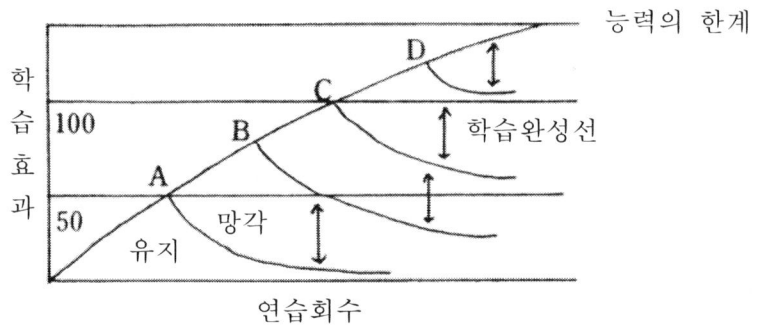

<그림 4-6> 연습회수와 학습효과

3) 슬럼프(slump)

슬럼프(slump)라는 말은 본래 경제용어에서 나온 것으로 '주식의 폭락이나 불황·불경기 등'을 의미하였고, 스포츠에서는 비교적 수준이 높은 선수가 일시적인 기력상실·기술적 정체(停滯)의 현상으로 수주간에서 수개월에 걸친 정도, 길게는

2년 또는 3년까지도 가는 부진상태이다. 기술적인 것보다는 정신적인 원인에 연유(緣由)하는 슬럼프가 더욱 포착하기 어려우며, 방치해 두면 오래 걸리지만 적절히 조치하면 금방 치유되는 가능성도 많다. 마음이 치유되면 기술적 정체도 자연히 해결되는 관계에 있다.

예를 들면, 어떤 장거리선수는 기록이 늘지 않아 고민하고 있었다. 그리고 경기 일자가 다가오면 점점 잠도 못자게 되고 스타트 전에는 구토(嘔吐)가 일어난다는 것이다. 즉 "경기 전에는 충분한 수면과 영양을 취하지 않으면 안된다"는 의식이 강해진다. 그래서 잠자리에 들면 점점 머리가 맑아지면서 잠을 못자게 된다. 그래서 이 선수에게 자율훈련법(自律訓練法)을 하도록 과제를 주고, 보통훈련이 끝날 때까지 잠자서는 안 된다고 지시했다. 그랬더니 훈련도중에 어느 틈에 잠이 들어 버린다고 호소해 왔다. 그 사이에 자기 자신도 모르게 신기록이 나오기 시작했다. 도대체 컨디션이 좋아졌다는 것이다. 그리고 보통훈련 때는 수마(睡魔)의 엄습을 받고 졸음과의 싸움이 대단하다는 것이다. 이것은 뒤집어 놓으면 심리적 역리현상(逆理現象)이다. 즉 잠자서는 안 된다고 생각하니까 더욱 더 잠이 오는 것이다. 이제 그는 숙면(熟眠)하게끔 된 것이다. 잠을 잘 자고나니까 상쾌해지고 따라서 식욕도 왕성해진다. 잘 자고 잘 먹으니까 심신이 좋아지고 기록이 향상된 것이다. 슬럼프는 이렇게 해서 해결된 것이다.

미국의 심리학자 브라이언(W. Bryan)과 하터(N. Harter)는 고원현상이 연습과정에서 왜 일어나는가에 대해서는 두 가지 설을 언급했다. 그 한 가지는 '습관계층설(習慣階層說)'로 연습이 일단 안정되고, 이것을 토대로 한 새로운 습관획득에 준비기간의 휴식기인 '고원현상(高原現象)'이라는 정적인 형으로 나타난다고 했다.

다른 한 가지는 '원인다양설(原因多樣說)'로 이것은 개인에 따라 여러 가지이며, 심적포화(心的飽和)에 의한 흥미의 약화, 주의가 산만해지는 데서 생기는 것으로 이것만 없애고 연습하면 고원(高原) 같은 것은 피할 수가 있다고 하였다.

여기에는 기술학습의 메커니즘의 문제와 그에 수반하는 심리적인 실증의 문제가 포함되어 있다. 따라서 슬럼프의 원인은 다음의 세 가지로 대별하였다.

① 신체적 조건: 병이나 부상, 육체적 피로의 축적, 생리적 극한에의 도달 등
② 정신적 조건: 감정적 긴장·정신적 동요·정신적 피로·의욕의 감퇴·가치관의 변화 등

③ 사회적 조건: 인간관계·전근(轉勤)·배치부서 전환·불의의 재해·날씨(日氣), 소음(騷音) 등 외부 환경

이들 조건에 대해서는 일반적으로 잘 알려진 것이지만 별로 알려지지 않은 것도 있다. 그것은 인간을 깊은 뜻에서 지배하고 있는 생체리듬(biorhythm), 즉 호조·불호조 등 자연적인 파동인 것이다. 이 파동(생체리듬)을 극복하는 일이 중요하다.

운동선수들에게 누구나 슬럼프를 겪는다. 슬럼프는 운동기능이 어느 정도 진보한 연습단계에서 일정기간 진보 없이 성적이 도리어 저하하는 경우가 있는데 이것을 슬럼프라 한다. 슬럼프의 원인은 여러 가지이지만 그 주된 것은 다음과 같다.

① 연습계획이나 연습방법을 잘못 실시한 경우
② 고민이나 불안 등으로부터 연습의 의욕을 잃었을 때
③ 건강관리의 실패에 의한 만성피로·영양장해·질병 등이 왔을 때

슬럼프가 왔을 때에는 연습계획이나 연습방법을 반성하고 그 원인을 알아내는 것이 우선이다. 그 다음은 연습·휴양·영양 등의 균형을 생각하고, 합리적인 연습방법을 궁리하여 연습을 계속하는 것이 좋다.

(1) 플래토(plateau)와 슬럼프(slump)의 차이

	플래토	슬럼프
원인	·초기학습의 총합 시기에 발생 ·학습과정의 일시적 현상(다음 단계로의 준비시기)	·학습 후기의 숙달단계에서 발생 ·과로·연습법의 부적절-인간적 요소 ·정신적 요소가 많다(심적 동요)
현상	·성적의 일시 정체(하강하지는 않음) ·발생시기가 예측가능 → 인위적으로 플래토를 만들 수 있다(실험적). ·학습의 자연과정에 의한 것으로 해결가능하다.	·성적저하(하강한다) ·불안·초조 등 정신적 부담에서 발생 ·해결법은 마음의 안정 ·좋은 코치나 제3자의 충고(원인분석) ·기술적 재검토(재학습)

(2) 슬럼프의 한계

운동성적이 나아지지 않을 때, 이를 슬럼프라고 생각하지 않고 일종의 자기능력의 한계로서 느껴지는 경우가 많다.

킹슬리(Kingsley)는 '자기능력의 한계'를 아래와 같이 지적하였다.

① 생리적인 한계
    a. 보통 사람은 22·23세가 되면 한계가 온다.
    b. 능력·체력의 면에서 그 이상 성적을 낼 수 없게 된다.
    c. 생리적인 한계는 20세가 넘으면 생기지만, 기술면은 상관없다.

② 동기설정의 한계
    a. 자기완성의 확신에 의문이 생기는 데서 한계가 온다.
    b. 사회적 명성을 추구하는 동안은 노력한다.
    c. 미래지향: '우리는 젊다. 이제부터 몸에 익혀가자'고 격려한다.
        ·흥미·호기심의 정도
        ·궁리·연구하는 노력

③ 방법적 한계
    a. 지금까지 좋았으니까 이 방법으로 계속 나아가면 향상될 것이라고 생각하면 한계가 고착된다.
    b. 지금까지 해오던 연습방법의 개선, 신기술을 개척하지 않으면 저하된다.

④ 실제적 한계
    현실적 면 → 자신의 운동기능면에서 신체적 능력이 따르지 못한다.

(3) 슬럼프의 징후(徵候)

① 생리적·육체적 측면
    a. 연습시의 잦은 피로감(과잉연습)
    b. 연습시 동작의 흐트러짐(불명확화현상)
    c. 오랜 동작에 의한 습관적 벽(매너리즘현상)
    d. 동작시 폼(form)의 악화(무너짐)
    e. 제거되어야 할 동작이 더해짐(불필요한 동작).
    f. 본인에게 자각되지 않은 신체장애·만성질환

② 심리적·사회적 측면
   a. 성적에 대한 불안정·동요
   b. 문제해결방법의 불명확함에서 오는 초조감
   c. 실패·부조화의 과대평가, 낙담하는 일
   d. 자기요구수준과 능력수준의 차가 클 때
③ 성적의 저하원인
   a. 기분적으로 안정되지 않는다(초조감).
   b. 연습을 과중하게 한다(과잉연습).
   c. 피로가 축적된다(신체적 컨디션의 변조).
   d. 연습효과가 없다(실수의 증대).
   e. 주위의 사람들이 과잉기대한다(심적 부담).

(6) 슬럼프의 대책과 유의점
① 기술·연습 양면에 대해서 좋은 코치로부터의 충고를 받아들인다.
   a. 기술연습량은 일정하지 않다.
   b. 개인을 육성해낸다는 목표를 세운다.
② 매일매일 연습일지를 상세하게 기재한다.
   a. 자신의 컨디션과 성적과의 관계를 파악한다.
   b. 슬럼프 예방·발견을 위한 반성의 재료로 삼는다.
③ 연습법의 개정화(改定化) 경우 생활면의 주의가 중요하다.
   a. 변화가 없는 연습법을 개선한다.
   b. 매너리즘현상은 연습자체가 질리고 권태가 더해진다.
   c. 기분전환을 위해 일시적으로 경기생활을 떠난다.
   d. 체력·기술에 대한 자신을 되돌아볼 기회를 가진다. 신선함을 추구한다. 다른 종목을 시도해 본다.
④ 다시 한 번 기본적인 움직임을 재현하도록 노력한다(초심).
   a. 현재의 곤란한 기술을 중단하고 기본적 기술에 의한 이론을 설정한다.
   b. 충고를 그대로 받아들인다. 의뢰심이 강하면 결단력이 부족해진다.
   c. 기술의 습득과정이 종료하는 가까운 단계에서 슬럼프가 생기기 쉽다.

d. 연습시 특정기술을 마스터하려는 의식화한 동작이 첨가된다→동작이 굳어진다.

4. 운동학습과 피드백

1) 피드백

어느 개인이 바람직하다고 정한 목표에 대해서 어떤 반응을 보인 경우, 반응결과를 입력 측으로 피드백(feedback: 어떤 결과가 다음의 동작을 만들어내는 일)하여 얻어진 결과와 목표치가 비교된다. 그리고 비교된 편차는 그것을 조금씩 좁히기 위해서 새로운 기준입력으로서 사용된다. 그때 +경우를 정(正)의 피드백이라 부르고, -경우를 부(負)의 피드백이라 한다. 그러한 의미에서 피드백은 결과(출력)를 원인(입력) 쪽으로 되돌리는 것을 말한다.

① 내재적 피드백(intrinsic feedback)

개인의 동작(운동)경과로부터 본인이 행한 결과를 알고, 거기에 근거하여 다음 행동의 기본을 만든다. 본인이 판단의 기준점을 만들면서 행동한다. 목표가 어긋나는 것은 직접 확인가능하다(예: ball 추적 동작).

② 외재적 피드백(external feedback)

외부로부터의 정보·신호를 근거로 동작(운동)의 기준을 설정한다. 동작의 적부(適否)를 타인의 지적(指摘)에 따른다.

대상	본인
·정적 (고정)	·동적 (이동)
·동적 (이동)	·정적 (고정)

③ 부가적 피드백(augmented feed back)

통상 학습작업 중에서 표시되어 있지 않은 특수한 정보원의 공급이다. 따라서 개인에게 있어서는 외재적(外在的)이고, 교사나 지도자에 의한 언어정보나 기계

등의 피드백 회로와 같은 외적 자극의 형식을 취하는 것이다.

예를 들면 교사·코치(coach)는 스포츠 활동의 지도에 있어서 "지금의 동작은 좋다"라든가, "지금의 숏은 너무 낮다" 등의 언어적 정보를 학습자에게 피드백하는 것이다.

컴퓨터 모니터·파워포인트 동영상 장치를 이용하여 부가적 피드백의 유효성을 발휘하는 것으로 위치지어 있다. 이와 같은 피드백은 체조·스케이팅·수영·육상 등에 활용한다.

④ 정보의 시간적 오차에 의한 분류
    a. 동시적(同時的) 피드백: 운동하면서 결과를 예측하여 조정한다.
    b. 최종적(最終的) 피드백: 동작의 최종단계에서 모든 결과를 분석하여 정보를 얻을 수 있다.

⑤ 정보를 수용하는 감각양식(sensibility mode)의 차이
    a. 내적(內的) 피드백(internal feedback): 자기수용기로 받아들인다.
    b. 외적(外的) 피드백(external feedback): 외부자극에 의해서 수용된 감각기로부터 받아들인다.

(1) 결과의 지식(knowledge of results: KR)

운동수행의 결과 양궁의 과녁에 9개의 화살을 30m, 50m, 70m 거리에서 3분씩 쏘았을 때 점수의 평균한 것의 결과를 가시화한 것과 같은 것이다.

· 목표에 접근 → 적정 방법 → 학습 → 수정(실수) → 강화

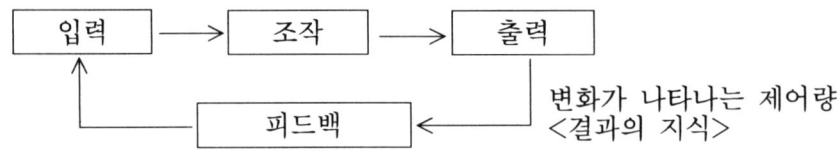

(2) 기술수행의 피드백

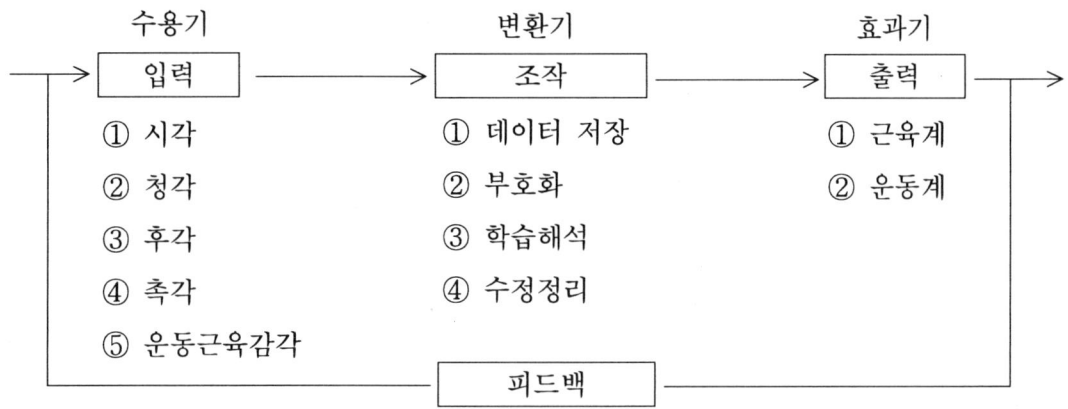

(3) 운동학습과 피드백

효율적인 운동학습을 위해 새로운 운동기술을 습득하려고 과거의 성공적인 연습과 경험을 프로그램화 한 것이다.

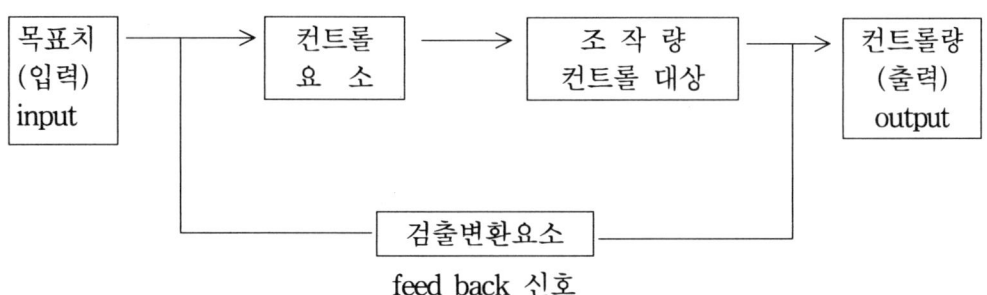

(4) 대뇌중추와 피드백

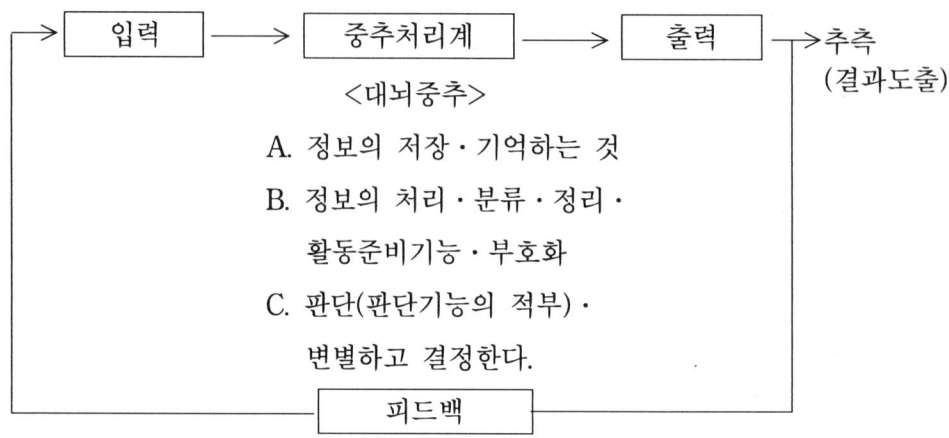

2) 피드백의 기능

(1) 정보기능
운동연습의 목표와 행동의 조정을 위한 정보(지식의 적부)의 양을 측정한다.

(2) 동기설정의 기능
행동의 동기설정(動機設定)을 부여한다(가치설정).
    ① 적정반응(適正反應) → 쾌감정
    ② 부적반응(不適反應) → 불쾌감정(실수)
    ③ 적정태도(適正態度) → 학습의욕의 동기화

(3) 강화기능
    ① 연습의 강도·양·질 유지를 촉진시킨다.
    ② 기능으로 행동기능을 실현·표현하려 한다.

※ 정적강화는 현재의 수행을 지속적으로 유지할 수 있도록 해주며, 부적강화는 운동수행 중에 바람직하지 않은 수행을 수정하며, 이후 성공적인 수행을 이끌어

제4장 운동학습의 심리 71

내는 역할을 한다.

(4) 결과의 지식
- 목표에 접근 → 적정 방법 → 학습 → 수정(실수) → 강화

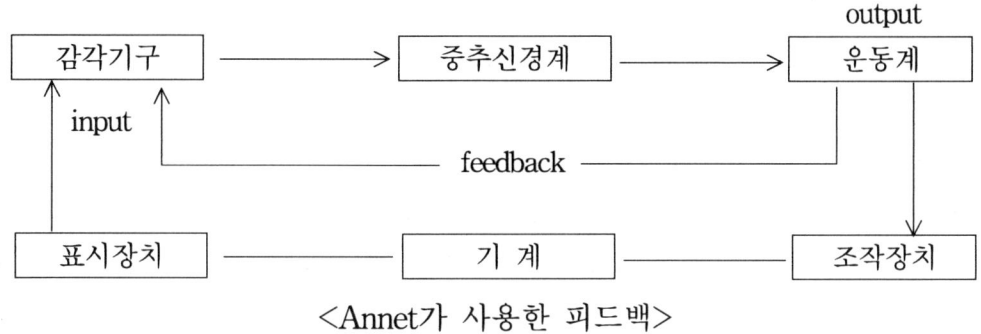

<Annet가 사용한 피드백>

① 정위(定位)하는 것이 인간에게 필요하다. 그것은 감각기관에 의해 행해진다.
② 피드백은 말을 사용하여(지시·지령·신호) 행해지는 경우가 많다.

3) 운동학습과 피드백

결과와 목표치가 비교되고, 그 편차를 줄이도록 새로운 기준이 수립되어 다음의 시행(試行: 시험적으로 행함)에서 사용된다.

기술(skill)의 수행에 관한 메커니즘

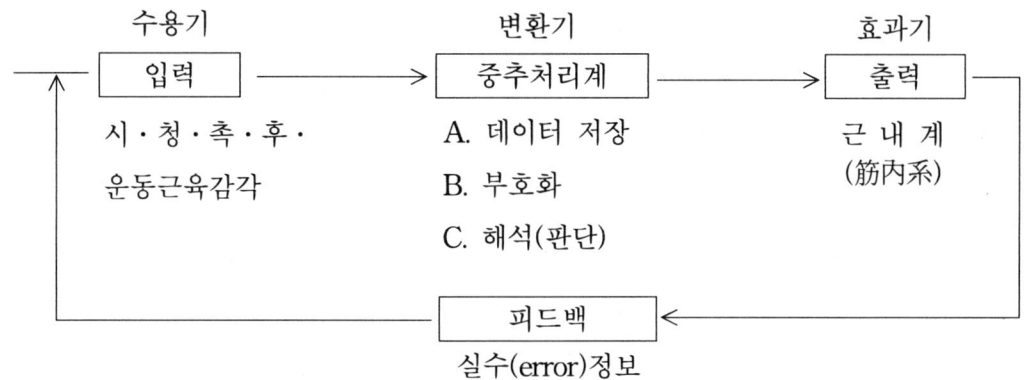

(1) 정보원의 차이

① 내재적 피드백(intrinsic feedback): 초기단계에서 유효, 작업 그 자체에 내재하는 정보, 개인의 반응결과에 의한다.

② 부가적 피드백(augmented feedback): 후기단계에 효과적, 교사나 지도자에 의한 언어정보·영상물 등 매체로 얻어진다.

(2) 선행경험과 후속경험

① 선행경험은 후속경험에 영향이 미친다.

② 선행학습의 후행학습으로의 영향으로 ⓐ 촉진효과(정적 전이), ⓑ 억제효과, ⓒ 금지효과를 미친다.

(3) 오른손의 학습

오른손으로 사용하는 것을 왼손으로도 사용할 수 있다. 이것은 오른손으로 학습한 기능이 왼손으로 옮겨가서 그대로 기능화되어 남는다.

(4) 공통되는 요소

① 자극의 부분, ② 반응의 정도이다.

4) 동기설정의 방법

① 목표설정의 명확화
② 결과의 지식(knowledge of result: KR)
   a. 시도(테스트)의 결과를 본인이 안다(정확한 정보).
   b. 타자에 의한 지적이나 동영상을 보면서 자기실력을 알고 진보의 정도와 결점을 수정시킨다.
③ 성공과 실패의 경험
④ 상벌(賞罰)의 수여(Elizabeth B. Hurlock의 실험)
   a. 상 … 적정한 행동을 촉진한다.
   b. 벌 … 적정하지 않은 것의 억제·금지한다.

⑤ 사회적(社會的) 동기의 활용
⑥ 내인적(內因的) 동기설정의 활용
⑦ 외인적(外因的) 동기설정의 활용

5) 사회적 동기의 활용

경쟁·협동 등의 사회적 성취동기(achievement motive)를 설정하고 순위를 정하여 발표하므로 우월감정을 의식(권위)하고자 하는 마음, 달성 동기를 연구한다.

※미국의 심리학자 헐(C. H. Hull, 1884~1952)에 의한 동인저감이론(動因低減理論: drive reduction theory), 또는 강화이론(强化理論: reinforcement theory)에 의하면 강화의 법칙을 다음과 같이 기술하고 있다.

"개체의 동인(動因: 동기를 일으키는 원인)을 저감시키는 자극, 또는 상태가 출현하는 사태(강화사태)에 선행하는 반응의 경향은 이 사태 및 동인과의 결합이 강화되어 습관이 된다(습관형성)."

헐(Hull)의 동인저감이론은 행위(performance)의 동기형성기능과 깊이 관계하고 있다. 학습과정에 있어서 학습자가 목표치(目標値)와 실현치(實現値)가 일치한 경우(正反應)에는 그 결과의 지식이 보수가치(報酬價値)로서 기능을 갖고 그 반응은 강화된다고 한다. 행위기능은 각각 정보기능·동기유발기능·강화기능으로 분류되어 있지만 실제적 기능의 구별은 곤란하다.

5. 운동학습의 심리적 요인

1) 욕구와 동기설정

욕구동기설정(慾求動機設定)에는 태어나면서부터 갖추어진 생득적(生得的)인 내적 욕구와, 태어나서부터 학습(學習)된 외적 욕구로 하버드대 심리학자인 맥클리랜드(David C. McCelland, 1917~1998)는 성취동기이론인 성취욕구·권력욕구·친교욕구를 주장하였고, 역시 미국 매사추세츠주 월섬(Waltham)시의 브랜다이스

대학교(Brandeis University) 심리학 교수였던 매슬로우(Abraham H. Maslow, 1908~1970)는 욕구단계설을 내세웠다.

(1) 매슬로우(Maslow) 욕구단계설
① 생리적 욕구(physiologycal needs: 생명유지): 음식·휴식·배설·학습을 하는 경우, 정신적 발달단계에 대응한 욕구가 관계하는가, 무엇이 중요한가, 자극은 무엇이냐 등이다.

② 안전성 욕구(safety needs: 신체보호): 불안·더위·추위·따뜻함 등 외부로부터의 심리적 위험 등에서의 안전하려는 욕구이다.

③ 애정욕구(belongingness and love needs): 동료를 만든다. 집단(의존·소속)에 관여하는 사람, 친형제·친구 등 우정을 갈구하는 욕구이다.

④ 자존 욕구(esteem needs): 자기존중감의 명예와 권력의 욕구이다. 지위·신분·인정·승인받고 싶다. 관심과 칭찬받고 싶다 등이다. 개인의 심리적 발달에 수반하여 점차 고차의 욕구가 지배적이 되며, 그것을 충족하기 위한 행위도 비교적 단순하고 직접적인 것으로부터 복잡하고 정신적 기능의 관여도가 높은 곳으로 이동한다. 존경받기 위해서는 리더(leader)·우두머리(top)가 되기를 원한다.

⑤ 자아실현욕구(self-actualization needs): 자신의 재능과 잠재력을 자신의 최고수준에 이르는 욕구로 이것을 자기완성욕구라 한다. 자기 자신과의 투쟁으로 명장(名匠: 명인)·거부(巨富)·발명·저술·예능·미(美)·종교의 추구 등이다.

(2) 맥클리랜드의 성취동기이론
매슬로우의 욕구단계설과 같이 인간의 욕구에 기초한 이론이다.

① 친교욕구(親交慾求: friendship needs) : 소속감과 애정욕구로 집단으로부터 배제되지 않으려는 욕구로 이 욕구가 높으면 지도자가 되고 어려운 이웃을 위로하고 돕는다.

② 권력욕구(勸力慾求: authority needs) : 다른 사람을 지배하고자 하는 욕구로 지도자·선생이 되어 가르치기를 좋아하며, 남에게 승인·존경받기를 원하는 욕구이다.

③ 성취욕구(成就慾求: achivement needs) : 매슬로우의 자아실현욕구와 같으

며, 실패를 두려워하지 않은 신념을 가지고 도전의식이 강하고 문제해결에 적극적이며, 보상보다 성취감을 맛보는 욕구이다. 목적을 달성하기 위해서는 실제로 돈이 필요하며, 돈을 저축하기 위해서는 필사적이 되며, 목적이 어는 사이에 변하여 본래의 목적으로부터 벗어나 있다. 이처럼 최초의 목적보다 2차적인 목적 쪽이 소중하게 되는 경우가 많다. 목적을 지향하기 위한 수단이 즐겁게 되면 거기에 전념한다. 본래의 목적에서 벗어나는 경우 진행 중의 활동 그 자체가 중심이 되어 버린다(기능적 자율).

2) 개성과 동기설정

(1) 성질에 의한 동기설정

개성(個性: personality)은 개체가 가진 고유한 특성이며, 성질(性質: character)은 개체의 본디부터 지니고 있는 고유한 바탕을 말한다. 운동실행자가 가지고 있는 기능적 바탕과 특성을 이끌어 내어 운동 목표를 성취시키기 위해 동기부여를 주고 그에 따른 달성목표를 세우는 것이 중요하다. 달성목표는 운동지도자나 선수자신이 세울 수 있다.

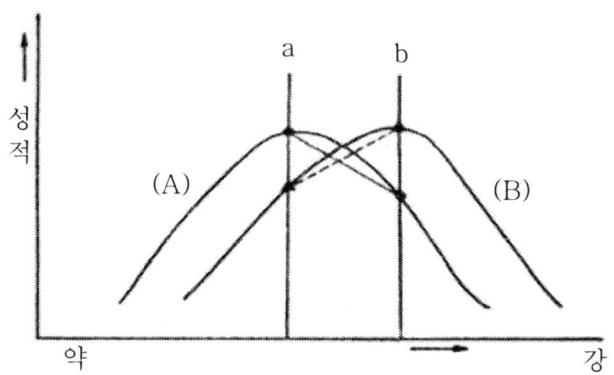

(A) 낮은 동기와 만남(내향적 성격)
(B) 높은 동기와 만남(외향적 성격)
<그림 4-7> 동기설정의 강도

달성목표가 높으면 달성 때 만족감도 높다. 또 달성목표가 낮으면 누구라도 목

표달성이 가능해서 만족감이 약하다. 또 달성목표가 높으면 성취노력도 크며, 어려움도 크다. 상벌(賞罰) 등의 인위적인 동기설정이 운동성적에 영향을 미친다.

(2) 달성동기가 높은 개성의 특징

리더·매니저역(manager役) 인물에 공통점(기업)이 있으며 아래와 같다.
① 모험에 도전: 곤란한 문제에 굽히지 않고 도전하는 벤처정신적 태도이다.
② 개인적 책임의 수용기: 실패를 타인의 책임으로 돌리지 않는다.
③ 신지식의 갈망: 자기활동의 성과에 대한 연구를 열심히 한다.
④ 자문: 정보를 아는 사람이나 친구에게 구하지 않고 전문가에게서 구한다.
⑤ 투쟁력: 정력적이며 새로운 수단으로 활동한다.

(3) 일류경기자 개성의 특징

① 성취욕구가 높다(목표를 추구한다).
② 인내력(일정시간 이상 자기를 통제하는 힘)이 높다.
③ 스트레스에 대한 저항력이 높다.
④ 고통을 참는 능력이 높다.
⑤ 리더십·코치적 능력(실력)이 높다.
⑥ 지배성(사람을 통합하고 지도하는 의미에 있어서)이 강하다.
⑦ 자신감이 있고 대담성(자기신뢰감)이 높다.
⑧ 새로운 과제해결의 지능(知能)이 높다.

(4) 코칭의 실태에 관한 조사

① 컨디션이 나쁠 때의 지도
    a. 체조·스트레칭으로 심신을 정리한다.
    b. 연습을 오래 끌지 않고 일찍 끝마친다.
    c. 간단하고 누구라도 할 수 있는 플레이를 한다.
    d. 고칠 점을 지적하고 방법을 지도한다.
    e. 선수 상호간에 결점을 보완·협응력을 키운다.
    f. 실수할 때는 서로 격려한다.

② 정신통일을 위한 지도
   a. 고무적인 말로 격려한다.
   b. 일탈행위(逸脫行爲: 조직에서 벗어난 행동)를 하지 않는다.
   c. 따뜻한 말로 안정시킨다.
   d. 과거시합의 좋은 경험을 회상하게 한다.
   e. 기능이 향상될 거라고 확신을 심어주는 말로 암시한다.
   f. 선수를 웃겨서 긴장을 풀어 준다.
   g. 색다른 연습법으로 기분전환을 시킨다.
③ 예측불가능의 슬럼프 발생
   a. 슬럼프를 경험하지 않은 사람도 많다.
   b. 슬럼프 탈출방법에는 개인차가 있다.

6. 운동학습의 전이

과거의 학습이나 경험이 새로운 지식, 기능의 획득 또는 습관의 형성을 촉진하거나 방해하는 일이 있다. 이전의 학습이 이후의 학습에 좋은 영향을 주도록 촉진시키는 것을 학습전이(學習轉移: learning transfer, training transfer)라 한다. 학습이 전이했기 때문에 후의 학습이 촉진되는 경우는 정(正: positive)의 전이, 방해하는 경우는 부(負: negative)의 전이라 한다. 전이에 어떤 영향도 미치지 않으면 제로전이(zero transfer)라고 한다. 운동학습의 전이에 관한 연구는 ① 언어의 역할과 그 관계, ③ 운동기술의 분류, ③ 기술구조의 분석 3가지이다.

운동학습의 전이에는 다음 3가지의 영역이 있다.

1) 양측성전이

한쪽의 손발로써 실시한 연습의 효과가 다른 쪽 손발의 사용에도 전이되는가? 종래의 야마모토 가츠아키(山本勝昭)의 연구에서는 이러한 전이는 신체의 대칭적(對稱的) 부위(오른손-왼손, 오른발-왼발) 사이에서 보다 강하게 나타나며, 다음에 동측적(同側的) 부위(오른손-오른발, 왼손-왼발)에서도 나타나며, 대각선상(對角線上)의 부위(오른손-왼발, 왼손-오른발)에서의 전이는 약하다는 것으로 나타났다. 양측성전이(兩側性轉移: bilateral transfer)의 사실은 기능학습이 주로 중추계의 기능에 의하여 지배되어 있고, 과제를 실제로 조작하는 신체부위의 말초작용(末梢作用)에 의하여 성립하는 것은 아니며, 신체적인 행위(行爲: performance)는 말초부의 기능을 사용하지 않고서는 발현되지 않는다는 점을 나타내고 있다.

2) 언어적 사전훈련에서의 전이

체육·스포츠 지도자는 새로운 운동과제(運動課題)를 학생에게 부여하기 전에 언어로 그 운동동작을 설명하고, 운동실에서의 느끼는 육감, 요령·유의점 등에 대해서 설명하는 것이 보통이다. 이와 같은 교육의 효과가 운동기능학습에 전이하는 것은 동작패턴이 정형화(定型化)된 운동, 예를 들면 덴마크체조·독일체조의 경우이다.

3) 다른 운동학습에로의 전이

연습효과의 전이로서 예를 들고 있는 모든 운동종목의 대부분이 이런 종류에 속한다. 충분한 연습을 쌓으면 앞서 말한 것과 같이 각각 운동과제에 특유하고 특수한 복잡한 협응능력이 그 과제 수행성적을 지배하게 된다. 즉 모든 운동기술은 제각기 생기기 쉽다고는 말할 수 없다. 정적전이(正的轉移)도 생기지만 부적전이(負的轉移)도 생기는 경우가 많다는 것에 유념해야 한다.

제5장
동기유발과 운동지도

1. 동기유발

속담에 "소를 물가에 끌고 갈 수는 있지만 소에게 억지로 물을 먹일 수 없다"라는 말이 있다. 이것은 마음이 내키지 않는 일은 할 수 없음을 뜻한다. 즉 우리가 무슨 일을 하든 그 어떤 일을 할 때는 그 일을 하고 싶은 '마음'이 있어야 한다는 것을 뜻한다. 이와 관련하여 어떠한 일을 하게 되었을 때 얼마나 열심히 적극적으로 하느냐의 문제는 실제로 어떤 일에 참여하여 열심히 적극적으로 하느냐의 문제에는 실제로 어떤 일에 참여하여 열심히 하고 싶은 마음 또는 잘 하고 싶은 마음이 바탕되어 있기 때문이다.

스포츠와 운동 상황에서 어떤 선수들은 다른 선수들에 비해 어째서 악착같이 이를 악물고 열심히 뛰어 좋은 성과를 거두는가? 반대로 왜 어떤 선수들은 열심히 하질 못하고 평소에 연마한 기량마저도 발휘하지 못하는가? 이러한 질문들에 대한 해답은 간단하지 않을 것이다. 그러나 일상적인 말로 쉽게 생각한다면 그 답은 무언가를 하는 마음, 그리고 무언가를 할 때에는 잘하고 싶은 마음이 밑바탕에 깔려 있기 때문이라고 할 수 있다. 이것이 동기(動機: motivation)이다.

동기는 어떤 사람이 어떤 특정한 행동을 선택해서 지속적으로 계속하며 선택한 행동을 잘 할 수 있게 하는 계기를 말한다. 즉 우리 인간이 하는 행동, 즉 왜 어떤 특정한 행동을 선택해서 일정한 강도로 지속적으로 하는가? 라는 질문에 대한 설명이기도 하다.

1) 동기유발의 의미

동기유발(動機誘發: motivation)이란 목표달성을 위해 행동을 일으켜 그 활동성을 유지하고 일정한 방향으로 인도해가는 과정의 일(task)로 '주의집중·관련성·자신감·만족감' 4가지 요인이 있다. 이를 동기부여(動機附與)라고도 한다. 동기유발에 대한 생각이 모든 연구자에게 일치하고 있는 것은 아니지만, 개체내부(個體內部)의 에너지에 의하여 활동을 환기하고, 신체적·심리적 활동을 조직적으로 통합하는데 따라서 개체를 목표로 향하게 하는 활동을 가진 요인으로 보는 점에서는 일치하고 있다.

따라서 그 과정에는 개체내부에 발생하는 행동을 일으키는 힘으로서의 동인(動因: motiver: cause), 또는 동기(動機: motive: incentive), 또는 목표(目標: goal)가 포함된다. 동기라고 하는 말은 동인과 거의 같은 의미로 사용되지만 동인(動因)이 생물적·생리적으로 발생하는 요구를 가리키는 것이 많은 유인(誘因: inducement, 흥미를 일으키는 원인, 또는 하고 싶은 욕구)과 대응해서 사용되는 것에 대해서, 동기(動機)는 사회적으로 형성된 복잡한 심리적 동인을 의미하는 것이 많고 목표와 대응해서 사용된다.

2) 동기유발의 종류

동기의 종류는 미국의 분석심리학자 머레이(H. A. Murray, 1893~1988) 교수의 동기분류를 다음 다섯 가지로 살펴본다.

(1) 생리적 안정성

생명을 유지하는데 필요한 개체내부의 생리적 안정성(生理的 安定性)을 유지하려고 하는 동기이다. 이중에는 공복·갈증·수면 등과 함께 고통을 회피하는 동인 등이 포함된다. 격심한 운동은 오히려 생리적인 안정성을 무너뜨린다. 특히 감량이 요구되는 경우나, 복싱·레슬링·럭비·마라톤 등과 같은 필연적으로 고통을 수반하는 스포츠에 있어서는 이 동기를 어떻게 극복하는가가 고려되지 않으면

(2) 성적 발산동기

체육·스포츠와 성적(性的) 관련은 반드시 명확하게 규명되어 있지 않다. 일부에는 건전한 스포츠 활동에 의하여 성욕을 발산할 수 있다고 하는 주장이 있지만 운동이 성적 동기를 감소시킨다고 하는 학리적 증거는 없다.

(3) 정서적 동기

일반적으로 정서(情緖)는 외적으로 환기(喚起)되는 특수한 동기라고 생각된다. 체육이나 스포츠의 장소에서 경험한 흥분이나 기쁨은 운동에 친숙해지며 습관화해가기 위한 동기가 될 수 있다.

이에 비해 공포나 불안은 반대방향으로 작용한다. 철봉에서 떨어져 큰 부상을 입은 경험의 강렬한 공포는 특히 외상성불안(外傷性不安)으로 강력한 회피반응을 불러오게 하며 쉽게 지워 없애는 일도 곤란하기 때문에 주의를 요한다.

(4) 내인적 동기

외적인 보수(報酬) 때문이 아니라 활동하는 것 자체가 목적으로 되어있는 경우 내인적(內因的)으로 동기유발된 행동이라 부른다. 내인적으로 동기가 부여된 행동에 관여하는 동기로서는 자체를 활발히 움직이려고 하는 활동성동기(活動性動機), 감각적인 자극을 바라는 감성동기(感性動機), 새로운 것을 알거나 경험을 바라는 호기동기(好奇動機) 등이 제시되고 있으며, 이들 모두가 운동·스포츠와 밀접한 관계를 갖는다.

(5) 사회적 동기

인간은 사회적 존재이고, 그 행동은 자기와 사회의 본연의 자세에 관한 사회적 동기에 의하여 강하게 동기지워져 있다. 그 중에서도 특히 곤란한 과제를 잘 완수하여 뛰어난 업적을 쌓아 성공하는 것을 바라는 친화동기(親和動機: affiliation motive)는 스포츠에 있어서는 중요한 동기이다. 이 외에도 획득(물질적인 보수)·우월·승인(承認)·현시(顯示)·공격·자율·굴욕·회피 등 운동과 강한 관련을 가진 사회적 동기는 많다.

3) 동기유발의 방법

(1) 목표설정의 명확화

이상목표(理想目標)에 있어서는 목표에 도달하는 일이 어떠한 의미를 가지고 가치가 있는가 하는 것과, 목표를 달성하는 가능성이 어느 정도 있는가가 동기유발의 강도를 결정하는 중요한 요인이다. 이상(理想)은 사고범위 안에서 가장 합리적이라고 여겨지는 상태이다. 따라서 극복해야 할 단계적인 중간목표를 설정해서 노력하면 이상목표에 도달할 수 있다고 하는 희망을 갖게 하는 것이 중요하다.

현실목표(現實目標)는 명확한 동시에 구체적으로 나타내지 않으면 안 된다. 그것을 위해서는 '몇 회·몇 m·몇 초' 등과 같이 물량적으로 측정가능한 형태로 주어지는 것이 좋다.

(2) 결과의 지식을 활용

동작이나 성적(成績)에 대한 '결과의 지식(knowlege of result: KR)'을 주는 것은 동기유발을 높이기 위한 보다 유력한 수단이다. 특히 동작의 결과가 목표와의 차이에 있어서의 피드백을 발생하지 않는 경우에는 반응의 정확도에 있어서의 '결과의 지식(KR)'을 주는 것이 학습에 의하여 결정적으로 중요하다.

바스켓볼(basketball: 농구: 籠球)의 프리스로(free throw) 경우는 학습자 자기 자신의 움직임의 결과와 목표와의 차이를 알고 다음의 행동을 수정하는 것이 가능하다. 그러나 스키·수영·체조 등에서 특히 초심자의 경우, 목표가 되는 움직임과 자기 자신의 움직임이 어느 정도 어긋나 있는가를 자신이 아는 것은 거의 불가능하다. 이 같은 때는 다른 종목에서 과해진 KR이 학습달성에 커다란 역할을 한다.

(3) 성공과 실패의 경험을 주는 일

성공이나 실패의 경험은 경우에 따라서는 동기유발을 높이거나 저하시키거나 한다. 일반적으로 과제가 보다 쉽거나 곤란한 경우에는 성공 또는 실패의 의식이 생기지 않는다. 또 성공·실패의 의식은 반드시 일정한 성적의 수준이나 외부에서 주어진 목표와 직접 연결되어 있지 않고 '자기의 예상(豫想)', 다시 말하면 이 정도는 할 수 있겠지, 이 정도의 성적은 올리고 싶다고 하는 목표와 강한 욕구를 갖고 있다. 이와 같은 자기의 성적에 대한 개인적인 목표·기대치를 요구수준(要求水準: level of aspiration)이라 부르지만, 이 요구수준이 어느 정도 성공·실패로 느껴지거나 달성되었는지는 상대적으로 결정된다.

성공은 요구수준을 향상시켜 활동의 강도를 높이고 보다 어려운 과제로 향하게 하는데 비해, 실패는 일반적으로 그 반대방향으로 작용한다. 그러나 성공이 항상 동기부여를 높이고 실패가 동기부여를 저하시키는 것은 아니며 양자의 작용은 아주 복잡하다. 따라서 지나치게 높은 요구수준을 갖게 해서 너무 많은 실패의 경험을 갖도록 하는 것은 좋지 않으며, 개인의 능력에 맞는 과제를 가지고 적당한 성공의 경험을 가지게 하는 것이 좋다.

(4) 상벌을 주는 일

칭찬·꾸짖음·포상·벌 따위를 주는 일은 동기유발을 위한 가장 일상적인 방법이다. 상벌·상찬을 적절히 사용하면 동기유발을 높일 수가 있다. 일반적으로 동기유발의 방법으로서 벌보다는 상이 유효하다고 한다. 그 이유의 하나는 벌(罰)은 해서는 안 된다는 것을 가르쳐 주지만 무엇을 해야 하는가를 가르치지 않는데 대해서, 상(賞)은 그 행동을 계속하도록 하는 정보를 주기 때문이라고 한다. 질책이나 벌을 주는 경우 때때로 감정적으로 되기 쉽다. 그 때문에 강한 불안이나 긴장을 야기시킴으로써 수행을 저하시키는 경우도 있다. 또한 상이나 벌 어느 한쪽을 계속해서 주면 동기부여는 저하된다. 지나치게 엄격한 것이나 자유스러운 것도 동기부여의 좋은 방법이라고 볼 수 없다.

(5) 사회적 동기의 활용

경쟁(競爭)이나 협동(協同) 등의 사회적 동기를 이용한 동기유발의 방법도 사용된다. 경쟁은 개인 간의 경쟁, 집단 간의 경쟁, 자기 자신과 기록과의 경쟁의 형태가 취해지지만, 가장 강하게 동기유발되는 것은 개인 대 개인의 경쟁이다. 경쟁(競爭)은 반드시 성적을 향상시킨다고는 할 수 없다. 일반적으로 말해서 경쟁은 스피드·근력·지구력의 발휘를 도와주지만, 정확함 등 운동의 질(質)을 저하시키는 경향이 있다.

경쟁은 배타적인 의식을 조장하거나 이기는 것만을 최대의 목표로 하나, 패자에게 열등감을 갖게 하는 것 등이 있기 때문에 유의할 필요가 있다. 협동은 집단의 생산성을 질과 양적으로 모두 향상시킬 뿐 아니라 대인관계의 증대, 성원 간의 만족감향상 등 뛰어난 효과가 있음이 밝혀져 있다. 경쟁과 협동 외에도 관중과 그 응원 등이 동기부여를 높여준다. 또한 앞에서 언급한 상벌이나 성공과 실패 등도 사회적 동기와 밀접한 관련이 있다.

(6) 내인적 동기의 활용

학습활동 그 자체에 학습자 본인이 강한 흥미를 갖는데 따른 내재적 동기유발 상태를 내발적(內發的: intrisic) 동기유발이라고 하며, 학습활동성 이외의 동기유발 원인이 되는 상찬(賞贊)·불안 등의 상태를 외발적(外發的: extrinsic) 동기유발이라고 부른다.

미국 뉴욕주 로체스터(Rochester) 대학교의 심리학 교수이며, 인간행동 연구학자인 에드워드 디시(Edward L. Deci, 1935~?, 『마음의 작동법』 저자)에 의하면, 내발적 동기는 학습자 본인의 희열에 따른 것이며, 외발적 동기는 지도자의 요구(압박)·체벌 등의 외적 요인의 작용에 의한 것이다. 외발적 동기는 일시적일 수 있으나 내발적 동기는 지속성이 있다는 것이다.

4) 동기형성의 최적수준

일반적으로 동기형성(動機形成)이 높아짐에 따라서 학습의 효율이 높아지고 행위도 향상된다고 생각하는 경향이 많다. 그렇지만 동기형성의 수준이 일정 이상으로 높아지면 반대로 학습의 효율이나 행위는 저하된다는 것이다. 요컨대 동기형성의 최적수준은 중등정도(中等程度)의 동기형성의 위치에 있다고 할 수 있다. 이 관계를 U자를 거꾸로 한 곡선이 얻어지므로 역U자형 가설이라 한다.

과제의 성질과 최적의 동기형성 수준은 과제가 단순하고, 용이할수록 최적의 동기형성 수준이 높고, 복잡하고 곤란할수록 낮아진다. 운동행위에 있어서 큰 힘이나 스피드·지구력이 요구되는 운동일수록 비교적 높은 동기형성이 최대의 성적을 가져오며, 예리한 지각적 판단이나 세세한 운동의 정확도가 요구되는 운동은 보다 낮은 동기형성의 수준에서 최대의 성적을 올릴 수 있다.

비교적 낮은 동기형성에서 가장 좋은 성적을 기대할 수 있는 운동은 야구의 피칭·볼링·사격·궁도이며, 비교적 높은 동기형성수준을 기대할 수 있는 것으로는 수영·리듬체조·제자리 넓이뛰기 등이다.

2. 연습의 배분과 과제의 분할

운동기술을 연습하기 위해서는 운동실시를 반복 연습하는 것이 필요하다. 이 경우 연습효과를 올리기 위한 방법으로서 연습의 양이나 시간을 어떻게 배분하는가 하는 것이 능률과 관계되며, 지도에 있어서는 극히 중요하다. 이것은 연습에 있어서 집중법과 분산법의 문제이다.

집중법(集中法) 또는 집중연습법(massed practice method)이란 연습과 연습 사이에 휴식을 넣지 않고 연속적으로 연습하는 방법이다. 분산법(分散法) 또는 분산연습법(distributed practice method)이란 연습의 사이에 휴식을 적당히 넣어서 연습하는 방법이다. 이 분산의 조건에는 각국마다 연습량의 다소, 휴식시간의 장단(長短), 분산을 행하는 시기 등의 요인에 관련한다.

1) 연습법

(1) 분산연습
과제가 곤란할 때, 신체적인 피로가 쌓일 때, 같은 반응을 되풀이하는 것 같이 흥미지속이 유지되지 않을 때 유효하다. 그러나 문제에의 동기유발이 높은 경우에는 집중훈련을 하는 쪽이 효과적이다.

(2) 집중연습
집중연습은 반응의 고정화가 나타나기 쉽다. 특히 학습과정에서 나타난 잘못이

고정될 경우가 있는데, 분산연습에서는 그 바르지 않은 반응을 해소하거나 수정할 수가 있다.

집중연습에는 망각(忘却)의 기회가 거의 없다. 망각은 구체적인 연습효과를 명시하고 다음의 문제를 판단시키는데 도움이 된다. 유지효과(維持效果)에 있어서도 분산연습이 기대되고 있다. 그러나 너무 긴 휴식은 유지효과(keeping effect)가 완전히 망각되어 다음을 시행(試行)할 때, 완전히 새로운 것으로 변화시킬 수 있다.

(3) 집중법

집중법은 연속적으로 연습하는 방법이기 때문에 기능이 고도화되어 숙련을 요하는 단계(학습의 완성에 가까운 단계), 준비에 시간을 요할 때에 있어서 능률이 높기 때문에 효과적이다.

결점은 피로도가 크기 때문에 질리거나 피로포화상태(疲勞飽和狀態)·의욕감퇴(意慾減退)를 초래한다. 또 수정의 기회가 없기 때문에 잘못된 것이 고정되어 버릴 경우가 있다.

(4) 분산법

분산법은 휴식을 적당히 넣어서 연습하는 방법이기 때문에 각회(各回)의 연습량의 다소, 휴식시간의 장단, 분산을 행하는 시기 등의 요인이 관련된다. 이점은 학습초기의 원리라든가 기초단계에서 효과적이다. 기분풀기·휴식·기술전환이 가능하기 때문에 학습의욕을 유지시킬 수 있다. 또 필요한 것은 기억하고, 불필요한 것은 망각하고 수정하면서 학습할 수 있다.

연습과 휴식을 취하는 방법은 연습의 질(質), 연습의 시기(時期)를 생각해야 한다. 연습의 질에 대해서는 기초적 반복이 많다.

(5) 연습시간과 휴식의 배분

연습시간이나 휴식의 배분(配分)은 연습의 효율을 좌우하는 중요한 조건이 된다. 이 문제는 주로 연습의 집중법과 분산법의 문제로서 다루어지며, 여러 가지 과제를 대상으로 한 실험이 이루어지고 있다.

여기에서 집중법(集中法: massed practice method)이란 연습기간 중에 휴식이나 다른 활동을 거의 넣지 않고 집중적으로 연습하는 방법이다. 이에 대하여 분산법(distributed/spaced practice method)이란 연습기간 중에 휴식이나 다른 활동을 임의로 넣어서 연습하는 방법이다.

이들 방법의 효과는 ① 학습자의 능력, ② 동기유발, ③ 학습의 단계, ④ 과제의 난이도, ⑤ 시행수(試行數) 등의 조건에 의존하고 있다.

a) 집중법과 분산법의 효과

그런데 이들 연습방법이 어떠한 효과를 가지는가에 대해서는 여러 가지 실험적 검토가 있었다. <그림 5-1>의 스텔맥(George E. Stelmackh)의 연구에서도 볼 수 있듯이 일반적으로 분산법의 효과가 높다고 알려져 있다.

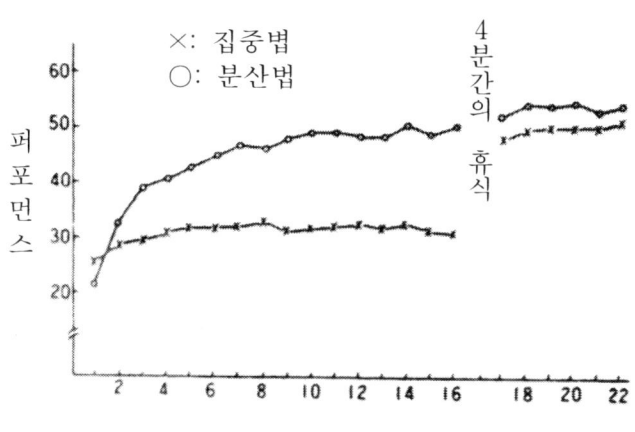

<그림 5-1> 집중법과 분산법의 과제연습

그러나 분산법(分散法)의 경우 1회의 연습량·휴식 인터발 등의 조건이 연구에 따라 상당히 다르며, 과제나 설정된 분산조건에 따라 도리어 집중법의 효과가 높았다는 사례도 있다.

특히 대근운동적(大筋運動的)인 과제를 사용한 실험적 연구에서는 일반적으로 분산연습의 유효성이 발견되었다. 이들 연구결과를 바탕으로 운동기능 연습에서의 분산법의 유리함에 대해 생각해 보면 다음과 같은 항목을 들 수 있다.

① 휴식이나 다른 활동을 하는 것으로서 연습의 단조로움을 없앨 수 있다.
② 연습을 분산시킴으로써 정신적·신체적 피로의 영향을 감소시킬 수 있다.
③ 연습한 기술이 부적절한 경우라도 1회의 연습량이 적기 때문에 나쁜 버릇으

로서 남는 경우가 적다.

④ 1회의 연습량이 상대적으로 적기 때문에 주의를 집중시켜 연습할 수 있다.

이에 대하여, 1회의 연습량이 매우 적고 휴식시간이 긴 분산법의 경우, 각각의 연습시행에서 얻어진 운동기능이 긴 휴식으로 망각되어 버리는 결과가 되어, 도리어 불리하게 되기도 하기 때문에 연습량과 휴식량은 상호 관련되는 것임을 고려하지 않으면 안 된다.

또한 집중법이라도 경기자의 동기유발의 수준이 충분히 높은 경우에는 상당히 유효하다는 것이다.

b) 레미니선스(reminiscence) 효과

미국의 유명한 심리학자 윌리암 제임스(W. James, 1842~1910)는 수영은 동계에 발전되고, 스케이트는 하계에 발전된다고 하였다. 이 이야기는 각각의 시즌 중에 연습을 쌓아놓으면 시즌 오픈 동안 특별히 연습을 안 해도 쉬는 기간 중에 발전한다는 현상을 표현한 명언이다.

이 현상은 레미니선스(reminiscence: 의식하에 숨은 피드백이나 회상력)라고 불리며, 집중법과 비교하여 분산법이 유리하다는 경향과 공통된 면을 가지고 있다. 즉 휴식을 삽입하는 경우의 효과이다. 이 현상을 설명하는 이론으로서는 우선 첫째로 휴식기간에 그때까지 연습한 것을 회상하여 리허설(rehearsal: 총연습) 할 수가 있다는 사고이다.

둘째로, 휴식시간을 설정하면 신선한 기분이 생겨 능률이 오른다는 것이다.

셋째는 작업감퇴설이라고 불리우며, 운동의 계속에 따라 생기는 부(負, -)의 효과로 인하여 운동의 효율이 내려간다는 사고이다. 부(負)의 효과란 이른바 피로반응(疲勞反應)의 반복을 방해하는 것과 같은 반응금지를 의미하고 있다. 따라서 휴식으로 인하여 이들 질(質)의 효과에 원인이 없어지고 능률이 회복되게 한다. 이것은 현재로서는 레미니선스 효과에 대한 가장 유력한 설로 간주되고 있다.

(6) 전습법과 분습법

수영에서 평영(平泳)을 연습하는 경우, 호흡법·손동작법·발동작법을 따로따로 학습하는 분습법 쪽이 좋을 지, 또는 이들 동작을 전체로 묶어서 연습하는 전습법이 좋을 지이다. 이 같은 운동과제를 몇 개의 부분으로 분해하여 하나하나 학습해가는 분습법(分習法: part method)과 전체를 그대로의 형태로 학습하는 전습법(全習法: whole method)이 있으며, 어느 쪽의 방법이 운동기능의 숙달을 위하여 능률적이냐 하는 문제이다.

① 전습(全習)·분습(分習)의 효과를 결정하는 조건

전습법과 분습법의 효과는 이것을 대별하면 운동과제의 특질과 학습자의 특성에 따라 규정된다. 운동과제의 특질에 대해서는 과제의 체제화(體制化)의 정도나 복잡성 등 요인이 된다. 즉 과제의 체제화의 정도란, 그 과제를 구성하는 하위기능의 상호관계를 의미하며, 예를 들면 상호관계가 크다면 체제화의 정도는 높다는 것이 된다.

또한 복잡성이란 과제가 학습자에게 얼마나 어려운 것이냐 하는 것이며, 학습자의 정보처리 능력과의 관계에서 결정되는 요인이다.

<그림 5-2>는 영국의 체육학자 싱어(R.N. Singer)가 전습법·분습법의 효과와 과제의 체제화의 정도 및 복잡성의 관계를 표시한 것이다. 즉, 체제화의 정도가 높고, 복잡성이 낮은 경우에는 전습법(全習法)이 적당하며, 반대로 체제화의 정도가 낮고, 복잡성이 높은 경우에는 분습법(分習法)이 유리하다는 것을 의미하고 있다.

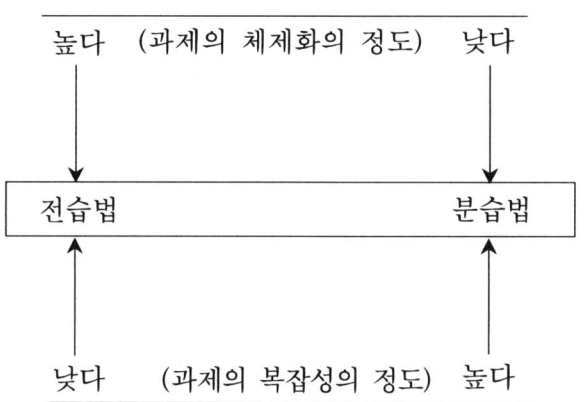

<그림 5-2> 전습법·분습법과 과제의 체제화 및 복잡성

예를 들면 남가주대학의 니메이어(R.K. Niemeyer) 교수는 240명의 학생에게 ① 배구, ② 배드민턴, ③ 수영의 연습을 분습법·전습법으로 연습하게 한 결과, 수영은 전습법, 배구는 분습법이 각각 효과가 있는 것을 발견했지만, 배드민턴은 어

느 방법으로도 별로 효과면에 차이가 없었다고 보고하였다. 이 경우 수영은 체제화의 정도가 높은 기능이며, 배구에서는 토스·패스·스파이크와 같은 각각의 하위기능(下位機能)은 비교적 독립된 형태를 가지고 있어서 체제화의 정도가 낮다는 이유 때문이지만, 배드민턴에 대해서는 명확한 설명을 얻지 못했다.

또한 학습자의 특성이라는 관점에서 본다면 일반적으로 학습자의 학습능력이 낮고, 그 기능숙달이 별로 발전되지 못한 단계에서 동기수준(動機水準)이 낮은 경우 분습법이 적당하다고 하며, 그 반대의 경우는 전습법이 유리하다고 한다.

② 점진법(漸進法: progession method)

운동기능을 몇 가지의 부분으로 분할한 경우에 그 하위기능 사이에는 어떤 형태로든지 상호의존관계가 있는 경우가 많으며, 부분을 연습하는 방법을 보아도 어떤 형태로든지 전체적인 기능으로 그들 부분을 통합하는 방법이 필요해진다.

점진법에는 부분계속법(部分繼續法: part-continuous method)과 점진적 분습법(漸進的 分習法: progressive-part method)이 있다. 전자는 분할한 하위기능 1을 우선적으로 학습하고, 다음에 하위기능 1과 2를 동시에 학습하고, 다시 하위기능 1과 2와 3을 함께 학습하는 요령으로 점차 하위기능을 결합하며, 나아가 전체적인 기능으로 발전시키는 방법이다. 후자의 점진적 분습법이란 각각의 하위기능을 단독으로 먼저 학습하고 나서, 2개씩 또는 3개씩 점차로 하위기능의 수를 늘려가며 통합하여 최후에 전체를 학습하는 방법이다.

전체의 기능도 아니고 또한 그 하위기능도 아닌, 별개의 기능을 연습하는 것으로 하여 점차로 목표가 되는 기능에 접근시켜가는 방법이 취해지는 경우도 있다. 이에 대해 홀딩(D.H. Holding)은 다음과 같은 기계체조기능(器械體操機能)의 사례를 들고 있다. 평균대의 최초, 전방회전이 지면과 같은 높이의 대(臺)에서 행해진다. 그리고는 대(臺)를 점차 높여가며 새로운 높이에서 연습을 시키고, 다시 대(臺)를 점차로 낮추어간다. 그렇게 하면, 학습자는 자기의 다리로 지면에 착지하도록 순응하게 된다.

최후에 대(臺)를 다시 점차로 낮게 하여 체중(體重)을 팔에 걸도록 한다. 그렇게 하면 회전이 손을 사용하여 핸드스프링(handspring: 도움닫기 후 두 손을 땅에 짚고 몸을 회전시켜서 넘기는 동작)을 할 수 있게 된다. 체육에 있어서 이 기법의 이점은 학습자가 현재의 자기의 능력을 초월하도록 요구되는 일이 결코 없기 때문에 불안을 일으키는 일이 없다.

이처럼 점진법은 분습법·전습법의 이점을 겸한 방법이라고 할 수가 있다. 따라서 각각의 과제의 특질과 학습자의 특성 등을 충분히 고려하면서 적절하게 전습과 분습을 짜맞춤으로써 효율적인 연습법을 디자인할 수 있게 된다.

2) 과제의 분할

전습법(全習法: whole method)이란 학습이나 연습하는 과제에 대해서 처음부터 전체를 일괄해서 연습하고, 그것을 몇 번이고 반복해서 학습해가는 방법이다.

분습법(分習法: part method)이란 전체를 개개의 분절로 단락짓고, 그 각 분절을 연습해서 그것을 완성시켜 최후에 전체로서 연습하는 방법이다.

(1) 순수(純粹)한 분습법(pure part method)

이것은 나누어진 연습문제의 각 부분을 일정의 수준으로 달할 때까지 따로 연습하고, 그 뒤에서 모든 부분을 같이 연습하는 방법이다.

(2) 점진적 분습법(progressive part method)

이것은 나누어진 부분을 몇 가지로 정리해서 연습하는 방법이다. 즉 부분 1과 부분 2를 따로 연습하고, 다음에 부분 1과 2를 동시에 연습해서 하나의 통합이 이루어질 수 있도록 한다.

다음에 부분 3을 연습하고, 그것이 끝나면 부분 1, 2, 3을 같이 연습한다. 이와 같이 각 부분을 차례차례로 전부 연습하는 방법이다.

(3) 반복적 분습법(repititive part method)

이것은 부분 1을 연습하고 다음에 1과 2를 연습한다. 그런 다음 부분 1, 2, 3을 같이 연습한다. 이와 같이 새로운 부분을 연습한 것에 순차적으로 되풀이하면서 모든 것을 연습하는 방법이다.

(4) 학습심리학적 전습·분습

① 학습자가 연장(年長)인 경우, 또 지능(知能)이나 2종류의 과제(課題)에 능력이 있는 자는 전습법이 유효하다. 이것은 전체적인 구조를 잡거나 전망(展望)을 갖고 학습할 수 있기 때문이다.

② 전습법(全習法)일 때에는 많은 시간과 노력이 걸리지 않으면 학습효과가 나타나지 않는다. 분습법(分習法)에서는 학습단위가 작기 때문에 비교적 빨리 학습효과가 나타나기 때문에 성공감이나 만족감을 맛볼 수 있다. 따라서 유년(幼年)에게는 분습법이 좋다.

③ 학습이나 연습의 초기에는 분습법이 유리하지만, 학습이나 연습이 진전됨에 따라서 전습법이 유리하게 된다.

④ 과제가 복잡하고 곤란해서 조직도가 낮은 경우에는 분습법이 적절하고, 단순하고 조직도가 높은 경우에는 전습법이 좋다.

⑤ 망각(忘却)이나 유지(維持)의 영향도는 양 학습법에서도 변하지만, 집중법일 때는 분습법(分習法)이, 분산법(分散法)일 때에는 전습법이 효과적이다.

3. 언어적 지도

1) 운동과 언어기능

언어와 사고의 이론은 구소련(러시아)의 루리아(Alexander Romanovich Luria, 1902~1977)와 비고츠키(Lev Semenovich Vygotsky, 1896~1984)에 의해 연구되었는데, 유년초기에는 아이들은 비언어적 사고와 비지적 언어를 사용하는데, 약 2세 정도가 되었을 때 사고와 언어가 결합되기 시작하며, 아이는 자기 자신에게 혼잣말을 하는 셀프 토킹(self talking)을 하면서 언어는 사고형성에 많은 발전을 가져오게 한다는 것이다.

① 옹알이기에서 1세전까지는 배가 고프거나 배설 후에는 울음을 터트려 알리지만, 그 후 맘마로 의사를 표시하다가 한 돌이 지나면 '엄마'로 부르게 된다. 이

후 두 돌이 되면 "엄마 물" 하고 자기생각을 간단한 언어(주로 주어에서 동사로 분화)를 사용한다.

② 인간은 3세가 되면 "엄마, 물 주세요"라고 말할 수 있으며, 밖으로부터 받은 언어명령의 내용을 선별하고 분화해서 운동조정이 가능하다(타인으로부터 받은 언어 통제).

③ 5~6세가 되면 언어명령의 의미를 선별하고 분화해서 자기가 말한 언어명령에 꼭 맞는 운동조정이 가능하다. 자기의 외적 언어가 자기의 내적 언어로 이행되어졌기 때문이다.

2) 언어화 효과

운동기능의 학습과정에서 학습자가 자기의 사고·판단·순서·계통·기능을 정확도 있게 학습을 촉진한다. 운동기능의 대부분은 자극이 있느냐 없느냐, 그것을 구별해서 각각 적합한 반응을 될 수 있는 한 빨리 행하는 것이 필요하지만, 극히 단순한 운동기능의 학습에 있어서도 대부분 무의식적이기는 하지만 극히 자기가 행하고 있는 활동을 언어화(言語化)할 수 있는 능력이 중요하다. 하나의 운동동작을 내적·외적 언어로 옮겨놓으므로 동작에 대해서 필요한 운동반응을 이끌어 내어 조절적인 역할을 완수할 수 있다.

푸니(A.T. Puni)는 그의 저서『실천스포츠심리』에서 내적언어(內的言語: 자기명령의 언어)를 받아들여 자기명령이 단지 운동에 부수하는 것이 아니라, 운동실시에서 지도적인 역할을 갖는 요소로 작용한다고 하였다. 학습자에게 운동의 방향을 제시하거나 조정작용을 한다. 운동경험과의 관계가 깊고, 기능수준이 높으면 자기명령에 커다란 효과를 가져 온다. 경험이 풍부하며 운동에의 이해가 깊으면 나타내는 언어적 신호는 보다 효과적으로 된다. 이것에 의해 운동실시 상의 문제 해결에 커다란 효과를 올릴 수 있다고 하였다.

언어화의 효과도 기능수준과 학습자의 지적발달·기능경험 등에 의해 달라진다. 단순한 움직임으로도 리듬·템포 등의 조정이나 힘을 주려고 할 때나 위치를 바꾸려고 할 때 등 소리를 지르게 하거나 자기가 소리를 내면서 운동하면 학습효과가 올라간다.

4. 시각적 지도

1) 운동기능과 시각

운동은 하나의 자극(刺戟)에 대해서 반응(反應)하는 것처럼 단순한 것이 아니다. 여러 가지 자극에서 더욱 유효한 것을 선택해서 반응하는 것이 경험적으로 많이 쌓여서 기능(機能)이 향상된다.

학습자는 많은 자극에 의해 자극의 선택이 곤란하게 된다. 여기에 있어서 이들 대부분의 자극을 선택할 필요성 때문에 경험이나 지도(指導)의 필요성이 보다 크게 관계된다.

기능학습의 초기에는 시각자극은 거의 필요하지 않다. 그러나 직접·간접으로 얼마간의 시각적인 것을 필요로 하는 기능은 평형(平衡)·안전성(安全性)이 직접적인 시각을 필요로 하며, 궁도·사격 등에서는 올바른 반응결과의 자체가 시각(視覺)에 인도된다.

2) 시각 미디어의 효과

미디어(media)란 정보를 축척할 수 있는 매체, 또는 정보를 전송하는 역할을 하는 것을 말한다. 이들 매체로는 신문·잡지·서적·라디오·TV·인터넷(스마트폰 포함) 등이며, 이것을 사용하여 다음과 같은 효과를 얻는 일이다.
① 운동학습의 흥미가 증대
② 운동경험 범위의 확대
③ 운동학습 지도의 능률화
④ 공통 운동경험의 획득

5. 운동감각적 지도

'① 신체부위의 위치관계, ② 운동의 방향·크기·속도 관계, ③ 힘 등의 능동적·수동적 운동상태를 인식하는 능력의 지도'를 운동감각적 지도(運動感覺的指導)라 한다.

1) 운동학습과 운동감각

푸니(A.T. Puni)는 운동학습진행에 상반하는 운동감각의 변화에 관해서 다음과 같이 4가지 규칙성을 들고 있다.
① 학습이 진행함에 따라서 운동감각이 보다 명료하게 되어간다. 예를 들면 3개월 동안에 걸친 펜싱의 트레이닝에 의해 표적을 찌르는 정확도가 향상됨과 동시에 팔(腕)의 운동에 의한 위치감각이 예리하게 되어간다는 것이다.
② 잘 사용하는 신체부위의 운동감각이 보다 명료해지기 때문에 스포츠 종목에 의해 운동감각의 명료도에 특징을 인지할 수 있게 된다. 펜싱선수의 손목이나 주관절의 위치감각, 스키선수의 발목에 위치감각의 명료도가 증가한다.
③ 운동성적 향상과 운동감각 명료도의 증가는 병행해서 일어나고 학습과 밀접한 관련을 갖는다.
④ 기능의 수준이 높은 선수일수록 예리한 운동감각을 가지고 있는 것을 들고 있다.

싱어(R. N. Singer)는 그의 저서 『Motor learning and human performance- An application to physical education skills』에서 운동감각의 예민(銳敏)함과 운동행위 간의 관계는 반드시 명확하지는 않지만, 학습의 속도와는 밀접한 관계가 확인된다고 하였다.

2) 운동감각정보의 인위적 지도

에그스트롬(G. H. Egstrom)에 의하면 무게가 다른 두 종류의 공으로 10일간

학습시킨 후, 무거운 공(160g)으로 연습한 군(群)이 가벼운 공(80g)을 사용하면 득점이 저하한 것에 대해서, 가벼운 공으로 연습한 군은 무거운 공을 사용하면 도리어 성적이 향상되는 것을 발견했다. 가벼운 공에서 무거운 공으로의 전이가, 무거운 공에서 가벼운 공에의 전이보다 큰 이유로서 가벼운 공의 연습이 운동감각을 예민하게 한다는 것이다.

운동에 필요한 운동감각정보(運動感覺情報)를 인위적으로 심어주는 지도법으로 다음의 두 가지가 있다.

(1) 반응강제법(forced response method)

운동의 느낌을 기르게 하기 위해서 학습자의 신체·발·손 등의 부분을 지도자가 움직여 주는 것에 의해 운동의 흐름을 조절하는 방법이다. 학습자는 그저 수동적 반응으로 강제되고 스스로 적극적으로 반응하는 일 없이 소위 손을 잡고 인도되는 방법이다.

예를 들면 학습자의 잘못된 동작과 요구되는 바른 동작에 대한 운동감각정보를 비교적 용이(容易)하게 대비시키면서 지도할 수 있다는 장점도 있다. 그러나 학습자 스스로가 힘을 내지 않는다는 점에서 현실의 운동에 상반되는 운동감각정보에 주의할 필요가 있다.

(2) 신체구속법(physical restriction method)

잘못된 또는 부정확한 반응을 하지 않도록 운동의 방향이나 범위에 외적 제한을 가하는 방법이다. 이 방법은 학습자가 스스로 힘을 내서 적극적으로 운동을 하지만, 항상 바른 동작에 상반하는 감각정보를 얻을 수 있도록 신체를 구속시키는 경우이다.

예를 들면 철봉·매트운동 등에서 보조자를 붙여서 신체의 움직임을 유도하면서 연습시키는 것이 그 예이다. 또 수영의 지도에서 풀 사이드(poolside)를 붙잡고 발의 움직임을 연습시키는 것처럼 신체의 어느 부분을 구속함에 따라서 다른 부분의 움직임을 보조한다고 하는 형식을 취하는 경우이다.

6. 정신적 연습

1) 멘탈 프랙티스

운동을 머리 속에서 분석·이해하고, 언어화하는 상상성이 의식적·무의식적으로 이용된, 소위 정신적 요인을 강조한 것이 학습을 촉진시키는 유효한 방법으로 알려져 있다. 실제로 움직여서 행하는 신체적 연습(身體的 練習: physical practice)에 비하여 외부에서 관찰할 수 있는 운동에 상관하지 않고, 운동의 장면을 마음 속에서 상상하는데 따라서 행하는 연습을 정신적 연습(精神的 練習: mental practice)이라고 한다. 이 방법은 주로 운동에 따른 시각적·운동감각적인 모습(image)을 상상하면서 행하기 때문에 상상적 연습(想像的 練習: image training)이라고 하며, 또 정신적 예행연습(mental rehearsal)이라고 하는 말이 사용되기도 한다.

2) 심상훈련

정신·신경·운동계를 심상(心像: image)을 통하여 운동수행자가 실행할 기술·동작을 마음으로 상상하여 실제로 행하는 듯이 이미지를 그려보는 기법을 심상훈련(image training) 또는 정신훈련(mental training)이라 한다. 여기에는 자신이 연습경험을 내면화시키는 내적 심상(internal imagery)과, 자기의 연습동작을 동영상으로 피드백 시켜 관찰자의 시점에서 상상하는 방법의 외적 심상(external imagery)이 있다.

학습의 초기에 있어서는 학습자는 막연한 전체적 이미지(image) 밖에 상상할 수 없다. 그러나 학습이 진전함에 따라서 차차 내부에 걸친 생생한 운동감각적 이미지, 요컨대 신체의 자세, 힘을 쓰는 방식, 스피드의 느낌 등이 시각적인 이미지와 상상을 결합해서 학습(운동)할 수 있게 되는 것이다.

많은 운동선수들이 이 심상훈련(心象訓練)을 실제훈련과 함께 병용(竝用)해서 실시하고 있다. 운동의 능률을 높이기 위해서는 좌뇌·우뇌의 발달은 필수적이다.

좌뇌(左腦)의 논리적·분석적 운동전략(運動戰略)이 뒷받침되고, 운동의 무의식적 반사동작(反射動作)은 우뇌(右腦)가 지배하므로 좌뇌·우뇌의 협응이 절대적으로 필요하기 때문이다.

제6장
운동선수의 사회심리

1. 운동행위의 사회적 영향

1) 집단효과와 흥분상태

운동행위에서 집단효과(集團效果: group effect)란 일정의 집단에 따라서 그 상황 하에 개인의 심적 과정, 또는 행동에 변화를 발생시키는 현상이나 이 변화를 일으키는 효과를 가리킨다. 개인이 다른 직접적 관계를 갖는데 따라 일어나는 경우도 있고, 단지 다른 성원의 존재를 의식하고 그 자극에 반응하는데 따라 흥분상태를 일으키는 경우도 있다.

적당한 흥분은 대뇌의 활동수준을 높이고, 교감신경(交感神經)을 자극해서 신체를 활동하기 쉬운 상태로 촉진시킨다. 그렇지만 스포츠의 시합장면 등에서 과도의 긴장 때문에 정서적으로 흥분하면 사고·추리·판단 등을 지배하는 중추(中樞: 대뇌피질) 활동에 혼란이 생긴다. 그 때문에 대뇌활동의 하나인 신경지배도 혼란해져서 자기 자신을 통제할 수 없고, 지적인 면뿐만 아니라 신체지배도 잘 되지 않으며, 아무리 노력해도 평상시의 힘을 발휘할 수 없게 된다. 사고과정도 신체의 의지적 지배도 잘 되지 않기 때문에 평상시의 생각·판단·기술 등을 충분히 발휘할 수 없으며, 스포츠 장면에 잘 적응할 수 없게 된다.

이와 같이 과도의 정서적 긴장 때문에 심신이 정상적으로 활동할 수 없게 되고 복잡한 장면에 적응할 수 없게 되는 상태를 학자들이 다음과 같이 설명하고 있다.

(1) 일본 현대스포츠 심리학자인 마츠다 이와오(松田岩男, 1920~1992)는 자아가 상황장면의 압력에 압도된 결과로 자아체제가 무너져서 흥분한다고 하며, 자기가 상황장면의 힘에 지배되어 자아통제력을 잃은 결과로 흥분된 것이라고 주장했다. 그와 함께 외적인 압력과 주체적 힘과의 상대관계를 중시했다.

(2) 이치무라 소이치(市村操一)는 프로이드의 이론을 사용하여 외적인 압력뿐 아니라 개인의 무의식 중에 어떤 도피적 충동이 강하게 관여하고 있다고 했다. 이와 같이 흥분을 유발시키는 것은 외적 조건으로써 분위기·관중·경쟁상태·주위의 기대 등에 의한 상황장면의 외부압력이고, 내적 조건으로서는 자아의 체제가 약함에 있다고 하였다.

또 이치무라는 흥분하기 쉬운 운동선수의 성격특성을 들었다.
① 부끄러움이나 사회적 접촉을 피하는 경향이 강한 내향적 사람이다.
② 공상적이며, 객관적으로 사물을 보지 않는 주관적 경향이 큰 사람이다.
③ 격정(激情)이나 과민성(過敏性) 등 신경질적 경향이 강한 사람이다.

2) 극한시의 근력한계

같은 과긴장(過緊張)의 경우에도 흥분한 상태와, 반대로 생각지도 않았던 힘이 나올 경우가 있다. 즉 보통의 생활에서 발휘하고 있는 힘보다 훨씬 강한 힘을 발휘하는 일이 있다.

일상생활에서 사용하는 근력단계로부터 극한까지의 근력단계를 %로 나누어 보면 다음과 같다.
① 제1차 예비능력(20~70%) : 일상생활이나 레크레이션에서 사용하는 근력
② 제2차 예비능력(70~90%) : 스포츠시합, 트레이닝 등에서 발휘하는 근력이 자기능력이라고 생각하는 것, 이 단계까지는 아직 대뇌피질의 지배를 받아 억제되고 있는 근력상태이다.
③ 제3차 예비능력(100%이상) : 위급존망시(危急存亡時)에 나오는 의지의 조정을 초월한 상식 밖의 힘, 이것은 거의 생리적 한계로 생각되는 근력이다.

2. 운동집단의 구조와 기능

1) 운동집단의 경쟁과 협동

복수(複數)의 개인, 또는 집단이 서로 일정한 규칙에 따라서 동일의 목표에 먼저 도달하려고 하는 상호행위나 상호관계를 경쟁(競爭: competition)이라 부르고, 그와 같은 상태를 경쟁상태(競爭狀態)라 부르고 있다. 이에 대해 공통의 목표를 향해서 복수의 개인, 또는 집단이 힘을 합치한다. 구성원이 많든 적든 간에 조직적인 방법으로 상호활동을 조정하고, 공동의 효과를 가져오려고 하는 상호행위를 협력(協力: cooperation)이라고 부르며, 그와 같은 상태를 협력상태(協力狀態)라 부르고 있다.

2) 운동집단의 개념과 의의

(1) 운동집단의 개념

운동을 하기 위한 사람들의 집합체(集合體)를 운동집단(運動集團: motor group)이라 부른다. 정의적 표현을 한다면 모인 사람들 간에 운동을 한다고 하는 공통된 목표·규범·집단의식이 있고, 그들 사람들 간에 어느 정도 안정된 상호작용이 계속되는 단위를 말한다. 그들의 특성은 다음과 같다.

① 목표지향에의 공동화
② 목표성취를 위한 활동의 공동화
③ 규범의 공유화
④ 집단의 일체화

(2) 운동집단의 의의

① 보다 합리적인 운동학습과 운동집단의 운영을 위한 일반적 지식을 산출한다.
② 운동집단은 자체의 구조나 기능의 해명(解明)과 함께 집단 일반의 구조기능

에 관한 기초적 법칙성 해명에 기여한다.
③ 사회체육 등과 관련해서 스포츠·레크리에이션의 보급·발전을 위한 보다 과학적인 실천이론에 공헌한다.

(3) 운동집단의 구조와 기능

운동집단은 집단의 성원(成員)이 증가함에 따라서 성원의 위치(status)나 역할(role)이 차차 분화하고 명확화(역할분화) 되어가는 것이 보통이다.

예를 들면 감독·코치·주장·선수 등이 나누어져서, 성원은 각기 부원의 위치에 부과되어져 있는 역할을 알고(역할지식: 役割知識), 그 역할에 따른 다른 사람들로부터의 기대(역할기대: 役割期待)에 그와 같은 역할을 완수하는 행동을 하게 된다(역할수행: 役割遂行).

3. 운동에 대한 태도의 형성

1) 태도의 정의와 개념

(1) 태도의 정의

태도(態度: attitude: manner)란 자세·몸가짐의 버릇·습관을 의미하는 일상어지만, "어린이는 부모의 행위를 비추는 거울이다"라고 말한 영국의 사회철학자 헐버트 스펜서(H. Spencer, 1820~1903)가 심리학에 도입한 후, 태도라는 말로 가치(價値: value)·의견(意見: opinion)·동기(動機: motive)·의식(意識: consciousness)·신념(信念: belief) 등의 단어와 혼용하여 사용되고 있다.

그래서 미국의 사회심리학자 무자퍼 셰리프(Muzafer Sherif, 1906~1988)와 성격심리학의 창시자인 해들리 캔트릴(Hadley Cantril, 1906~1969)은 태도의 개념을 구체적으로 정의하였다.

① 태도는 주체-객체관계를 포함한다.
② 태도는 후천적 학습을 통해 형성되는 반응의 준비상태이다.
③ 태도에 기인하는 반응은 주동적 혹은 가치적 특성을 갖는다.

④ 태도는 지속적이며 일시적으로 나타나는 준비상태가 아니다.
⑤ 태도는 일반적으로 상당히 광범위한 다양한 자극에 관계지어진다.

(2) 태도의 도식적 개념

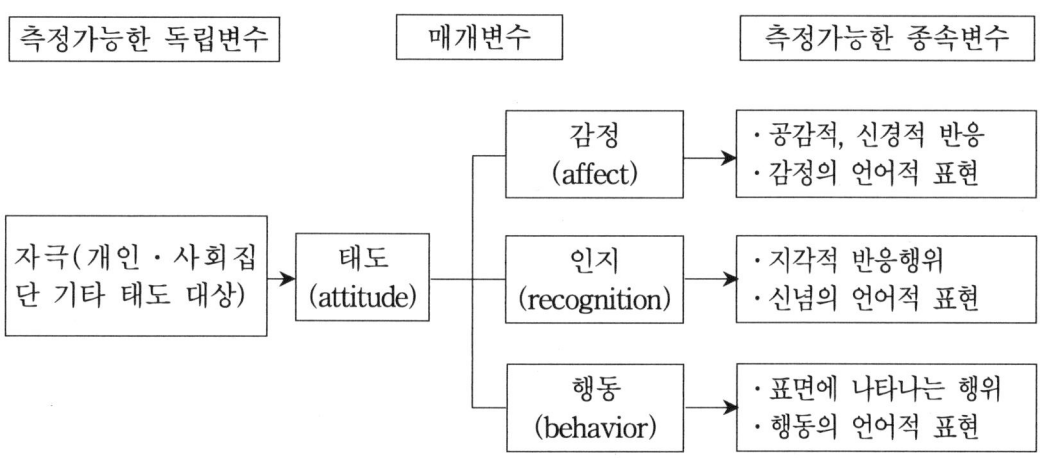

2) 스포츠행동의 과정과 신체활동영역

(1) 스포츠행동의 과정

아래의 플로우차트(flow chart)는 스포츠행동의 여러 모습을 나타낸 것이다.

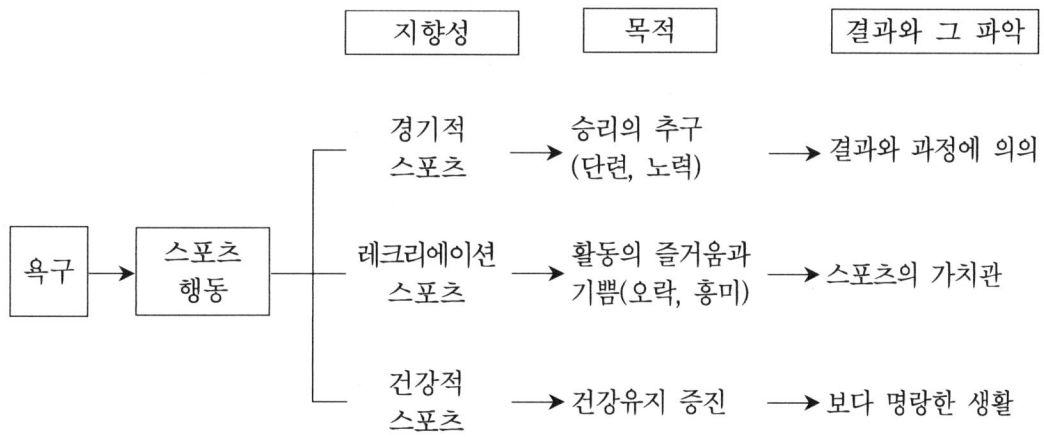

스포츠의 특질은 스포츠의 공간구조를 나타내고 '오락성-엄숙성, 정신성-신체

성, 투쟁성－협동성' 등의 양극적 구조를 지닌 것으로서 본질적으로는 유희(遊戱)의 정신을 가지면서 엄격성이 인생관에까지 고양되는 것이라고 파악했다.

(2) 신체활동영역

케년(G. S. Kenyen)은 그의 저서『A conceptual model for characterizing physical activity』에서 다음과 같이 6영역으로 나타내었다.

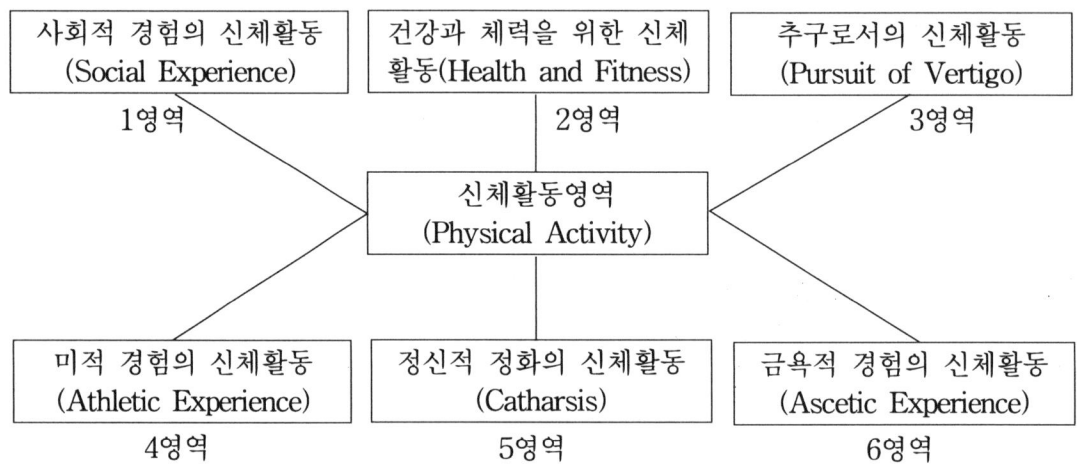

3) 태도형성의 기능과 태도변용이론

(1) 태도형성이론

태도이론의 역사적 흐름에는 학습행동이론(學習行動理論: learning behavior theory)과 인지통합이론(認知統合理論: cognitive integration theory)이 있으며, 전자는 '강화의 원리', 후자는 '체제화의 원리'로 태도형성을 설명하였다.

① 올포트(G. W. Allport)는 태도형성의 원리로서 네 가지를 들고 있다.
    a. 통합(統合: integration)
    b. 분화(分化: differentiation)
    c. 외상적 경험(外傷的 經驗: trauma)
    d. 모방(模倣: imitation)

② 케이츠(D. Katz)와 스토트랜드(E. A. Stotland)는 욕구충족기능(태도형성)에

착안하였다.
   a. 자신이 경험하는 벌(罰)을 최소화시키고, 보수(報酬)를 최대화시키므로써 태도가 형성된다고 하는 도구적 기능(instrumental function)
   b. 불쾌한 사실(스포츠에서의 패배)의 승인으로부터 자신을 지키고자 하는 자기방위기능(ego defensive function)
   c. 자기 자신의 가치(價値)를 표현하므로써 만족(滿足)을 얻는 가치표현기능(value expression function)
   d. 자신이 알고 있는 것과 불일치한 경험의 요소에 일관성(一貫性)을 얻기 위해 변화시키는 지식기능(knowledge function)

(2) 태도변용이론

뉴콤(T. M. Newcomb)이 ABX 모델로 태도변용을 설명하고 있다. 예를 들면 스포츠에 대한 태도에 있어서 A는 승리지상주의, B는 레크리에이션 지상주의라고 하는 다른 스포츠의 지향성을 갖고 있는 경우, 이를 잘 수행해나가기 위해서는 균형의 상태로 변화할 수 있도록 커뮤니케이션을 필요로 하고, 어느 쪽인가의 가치관, 또는 태도의 변용이 필요하게 된다고 하는 이론이다.

사람(A)의 대상(X)에 대한 태도는, 다른 사람(B)의 대상(X)에 대한 태도에 의해 영향되고, ABX가 불균형인 경우는 그것을 균형의 상태로 변화하도록 커뮤니케이션이 일어남으로써 태도변용(態度變容)이 일어난다. 이 이론은 AB 두 사람 간에 생기는 행동변화를 보는 것이 특징이다.

4. 운동집단의 리더십

어느 특정의 개인 또는 소수의 사람(지도자)이 중심이 되어 집단이나 조직의 통제를 유지하고, 그 활동을 방향짓는다는 현상은 집단이나 조직에서는 보통으로 볼 수 있는 사회현상이다. 이와 같은 지도-추종관계를 특징으로 하는 자질적 현상은 리더십·지배적 통치(支配的 統治)·사회통제(社會統制: 리더로서의 기업경영자, 군인) 등의 지도성을 말한다.

그리고 리더십(leadership)의 개념을 다음과 같이 들었다.

① 지도자가 미치는 영향력의 근거가 집단기능(集團機能, 집단목표달성의 기능이나 집단유지의 기능)의 공헌에 두어지고, 성원은 그 영향력을 자발적으로 승인하고 있다.

② 리더(reader)와 멤버(member)의 이해(利害)의 일치, 또는 행동방향의 공통성을 전제(前提)로 하는 인간관계인 것이다.

③ 리더의 인격특징(人格特徵)보다는 집단적 변화에 영향을 미치는 집단적 기능이다.

제7장
스포츠와 인지

 스포츠(sports)라는 다이나믹한 행동장면에서 우리는 시각(視覺)·청각(聽覺)·촉각(觸覺)·평형감각(平衡感覺) 등 많은 감각기관(感覺器官)을 사용하여 정보(情報)를 포착하고, 필요에 따라 선택적으로 정보를 처리하며, 상황(狀況)에 적응한 판단을 내림으로써 목적에 알맞은 동작을 수행하도록 하는 점이 중요하다. 이러한 경우 '눈이 좋다, 귀가 좋다, 평형력(平衡力: equilibrant)이 좋다'는 등 각 감각기(感覺器)의 기능이 뛰어나다는 것은 그만큼 스포츠를 하는데 유리하다. 그러나 이처럼 감각수준이 높은 것이 그대로 인지적(認知的) 수준이 높다고는 말할 수 없다.

 인지수준은 주의(注意)·흥미(興味)·관심(關心)·지능(知能) 등 주체측의 의식화의 정도에 따라 영향을 받기 때문이다. 그 결과는 눈으로 보기에는 지극히 어려운 것을 발견하는 경우도 있을 것이고, 쉽게 보이는 것을 그만 못보고 넘기는 경우도 있다. 스포츠 장면(場面)에서는 응용시간·타이밍·리듬 등의 시간적 인지행동(認知行動)·거리감(距離感)·방향감(方向感)·체위(體位) 등의 공간적 인지행동이 중시(重視)되는데, 이러한 시공적 인지의 법칙성에 대해 이해를 높이고자 하는 것이 본장의 목적이다.

1. 인지의 과정

 우리는 신체의 내부, 또는 외부로부터 여러 가지 자극(刺戟)을 받아들이고 있다. 이들 각종 자극은 자극수용기에 의해 받아들여져, 즉시 정보로서 뇌(腦)에 보내어지고, 뇌에서 인지되어 뇌로부터 다시 효과기(效果器)로 정보가 보내어짐으로써 여기에서 비로소 일정한 반응이 일어난다. 이와 같은 과정은 '자극(S)-주체(O)-반응(R)'이라는 형태를 취하고 있으므로 이것을 'S-O-R'로 부른다. 두말할 필요도 없이 수용기(受容器)는 그에 대응한 자극으로 밖에는 받아들이지 않기 때문에 시각(視覺)은 광(光)자극에 대하여, 청각(聽覺)은 음(音)자극에 대해서 반응하는 것같이 각기 고유의 기능을 발휘하여 수용하고 있다. 이것이 바로 감각(感覺)인 것이다.

따라서 살갗이 통상적으로는 피부에 있는 통각(痛覺)에 의해 정보가 보내어지지만 만약 공에 눈을 얻어맞았을 경우에는 그 압박(壓迫) 지극은 광자극의 수용과 같은 방식으로 작용하기 때문에 '눈에서 불이 난' 것처럼 느끼게 된다.

또한 수용기가 작용하는 범위가 한정되어 있기 때문에, 극단적으로 파장(波長)이 짧은 자외선(紫外線)이나 그 반대로 긴 적외선(赤外線) 같은 것을 볼 수가 없으며, 또 극단적으로 주파수(周波數)가 큰 고음(高音)이나 그 반대로 작은 저음(低音)같은 것은 들을 수가 없다. 말하자면 그 수용기에 알맞은 범위에서 받아들이는데 불과하다. 따라서 보이지 않았다고 해서 빛이 없었던 것은 아니고, 들리지 않았다고 해서 소리가 없었던 것은 아니다.

위와 같이 수용기(受容器: 감각기)는 각기 고유의 성질의 것에 대해서 작용하고, 각기 허용(許容)의 범위 내에서 활동하고 있지만, 통상적으로 자극은 어느 정도는 충실하게 포착되어 정보로서 뇌(腦)에 보고되고 있다. 그렇다고는 하나 뇌(腦: brain)에서 이들 정보를 어떻게 인식하는가는 별도문제로 여기에 주체(主體: 의식)라는 다른 관계가 있다. 그러므로 "마음 속에 받아들일 자세가 없으면 보여도 보이지 않고, 들려도 듣지 못한다"는 말처럼 감각되어도 의식되지 않는 경우가 생긴다.

그 반대로 정신을 집중하면 감각으로부터 정보가 보내지지도 않았는데도 기억(記憶)을 실마리로 하여 지난 날 「전장(戰場)에서 이미 잃어버린 수족이 쑤시는」 것을 지각하는 경우도 있다.

이처럼 감각이 곧 지각이 아니고, 감각은 지각의 전단계라고 말할 수 있다. 그런데 우리들의 행동은 항상 시간적·공간적 구조 속에서 전개되고 있다. 손을 움직이고 발을 움직이는 정도의 간단한 운동이라도 어느 방향으로 어느 정도의 거리(距離)를 어느 정도의 시간(時間)을 들여서 움직였는가가 문제된다.

특히 스포츠와 같은 복잡하고 변화가 많은 운동에서는 재빠르고도 정확한 시간인지(時間認知)·공간인지(空間認知)가 이루어지지 않으면 안 된다. 그리고 또한 이러한 사실은 위험으로부터 신체의 안전을 지키기 위해서도 중요한 요소(要素)가 되는 것이다. 그러므로 여기에서는 운동에 의한 시간인지, 공간인지의 문제를 고찰하는 것이 중요하다.

2. 시간의 인지

1) 운동의 반응시간

(1) 반응시간의 의미

어떤 자극이 있고 나서부터 그에 대한 반응이 일어날 때까지의 시간을 반응시간(反應時間)이라고 하며, 1/1000(σ, 시그마)초를 단위로 하여 크로노스코프(chronoscope. 1000분의 1초까지 잴 수 있는 시계)로 측정(測定)한다.

단순반응(單純反應)에서는 시각(150~200σ)과 청각(120~160σ), 촉각(110~160σ)과 같이 감각의 종류에 따라 다르지만, 동일한 감각, 같은 시각에 의한 자극이라 할지라도 그 반응시간은 성(性)·연령(年齡)·습관(習慣) 등에 따라 상당히 달라질 수 있으며, 개인차도 심하다. 그리고 동일인(同一人)에 대해서도 신체적(身體的)·정신적(精神的) 상태의 변화에 따라 상당한 변동을 보이기 때문에 이것을 이용하여 피로(疲勞)의 측정에도 사용된다.

스포츠의 경우에서는 이 반응시간도 커다란 의미를 가지고 있다. 말하자면 포구(捕球: 공을 잡음), 송구(送球: 공을 던짐)의 동작이 재빠르고 보내지는 볼의 스피드도 빠르다면 상대를 아웃시키는 확률이 높다. 시각에 의한 단순반응시간에 대해 운동선수와 일반학생을 비교하면, 운동선수 쪽이 빠르다.

그러나 운동선수나 스포츠맨 중에서도 체조경기나 레슬링 선수는 평균적으로 단체경기를 하는 사람보다도 반응시간이 느리다. 비교적 반응이 느린 사람이 개인스포츠에서 성공할 가능성이 높다고 할 수 있다.

(2) 전신(全身) 반응시간

스포츠에서는 단순반응 시간보다도 전체의 운동으로 반응하도록 의도된 신체 반응시간 쪽이 실제적인 의미를 지니고 있다.

전신반응 시간의 발달양상을 성별, 연령별로 보면 스캐몬(Richard E. Scammon, 1883~1952)의 발달곡선의 신경형(神經型)을 뒤집어 놓은 형상과 비슷하다는 것을 알 수 있다. 남자는 반응시간이 여자보다 짧으며, 또한 남녀가 다 중학생 때쯤까지 나이 들면서 급속히 단축되지만 그 이후는 단축정도가 감소한다.

전신반응은 반응이 시작할 때까지의 신경반응의 시간과, 반응이 일어나기 위한 근수축의 시간으로 나누어서 생각할 수가 있지만, 연령과 더불어 발달하는 것은 신경반응의 시간이며, 근수축의 시간은 별로 대단하지 않은 것으로 간주되고 있다.

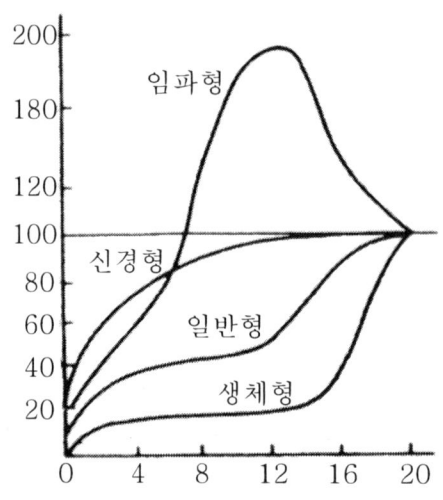

<그림 7-1> 스캐몬의 성장발달곡선

(3) 반응시간의 연습효과

스포츠맨의 전신반응 시간은 단순반응 시간의 경우와 마찬가지로 일반학생의 그것보다 짧지만, 이것은 운동의 연습효과에 의한 요인이 크며, 특히 근수축시간이 운동의 연습에 의하여 단축되는데 있다. 또한 반응시간의 단축에는 학습에 의한 예측(豫測: prediction)이 관계되어 있으므로 ① 리듬적인 패턴을 형성한 반응시간은 짧으며, ② 트레이닝에 의하여 예측할 수 있게 되면 반응시간이 짧아지며,

③ 학습내용의 법칙성의 예측이 성립되면 반응시간이 단축된다는 것이다.

그러므로 육상경기 등에서 경기자가 신호를 예측할 수 있게 되면 더욱 빨리 스타트할 수가 있으며, 스타트(start) 신호에 맞출 수가 있게 되면 신호에 대해서 반응을 시작하는 것이 아니라, 신호와 동시에 근 수축까지 일으켜서 스타트할 수가 있다. 이것은 말하자면 합법적 플라잉(flying: 출발신호가 나기 전에 출발하는 반칙)이라고도 할 수 있다. 이러한 스타트 방법의 시간적 차이는 큰 것으로 거리로 따지자면 1m 전후의 거리 차를 가져온다.

구기운동에서의 민첩한 동작이란 단순한 반응시간으로서의 재빠름뿐만 아니라, 예측을 포함한 적확(的確)한 상황의 인지에 바탕을 두고 있는 경우가 적지 않다. 이것을 예측(prediction)이라고 한다. 즉, 코스를 알아내는 일이다. 그렇게 하여 질주속도(疾走速度)가 약간 늦더라도 재빨리 상황을 파악해 여유를 가지고 타구(打球: batting)를 처리하기도 하고, 패스볼(pass ball)을 뺏기도 하고, 서브(serve)를 받아 넘길 수도 있게 된다.

(4) 반응시간과 자세

반응시간은 과제에 대한 주의집중과 관계가 있기 때문에, 반대로 주의집중(注意集中)을 방해하는 조건하에서는 반응시간(反應時間)이 길어진다. 소음(騷音)과 전신반응시간(全身反應時間)과의 관계로 본다면, 80데시벨(decibel; dB) 이상의 소음은 전신반응시간에 영향을 주며, 전신반응시간을 증대시킨다. 이러한 것은 그 반대로 과제 그 자체를 흥미 있는 것으로 택하면 반응시간은 짧아진다는 것이다.

(5) 동체시의 반응시간

시각(視覺)에 의한 반응시간의 측정은 일반적으로 정지시표(靜止視標)를 사용하여 행해지는 경우가 많지만, 스포츠 등의 장면(場面)에서는 시표(視標)가 움직이고 있는 경우가 많기 때문에 동체시(動體視: 이동하는 물체를 보는 것)로서의 반응시간을 포착하는 것이 의미가 있다. 동체시 반응시간에 대해서 행해진 연구결과를 요약하면 다음과 같이 말할 수 있다.

① 동체시 반응시간은 정지반응 시간보다 길다.

② 동체에 대한 주변시(周邊視: 시야의 주변부를 보는 시력)는 중심시(中心視:

망막구멍의 시각세포에 비친 시각)보다 반응시간이 길다.

③ 동체에 대한 주변시 가운데서도 주변시 상부(위쪽)는 하부(아랫쪽)보다도 반응시간이 길다.

④ 시야(視野) 안으로부터 시야 밖으로 향하는 동체에 대해선 반응시간이 짧지만, 시야 밖으로부터 시야 안으로 향하는 동체에 대해선 반응시간이 길어진다.

(6) 식별·선택 반응시간

자극(刺戟)과 반응(反應) 사이에 특별한 정신작용을 일으키는 장면을 설정(設定)한 식별(識別)반응·선택(選擇)반응에서는 단순반응(單純反應)의 경우보다도 시간이 길어진다. 스포츠의 장면에서는 복잡(複雜)한 반응의 경우가 많기 때문에 이와 같은 반응시간이 짧은 것은 유리하다. 연습에 의하여 식별동작의 반응시간은 단축되지만 그 내용에 있어서는 일반적으로 근수축시간의 단축에 힘입는 바가 크다. 그러나 당초부터 단순반응시간이 짧은 것은 긴 것보다도 더욱 단축된다.

식별반응(識別反應) 시간은 자극(정보)의 수가 많아짐에 따라서 증대한다. 그리하여 단체경기에서는 다양한 움직임으로 상대 팀을 교란(攪亂)시키는 일이 흔히 행해진다. 배구의 시간차 공격, 야구의 더블 스틸(double steal) 등이 그 좋은 예가 된다. 또한 사물수(事物數) 확인에서는 「틀린다」는 식별쪽이 「같다」는 식별보다도 시간이 짧다고 간주되었다. 따라서 순간적으로 같은 수인지 아닌지를 가리기 위해서는, 같은 수인지 아닌지를 식별하는데 집중하는 것보다 틀린지 아닌지를 알아보는데 집중하는 것이 보다 빠르다고 할 수 있다.

운동선수(농구부)와 일반학생과의 식별반응 시간을 조사하기 위해, 실험실 안에서 소(小)램프 점감제시(點減提示) 방법으로 행해진 실험결과에서는 운동선수쪽이 식별반응시간이 짧다는 것은 후천적 트레이닝 효과 때문이라는 것이다.

2) 운동과 타이밍

(1) 타이밍(Timing)의 의미

움직이는 것을 잡기란 어렵다. 움직이는 것을 이동해가면서 잡기란 더욱 어려운 일이다. 잡는 자와 잡히는 것의 거리방향이 명확하다 할지라도 한 순간의 시기를 잃지 않고 잡는 것은 어려운 것이다. 야구에 있어서의 히트(heat), 배구에 있어서의 토스(toss)와 스파이크(spike), 테니스에 있어서의 스매쉬(smash) 등 모든 운동에서 빠르지도 않고 늦지도 않는 정확한 바로 그 일순간이 문제가 되는 것이다. 게다가 이 일순간의 인지(認知)는 비단 개인에 관계할 뿐만 아니라, 조정(漕艇) 등 단체경기에서 보여지듯, 집단으로서의 총합성이 요구되는 것이기도 하다.

이러한 뜻에서 단체경기에 있어서의 타이밍의 문제는 오케스트라의 협연성과 비교할 수가 있다. 정확해야 할 일순간의 시기를 정확하게 포착하는 것이 타이밍을 맞추는 것이며, 그런 뜻에서는 타이밍은 시간의 일점이라고 생각할 수가 있겠지만, 실제에서는 우리들 인간의 능력으로서는 시간의 순간점으로 의식한 것이라 할지라도 1/10초 정도의 시간이 걸리며, 그것을 보충하기 위해 예측반응을 하고 있는 경우가 많다. 달리기나 수영의 계시(計時) 때, 흔히 불일치가 보이는 것도 그 때문이다.

(2) 타이밍・콘트롤

야마다 히사츠네(山田久恒) 등의 연구에 의하면 타이밍(timing)을 컨트롤(control)하는 능력은 유아의 단계에서 연령이 증가함에 따라 현저하게 향상되지만, 초등학교 3학년부터 5학년까지의 사이에서는 어떠한 학년에서도 거의 유의차가 없는 데까지 도달한다. 그러나 시행 때마다 '너무 빨랐다・조금 빠르다・괜찮다・조금 늦다・늦었다' 등의 정보를 주면, 남자의 경우는 유의차가 나타나며, 특히 3학년생과 4학년생의 차는 대단한 것으로 나타나고 있다.

타이밍 컨트롤의 능력은 한편으로는 신경계의 발달이 관계하고 있지만, 학습능력도 크게 관계하고 있다. 운동선수의 타이밍 컨트롤에 대해서는 각 운동부의 경기특징이 잘 나타나 있다. 짧은 시간(0.25~0.5초)의 타이밍 컨트롤에 뛰어난 것은 태권도(跆拳道)・검도(劍道), 긴 시간(2.0초)에 그것이 뛰어난 것은 럭비・농구・유도 쪽이라고 보는 연구가 있다.

어떤 특정한 운동을 상당히 장기에 걸쳐 계속하고 있으면, 그 운동의 특징으로 간주되는 시간지배의 체제가 생긴다. 타이밍 컨트롤과 퍼스널리티(personality: 성격)의 관계에 대해서는 쉽게 긴장하는 사람은 동요하기 쉬우며, 측정치도 크게 분산된다.

타이밍의 컨트롤은 시각(視覺)을 통하여 실험하는 경우에는 브라운효과(Brown effect)가 관계되는 경우가 많다. 즉, 시표(視標)가 움직이고 있는 속도는 동일한데도 좁은 시야를 움직이고 있는 것은 넓은 시야를 움직이고 있는 것보다도 빨라 보인다는 예상에 의하여, 시간의 측정(짐작)을 틀리게 하는 경우가 있다. 볼의 이동에 대해 타이밍을 맞춘다는 방식으로 행해진 실험에서는, 시야를 제한하면 어느 정도 이상의 스피드 있는 볼에 대해서 타이밍 에러가 크며, 또한 스피드를 제한하면 타이밍 에러는 시야가 넓을수록 적다고 한다.

주위를 철망울타리로 둘러 친 테니스 코트에서 볼을 치는 것과 트여 있는 공지(空地)와 같은 코트에서 볼을 치는 것과는 볼의 스피드감각이 상당히 다르다. 전자는 시야가 제한되어 있어서 볼의 속도가 약간 빠르게 느껴지기 때문에, 그에 대응하여 치는 쪽도 체제(體制)를 갖추고 볼을 잘 보고 치려고 노력한다. 이에 반하여 후자는 볼의 속도가 약간 느리게 느껴지기 때문에 시간에 댈 수 있을 거라고 생각하며 달려가도 잡지 못하는 경우가 있고, 충분히 칠 수 있다고 생각했던 볼에 미치지 못하는 경우도 있다. 골목의 야구에서 볼의 속도를 빠르게 느끼는 것도 이 때문이다.

또한 타이밍 컨트롤은 동체시력(動體視力)과도 관계가 있다. 이동하는 시표를 명시추종(明視追從)하는 동체시력은 안구의 운동과 조절작용을 중요한 조건으로 하고 있는데 이 우열(優劣)과, 타이밍 컨트롤의 우열과의 사이에는 0.48초의 상관이 있었다고 하며, 동체시력이 뛰어난 사람은 타이밍 컨트롤이 좋다는 뜻이다.

3) 운동과 리듬

리듬(rhythm)이란 일련의 자극에 대해 이것을 계열적(系列的)으로 포착하여 일정한 단위를 가진 군(群)으로서 지각되는 것이다. 따라서 리듬은 시간적 특성을 가지고 있으며, 음악 등에서는 중요한 요소가 되어 있는데, 리듬이 가지고 있는 공간적 특징도 무시되어서는 안 된다. 리듬은 물건의 배치에서도 볼 수 있다. 그러나 여기에서는 시간적 특성으로서의 리듬에 대해 서술하기로 한다.

무용과 같은 표현운동은 말할 것도 없거니와 스키(skii)의 회전이나 테니스

(tennis)의 타구 등 모든 운동에 리듬이 내재해 있다. 특히 계속적인 운동은 리드미컬(rhythmical)하게 움직이는 것이 중요하며, 리듬을 탄 움직임은 원활하고 아름답게 보일뿐만 아니라 에너지의 소비도 적게 든다.

리듬은 음악과 관계가 깊기 때문에 음악적 교양의 정도가 신체동작의 리듬 파악능력에 반영된다고 생각된다. 기악교육(器樂敎育)을 과외받고 있는 어린이는 일반 어린이보다도, 제시된 리듬패턴에 적합한 즉흥적 신체동작을 더 잘하는 능력이 뛰어났다.

음악적 교양과는 별도로 운동의 경험의 정도에 따라서도 리듬파악의 능력은 다른 법이다. 리드미컬한 운동의 영화를 보이면서 피부표면의 전기저항측정기에 의한 피험자의 정서적 반응을 조사해 보면 동작의 리듬에 대한 이해의 정도를 상당히 명확히 알아 볼 수 있었다고 한다. 이 실험에 의하면 숙련자 모델은 운동리듬에 대응한 반응이 나타나지만 초심자의 경우에서는 이해불충분 때문에 거의 반응이 나타나지 않는다. 이러한 사실은 운동기능이 리듬과 깊은 관계를 가지고 있다는 것을 시사하고 있다.

고도의 기술을 가지게 되면, 자신에게 쾌적한 리듬을 의식하게 되며, 리듬에 맞추어서 플레이(play)하게 된다. 이러한 경우, 어떠한 방해로 하여 자기의 리듬이 흐트러지게 되면 대단히 불유쾌하며, 때로는 불안을 느끼고 실패하는 경우도 있다. 강한 스트로크(stroke)로 주고 받으며, 때로는 커트(cut)의 볼을 치는 것도 상대의 리듬을 깨기 위한 것이다.

4) 시각에 의한 시간인지

우리들의 행동(行動)은 시간과 공간의 제약 밑에서 이루어지고 있으며, 우리들의 지각(知覺) 속에서는 이들 시간적 요인과 공간적 요인이 서로 바꾸어져 인지되는 경우가 있다. 이것을 시공상대현상(時空相對現象)이라고 하는데 양자의 관련은 밀접하다.

예를 들면, 캄캄한 방에서 3본(三本)의 평행한 가늘고 긴 광선(光線)을 1본(一本)씩 한 쪽에서부터 순차적으로 등간격(等間隔)의 시간을 두고 순간적으로 보였을 때, 선과 선의 공간적 간격이 넓으면 넓을수록 시간적 간격이 길게 느껴지며,

공간적 간격이 좁을수록 시간적 간격이 짧게 느껴진다. 이와는 반대로 선과 선의 공간적 간격을 일정하게 하고, 선(線)을 보이는 시간적 간격에 차를 둔 경우, 시간적 간격이 길수록 선과 선의 공간적 간격이 넓게 느껴지며, 시간적 간격이 짧을수록 공간적 간격이 좁게 느껴진다.

5) 청각에 의한 시간인지

음악을 시간의 예술이라고 하는 것처럼, 청각과 시간의 관계는 시각과 시간의 관계보다도 밀접하다. 야구에서 일루(一壘)에 뛰어든 런너의 발과 일루수가 볼을 받은 것과 어느 쪽이 빨랐는지 순간 분별하기가 어려울 때라도 베이스를 밟는 발과 볼이 미트(mitt: 장갑)에 들어온 소리와 어느 쪽이 빨랐는가로 판단할 수가 있다.

테니스의 탄환같은 서브의 소리는 "탁"이지만, 백 슬라이스(back slice)의 반구음(返球音)은 "툭" 소리를 내기 때문에 어느 쪽의 구속(球速)이 빠른지 소리를 들어도 알 수 있다. 여기에서 슬라이스(slice)란 테니스 볼이 곧게 또는 왼쪽으로 나가다가 낙하지점 부근에서 오른쪽으로 급격히 휘어지는 현상을 말한다.

3. 공간의 인지

1) 체위의 인지

신체적 위치(體位)의 인지는 보통은 시각이 주도적이지만, 그밖에 중력(重力)의 작용방향을 지각하는 내이(內耳)의 평형감각기(平衡感覺器)의 작용을 무시할 수 없으며, 게다가 심부지각(深部知覺)도 자세유지를 위해서는 중요하다. 신체가 기울어져 있을 때는 시각에 의한 체위(體位)의 인지는 잘못되기 쉬우며, 더욱이 어두운 곳에서나 눈을 감았을 경우에는 시각(視覺)에 의한 도움을 잃기 때문에 중력에 대한 지각(知覺)에 의존하지 않으면 안 된다.

체조경기선수는 보통 사람에 비해 수직인지(垂直認知)가 비교적 정확하다. 이것은 체조경기, 특히 기계체조 선수는 그 기술상 필요로 하여 외계(外界)의 사물을 객관적으로 인지되어진 것처럼 생각되지만, 다른 연구에서도 올바른 인지는 트레이닝(taining)에 의해 이루어진다는 것이 밝혀졌다.

2) 시야계측과 깊이지각

(1) 시야계측

눈의 위치를 고정시킨 상태에서 보는 범위를 시야(視野)라고 한다. 시야계(視野計)를 사용하여 시야와 시야의 범위를 계측(計測)해 보면 단안시야(單眼視野)는 위쪽으로 50°~60°, 아래쪽은 약 70°, 밖으로는 90°~100°, 안쪽으로 약 65°가 된다. 그러나 시야의 범위는 연습에 의하여 확대된다고 한다. 시야의 계측은 일반적으로 정적 조건하에 행해지지만, 스포츠 경우는 동적 조건이 중시되지 않으면 안 된다.

런닝(running)의 경우 속도가 빨라짐에 따라 시야는 좁아진다. 자동차 운전에서도 마찬가지이며, 시속 100km쯤 되면 주변의 사물을 인지하기란 거의 어렵다. 시야의 넓이는 시야를 점유하고 있는 색채와도 관계되고 있으며, 빨강색·초록에서는 청·황색의 경우보다 약간 좁아 보인다. 붉은 색 벽돌가루의 인조 흙을 깐 앙투카(en-tout-cas) 그라운드는 넓게 보이지만, 푸른 바다의 경우만큼 시야가 넓지 않다.

(2) 깊이지각

진출색(進出色)과 후퇴색(後退色) 등의 문제는 깊이지각(depth perception)과 연관되어 있다. 어떤 사물을 봤을 때, 앞으로 떠올라 분명히 보이는 것과 뒤로 물러나 희미하게 보이는 상대관계(相對關係)를 이루는 것이 있다. 떠올라 보이는 것은 주의를 끌지만, 배경이 되는 후퇴색은 주의를 끌지 않는다. 여러 가지 색깔 중에서 백·적·황·오렌지 색 등은 튀어나와 보이기 때문에 진출색이라고 하고, 청·녹색 등은 배경 속에 빠져들어 보이기 때문에 후퇴색이라고 한다. 진출색을 유니폼으로 사용하면, 자기편의 위치를 순간적으로 알아차릴 수가 있어서 좋지만, 그와 동시에 상대편에서도 마크(mark: target)되기 쉽다. 후퇴색의 경우는 그 반대의 효과를 낸다.

또한 연기(演技)에 자신이 있어서 남에게 보이고 싶은 장면을 의식하고 있을 경우에는 진출색의 옷을 입는 것이 효과적이다. 반대로 연기에 자신이 없는 경우에는 차라리 후퇴색의 옷을 입는 편이 조금 실수해도 눈에 띄지 않는다.

3) 동체시력

시각의 중요한 조건인 시력(視力)에 대해서는 보통은 정지하고 있는 목표를 명시(明視)할 수 있는 능력의 한계로서 측정되고 있다. 이런 경우에는 안조절(眼調節)에 제아무리 시간을 들여 노력해도 그것은 문제되지 않는다. 그러나 운동의 경우에서는 목표물은 끊임없이 속도를 변화시키며 공간을 움직이고 있기 때문에 그것을 명시하기 위해서는 종래의 시력처럼 시간적·공간적 요소를 무시한 정적 상태의 시력과는 다른 동적인 시력조절 능력이 문제되지 않으면 안 된다.

움직이는 시표(視標)에 대한 시력조절 능력을 동체시력(動體視力)이라고 하며, 스포츠나 자동차 항공기의 조종의 경우에 중요시되고 있다. 정적 시력이 높다고 하더라도 시력조절 시간이 크면 동적 시력이 훌륭하다고 할 수는 없으며, 움직이는 시표에 대한 적응능력의 정도는 동체시력의 우열에 따라 영향 받는다.

운동부와 일반학생을 대상으로 하여 시력조절의 긴장시간과 동체시력을 검사해 본 결과, 운동부학생 쪽이 우수했지만, 21일간의 안조절(眼調節) 연습을 행한 결과 향상률은 일반학생 쪽이 컸다. 시력조절의 긴장시간이나 동체시력은 연습에 따라 향상되지만 그 향상률은 당초 낮은 수준이었던 사람일수록 현저하다.

4) 중심시와 주변시

우리가 보통 사물을 보는 경우는 망막의 중심으로 주시하기 때문에 이것을 중심시(中心視: 직접시)라고 한다. 망막 중심부는 추상세포(錐狀細胞: 시력과 색을 인지하는 시세포)가 많이 분포하고 있기 때문에 색각(色覺)에 강하다.

또한 망막 주변부는 간상세포(杆狀細胞: 빛과 물체를 감지하는 세포)가 많이 분포하고 있기 때문에 색각에는 약하지만 움직임을 잘 포착할 수 있다. 스포츠의 현장처럼 변화가 풍부하고 움직임이 빠른 곳에서는 망막 주변부의 희미한 시야로 보는 주변시(周邊視: 간접시)가 중요한 의미를 가진다. 테니스의 스트로크(stroke)에서도 중심시로 볼을 겨냥하며, 동시에 주변시로 어느 코스에 칠 것인가를 선택하는 것이다.

타이밍을 맞춘 목표를 주시하면, 이것은 그 목표를 중심시로 보는 것이 되며, 뛰어 들어 오는 런너(runner)의 모습 같은 것은 주변시로 보게 된다. 고정물(固定物)은 중심시로, 움직이는 것을 주변시로 보는 것이 적절하기 때문에 위의 예로 말하자면 전자가 괜찮다는 것이 된다. 아이 카메라(eye camera)를 사용하여 검도(劍道)의 정밀심판에서 중심시로 어디에 눈을 대고 있는가를 조사한 연구가 있다.

그 결과는 ① 고단자일수록 칼끝의 공방을 주시하는 정도가 크고, ② 초심자나 숙련자에 있어서는 눈동자가 한쪽으로 쏠려진 흘겨 보는 편시경향(偏視傾向)은 인지되지 않았으나, ③ 초단·2단급에서는 한쪽 편시경향이 현저하다는 것 등이 밝혀졌다.

4. 운동시의 시간·공간·근력 추산

1) 시간의 추산

정신집중에 노력하고 있으면, 실제의 시간은 많이 걸리고 있는 데도 그렇게 많이 걸린 것처럼은 느끼지 않는다. 즉 시간의 재생(再生)에서 과소평가되고 있는 것이 된다. 정오의 시계소리를 듣고 "아니 벌써 12시인가"하고 황급히 점심을 준비하려는 주부, 철야 레포트를 쓰다가 어슴프레 밝아오는 창밖을 보고 다급해지는 현상은 스포츠의 현장에서도 경험하는 일이다.

이와는 반대로 일반적으로 기다리는 상태나, 지루한 상태에서는 시간의 예측(豫測)은 과대평가되기 쉽다. "1시간이나 기다렸을 걸"하고 시계를 보면 아직 30분이 경과되었을 뿐이다. 이러한 일은 '능동적 과제와 수동적 과제의 차이'라고 볼 수도 있다. 이것은 현재 시간의 예측에 대한 일이지만, 훨씬 이전의 일을 회상했을 경우의 시간예측은 그 반대가 되어, 바빴을 때의 시간은 길게, 싫었던 시간은 짧게 느껴진다.

숨멈추기나, 악력지속(握力持續)과 같은 근력발휘(筋力發揮)로 하여 긴장을 높이면 실제의 시간을 과소평가하여 일반적으로 짧게 느끼는 경향이 있다. 유도시합에 있어서 누르기(오사에코미, 누워서 상대를 조르는 기술로 국제규칙에는 15초 유효, 20초 절반, 25초 한판) 장면 가운데서는 규정된 25초간을 눌리어 꼼짝 못하는 쪽에서는 과대평가하여 길게 느끼며, 누르기를 시도하고 있는 쪽에서는 과소평가하여 짧게 느끼는 경향이 있다. 이것은 제한된 시간이 자기에게 어떠한 의미를 가지고 있는가의 가치판단과 관계가 있다.

수영의 다이빙 대(diving board; spring board) 위에서는 약간 특이한 상황 하에서 시간예측(20초간)을 시도한 실험에서는 시간의 과소평가가 있었으며, 지상에서 했던 것보다도 긴 시간을 보내고 20초라고 생각하는 것이다. 이러한 경우 보드(board) 위에 서서 정신통일을 위해 노력하고 있는 흔적이 보였기 때문에 정신통일은 시간을 과소평가하여 예측시간이 길어진 것이다.

속도의 예측에 대해서 이 반응검사는 일정한 속도로 이동하는 광자극(光刺戟)이 사라진 후에 빛깔이 그대로 이동한다고 생각되는 시간을 예측하고 반응하는 것으로 빛깔이 사라지고 나서 반응할 때까지의 시간을 속도측정(速度測定)하여, 실험적으로 포착하고 있다. 이 실험에서는 남녀가 다 정규 예측시간보다 빠르며, 특히 여자의 경우에 그 경향이 현저하며, 또한 각 시행의 성적과 정규 예측시간과의 엇갈림도 여자가 남자보다 크다. 그것은 여자는 남자보다도 예측시간을 짧게 느끼기 때문에, 시간의 과소평가의 정도는 남자보다도 적다고 한다. 결국 일반적으로 속도예측(速度豫測)은 남자 쪽이 여자보다도 우수하다고 할 수 있다.

위와 같은 방법으로 속도예측 반응의 연령적 발달에 대해 조사된 연구결과에서는 남녀가 다 같이 저 연령일수록 초조반응을 보였으며, 정반응(正反應)에 도달하는 것은 17~18세의 나이라고 한다. 또한 초등학교의 연령층에서의 발달은 현저하지만 중학교 시기 이후에서는 신장률이 정체한다고 한다.

이렇게 속도의 예측반응의 차가 육상경기의 단거리달리기에서의 계시상(計時上)의 오차와 관계가 있다는 실험결과가 있었다. 그 결과에 의하면 스타트 반응시는 예측반응은 아니기 때문에 0.189초 걸리지만 골인 반응시는 예측반응이기 때문에 0.08초이면 된다. 그래서 자동계시보다 0.11초쯤이 단축된다고 한다. 육상

경기·수상경기·체조경기 등에서는 정확한 시간의 예측이 중요하다.

경영선수(競泳選手)가 자기의 영속(泳速)을 어떻게 예측하고 있는가를 각자의 최고기록의 1/2의 속도를 기준시간으로 하여 실제로 헤엄치게 하고, 수영부원과 일반학생과를 비교해 보면 수영부원 쪽이 보다 정확하다고 한다. 그것은 수영부원의 속도의 예측은 계절에 따라 어느 정도 좌우되며, 오픈 시즌(open season)으로 충분히 수영을 하고 있는 경우이므로 비교적 정확하다. 또한 평소부터 규정시간 내에 연기를 하도록 연습을 계속하고 있는 체조선수는 이미지에 의한 연기의 소요시간은 실제의 소요시간과 거의 일치하고 있다. 그런데 이상에서 말한 속도의 예측에 대한 능력은 반응시간(反應時間)이나 시간재생(時間再生) 등과의 능력과 어떠한 관계가 있는 것일까? 이 문제에 대해 조사된 결과에서는 속도 예측반응·반응시간·시간평가의 3가지 사이에는 상호간 거의 상관이 없었던 것으로 나타났다. 그 이유에 대해서는 속도 예측반응은 일련의 흐름에 따른 인지판단적이기 때문이다.

또한 시간평가(時間評價)는 인지판단적인 것이기는 하나 외부에 구속되지 않는 내적 심리과정이라는 점에서 속도예측반응과는 다르다. 그러한 차이로 볼 때 3가지 사이의 상관관계가 없다는 것이다.

이 이외에도 다음과 같은 속도의 착각(錯覺: illusion)의 문제가 있다.
① 같은 속도라도 작은 것이 큰 것보다 빠르다고 느껴진다.
② 같은 속도라도 넓은 데서 보다는 좁은 곳에서 빠르게 느껴진다.
③ 같은 속도라도 밝은 데서 보다 어두운 곳에서 빠르게 느껴진다.
이상의 조건을 생각하고 여러 가지 연습에 이용하는 편이 좋다.

2) 공간의 추산

공간을 추산(推算)할 때는 이른바 착각현상이 상당히 많이 작용한다. 같은 길이의 선(線)이라 할지라도 이것이 수평(水平)으로 그려져 있는 것과 수직(垂直)으로 그려져 있는 것과는 길이가 다르게 보이며, 수직으로 된 선이 길어 보인다. 이와 같이 상하방향으로 이동하는 물체는 좌우방향으로의 이동물체에 비하여 보다 크게 보인다.

깊이의 인지는 단안(單眼)보다도 양안(兩眼) 쪽이 정확하지만, 양쪽이 다 올바른 거리에 대해 짧게 어림하게 되는 경향이 있다. 도립위(倒立位: 물구나무서기자세)와 같은 이상한 체위(體位)로 공간을 관찰하면 거리감이 생각보다 훨씬 짧은 듯이 느끼게 된다.

또한 아이벨트(eye belt: 시야 띠) 현상이라 하여 수직의 선을 응시한 후에 머리를 한쪽으로 기울이면, 이 선은 반대쪽으로 기울어져 보이는 현상이다. 특히 암실(暗室)에서처럼 시야 안에 아무것도 없는 곳에서 현저하게 나타난다. 이것은 운동중의 신체의 밸런스(ballance: 균형)에 관계되고 있다.

또한 깁슨효과(Gibson effect)라 하여 곡선을 오래 응시하고 있으면 구부러진 모습(곡률:曲率)이 감소하며, 그 후에 직선(直線)을 보면 직선이 전의 곡선(曲線)의 구부러진 모습과는 반대방향으로 구부러져 보이는 현상이다.

쿤트(A. Kundt, 1839~1894)의 법칙이라 하여 파동실험에서 분할(分割)되어 있다든가, 눈금이 새겨져 있는 것의 길이는 본래의 길이보다도 길게 느껴진다는 것이다. 체육관의 판자바닥이라든가 늑목(肋木) 등을 볼 때 경험할 수 있다.

3) 근력의 추산

자기가 발휘한 근력(筋力)이 어느 정도의 것이었는가, 자기가 들고 있는 물건의 무게가 어느 정도의 것이었는가 하는 등에 관한 추산(推算)에 대해서는 페흐너(Fechner, 1801~1887)의 법칙인 페흐너효과(Fechner's effect)가 인용된다.

$E = K \log R$
E : 감각의 강도, R : 자극의 강도

즉, 감각은 자극이 등비급수적(等比級數的)으로 변화하면 등차급수적(等差級數的)으로 변화한다는 것을 표시한 것이다. 정확하게 이대로 되지는 않지만 근사적(近似的)으로 나타난다. 그러나 대략적인 기준은 된다.

우리들은 라케트(rackett)나 베트(bet)를 들었을 때 '알맞다'라든가 '조금 무겁다'고 느끼는데, 그것이 감각면으로 '조금 무겁다'고 느꼈을 때는 실제의 중량(자극)

면에서는 상당히 무거운 것이기 때문에 이러한 용구선택을 할 때 응용될 수 있는 법칙이다.

또한 평소에 늘 사용하던 용구를 무겁다고 느낄 때는 신체내부의 이상이나 기타의 억제적 조건이 상당히 높아졌기 때문이므로 신체적 컨디션(condition)을 조절해야 할 것이다. 이와는 반대로, 평소에 늘 사용하던 용구를 가볍게 느낄 때는 생리적·심리적으로 상당한 정도의 자극이 있어서 활동하기 좋은 상태에 있다고 해석된다.

악력계(握力計: hand dynamometer)를 사용하여, 4종류의 표준자극(1kg, 2kg, 4kg, 6kg)의 각각에 대하여, 3종류의 판단(표준자극의 1/2:半, 비량:比量, 2배:二培) 아래에서 근력발휘의 측정실험이 행해졌는데 그 결과로는 다음과 같은 경향이 나타났다.

① 1/2(半)의 판단에서는 자극의 크기에 불구하고 과소평가의 경향을 가진다. 즉,「1/2의 힘」이라는 추산은 항상 과소평가되어, 심리적인 역량이 물리적인 힘의 양을 초과하는 결과로 나타난다. 따라서 반쯤은 힘을 빼고 있다고 생각해도 실제로는 반 이상의 힘을 쓰고 있다고 할 수 있다.

② 2배(二倍)의 판단에서는 절반이 훨씬 넘게 과대평가의 경향을 가지고 있다. 즉, '2배의 힘'이라는 추산은 과대하게 평가되기 쉬우며, 심리적인 힘의 양이 물리적인 힘의 양에 도달하지 못한다는 결과를 나타냈다. 따라서 애서서 2배의 힘을 냈다고 생각해도 실제로는 그 이하의 힘밖에는 내지 않았다고 할 수 있다.

③ 등비(等比:1대1) 판단에서는 대체적으로 중심화(中心化)의 경향을 보였다.

이상과 같이 기준보다 작은 것에 대해서는 과소하게 평가하는 경향은 심리의 보정(補正: 보충하여 바로잡음)에 의한 것이다. 그 결과 중심화 경향이 생기며, 이 경향은 초등학생으로부터 대학생에 이르기까지 공통된 현상이다.

5. 사회적 요인의 인지

같은 것이라 하더라도, 그것을 어떻게 인지(認知)하는지 문제로 개인이 속하는 계층·경제상태·문화적 배경, 국제관계 등의 사회적 요인에 의하여 미묘한 영향을 받는다. 학습인지발달 연구자 제롬 부루너(Jerome, S. Bruner, 1915~) 등이 행한 실험에서는 진짜 금화(金貨)와 같은 크기가 되도록 스크린 빛의 원(圓)을 조정하도록 지시했더니, 가난한 어린이들은 금화의 크기를 과대평가하여 빛의 원을 실제의 금화보다 크게 조정하는 경향이 있었다. 이것은 사회적 지각(인지)의 대표예로서 잘 알려져 있다. 레빈(Kurt Lewin, 1890~1947)은 병사(兵士)가 전선에 접근함에 따라 평상시에 바라본 풍경의 모양이 몹시 달라진다는 것을 지적하고 있다. 풍경은 경계(境界)를 가지고 있으며, 전방(적군 쪽)과 후방과의 방향성을 가지고 있으므로 위험성에 따라 인지적으로 채색된다고 말하였다.

스포츠의 현장에서도 이러한 현상은 부지불식간에 나타나고 있다. 가령, 대학대항경기 때, 응원하고 있는 학생들은 자기 학교의 선수들이 범한 규칙은 눈치재지 못하는 경향이 있으며, 상대방 선수가 범한 규칙은 놓치지 않는 경향이 있다. 또한, 심판이 판정을 내릴 때, 자기가 좋아하는 색의 유니폼을 입고 있는 쪽에는 후하게 판정하는 경향이, 특히 여자 심판원에게는 농후하다는 것이다. 더욱이 국제시합의 심판에서는 심판원은 자기 나라 또는 우호국의 선수에 대해서는 판정이 후하며, 비우호국이나 적국의 선수에 대해서는 엄하게 판정하는 경향이 있다고 한다. 마찬가지로, 스포츠 관객은 백인 연기자의 매너에 대해서는 후하며, 비백인 연기자에 대해서는 인색하다고 알려져 있다.

이상과 같은 일이 의식적으로 행해지고 있다면, 그것은 역성(옳고 그름에 관계없이 한 쪽만을 편드는 일)을 들고 있다는 것이 되지만 의식해서 한 것이 아니라면, 이것은 사회적 지각(知覺)의 반영이라고 생각된다.

제8장
스포츠의 적응심리

 스포츠를 하는 사람의 성격이나 태도가 스포츠 종목의 선택이나 연습의 방법에 반영(反映)되는 경우가 많다. 또한 성격이나 태도는 개인의 체력이나 운동능력과도 무관하지 않다. 스포츠를 지도하는데 있어서 이런 사실이 충분히 반영되고 있으면, 지도받고 있는 사람이 잘 적응하지만, 그렇지 못한 경우에는 부적응상태(不適應狀態)에 빠진다.
 또한 특정의 스포츠를 오래 동안 계속하고 있으면, 그 스포츠에 필요한 행동양식(行動樣式)이 개인의 성격이나 태도에 반영되어 나타나는 경향을 볼 수 있다. 이런 것도 하나의 적응현상이다. 더욱이 운동선수로서 육성되기 위해서는 심리면에서 어떠한 적응경향(適應傾向-適性)을 가지는 것이 유리한 것인지 생각하지 않으면 안 될 문제이다. 이러한 상황(狀況)으로 미루어 보아 본장에서는 스포츠를 훌륭하게 수행하기 위해서 필요한 심리적 측면의 여러 문제에 대해서 성격·태도를 중심으로 서술해본다.

1. 성격 형성

 하나다(花田敬一)와 노구치(野口義之)의 연구에서 성격의 형성은 유전(遺傳)과 환경(環境)과의 두 요인이 얽혀서, 새끼줄을 꼬듯이 이루어진 것이라 하였다. 그렇다면 특정의 스포츠를 오래 계속하고 있으면, 그 스포츠 생활이 환경적 요인으로서 커다란 의미를 가지게 되기 때문에 스포츠에 적합한 성격이 형성되어 갈 것이 아닌가 하고 생각한다.

초등학교 6학년생과 중학교 1학년생들로 야타베(矢田部)-길포드(Guilford) 성격검사인 'YG테스트'를 1년간 여러 번 실시하였다. 그 동안의 체육클럽소속 학생과 문화클럽소속 학생과의 성격특성의 변화를 조사한 연구결과로 양자 사이에 현저한 차이는 나타나지 않았다고 한다. 나이 어린 연령층에서는 스포츠 경험이 아직 적고, 또한 생활 중에 점유하는 스포츠연습의 비중도 별로 크지 않기 때문에 이러한 결과가 나타난 것이다.

그러나 중학교 운동부의 전국 우수팀의 멤버에 대하여 'YG테스트'를 하고, 운동부소속 경험이 없는 학생과 비교한 연구에 따르면 남녀가 다 같이 양군 사이에 공격성·지배성·사회적 외향성에 차이를 보였다. 중학생이라도 전국 우수팀이 되면 연습량도 많아지며, 생활 중에서의 스포츠의 비중도 커지기 때문에 그러한 영향을 받아서 성격이 형성되었다고 보여진다.

또한 중학·고교의 일란성쌍생아 18쌍(36명)을 대상으로 하여 YG테스트에 의한 운동부·문화부 등의 클럽활동이 퍼스널리티에 미치는 영향을 조사한 연구에 따르면, 경험이 많아짐에 따라 운동부소속자는 우울성이 낮아지며, 문화부소속자는 활동성이 낮아지는 반면 사회적 외교성(外交性)은 높아진다고 한다.

이러한 것으로 보아 중학·고교에서는 클럽활동의 영향이 상당히 나타나기 시작하고 있으며, 운동클럽의 활동·생활이 성격형성에 어느 정도 영향을 미치고 있다는 것이다.

또한 대학생을 대상으로 한 조사에서는 운동부경험 연도수가 많아짐에 따라 일반학생과의 사이의 성격 특성상의 차이는 커지며, 활동성·지배성·공격성·사회적 외향성은 증대하고, 우울성·신경질 경향은 감소하였다. 그러나 사고적 내향성·기분변이성(氣分變易性)·객관성·협조성 등의 특성에서는 거의 변화하지 않는다고 하였다. 이러한 것은 운동에 의한 성격형성의 가능성과 동시에 그 한계도 또한 나타내고 있다.

2. 태도 변용

태도(態度)란 어떤 상황에 마주했을 때 가지는 자세나 행동에의 준비를 말하며,

태도변용(態度變容)이란 행동에의 준비가 변화하는 것을 말한다. 따라서 스포츠에 대해 어떠한 자세로 임하고 있는지, 또한 그 자세가 어떻게 변화해 가느냐 하는 것은 스포츠에 대한 태도 및 그 변용(變容)이라고 표현할 수 있다.

1) 스포츠와 운동능력과의 관계

태도는 경험에 의해 형성되며, 또한 변용하기 쉬운 것인 만큼 스포츠경험이 스포츠에 대한 자세나 의견을 바꾸어 놓을 가능성이 크다. 스포츠에 대한 태도가 호의적이냐, 비호의적이냐 하는 것은 스포츠 테스트의 점수가 높은 사람은 비교적 호의적이며, 그 점수가 낮은 사람은 비호의적인 경우가 많다. 특히 이 테스트는 50m 달리기의 점수와 태도의 호의적·비호의적과의 관계는 깊었다. 다시 말하면 달리기가 빠른 사람은 스포츠에 호의적이며 느린 사람은 비호의적이라는 경향이 있다. 또한 체조(體操)의 기술에 대해서도 이것을 특기로 하는 사람은 스포츠에 흥미를 가지고, 그렇지 않은 사람은 흥미를 가지지 않는 경향을 보였다. 이것은 운동에 대한 신경지배가 잘 발달되어 있느냐 그렇지 않느냐 하는데 따라, 스포츠에 대한 흥미가 달라진다는 것을 의미한다.

이상의 것을 감안할 때 스포츠에 대한 호의적인지 어떤지를 식별하기 위한 간편한 방법으로는 단거리 달리기가 빠른지 어떤지, 체조기술이 훌륭한지 어떤지의 두 가지 점에서 조사하면 대체적인 짐작을 할 수 있다.

또 이상의 것은 태도에 대해 운동능력 면에서 참작해 본 것이지만, 스포츠에 대한 호의·비 호의는 이밖에도 여러 가지 요인이 관계하고 있다.

2) 스포츠에 대한 태도

스포츠의 나라 영국의 대학생 60명과 스포츠 수입국 일본의 대학생 100명에 대해 40항목에 대한 설문지(1970년대)를 제출했던 바, 24항목에 대해 유의차가 있었다고 한다.

표 9-1 스포츠에 대한 양국 학생의 사고

영국인 대학생	일본인 대학생
1. 스포츠는 즐겁다. 2. 스포츠는 좋은 성격을 길러준다. 3. 페어플레이 정신을 함양한다.	1. 활동적으로 만든다. 2. 협응력을 높여준다. 3. 인내심을 강화시킨다.

그 중의 주요한 몇 가지 항목의 내용에 따르면, 스포츠란 영국의 대학생에게는 먼저 즐거움이며, 그 다음이 좋은 성격을 만드는 것이며, 페어플레이의 정신을 배양하는 것인데 대하여, 일본의 대학생에게는 우선 사람을 활동적(活動的)으로 만드는 것이고, 그 다음이 협력(協力)하는 능력을 높이는 것이며, 다음이 인내력(忍耐力)을 강하게 하는 것으로 나타나 양국 대학생들의 사고적 경향이 상당히 다르다는 것을 알 수 있었다.

3) 스포츠에 대한 인식

최근 운동부족이 원인으로 되어 여러 가지 신체적 질환이 생기는 '운동부족병'이 나타났다. 그래서 건강에 관심 있는 사람들은 스포츠에 의한 건강의 유지·증진을 도모하여 각종 스포츠를 비롯하여 러닝(running)·체조·에어로빅(aerobic) 등을 실천하고 있다. 이런 사람들의 스포츠에 대한 태도는 상당히 호의적이라고 할 수 있다. 그러나 일반적인 많은 사람들을 보면, 건강에 대한 의식이나 관심의 향상 때문에 스포츠에 대한 태도가 점차로 호의적이지만 쉽게 실천되고 있다고는 할 수 없다.

예를 들어 '라디오·텔레비전·직장'의 체조 등은 일반적으로 건강법으로서 행해졌지만, 이러한 체조에 대해서 중학·고교·대학생·사회인이 어떤 태도로 보고 있는지를 조사한 결과를 요약하면 다음과 같다.

① 체조에 대한 태도는 일반적으로 호의적이다.
② 체조의 실천과 체조에 대한 태도와는 깊은 관련이 있다.
③ 체조에 대한 인식수준은 상당히 높지만 실천수준은 그보다 낮으며, 양자는

대응하고 있지 않다는 것이다.

　이러한 인식수준과 실천수준의 불일치는 올림픽과 같은 수준 높은 경기대회에 많은 사람들이 대회 그 자체에 대해서 호의적이지만, 그것 때문에 자기의 스포츠 활동이 활성화되는 일은 드물었다. 특히 올림픽대회를 치루었던 일본·한국에서는 순수한 경기 이외에 국가적 승패라는 심리가 있어서, 대회 자체에는 대단히 호의적이었지만 스포츠의 실천에는 별로 영향을 주지 못하였으며, 태도와 활성화의 양면에서는 상당한 거리를 보였다.

4) 스포츠에 의한 태도변용

　태도는 사회적 관계 속에서 형성되고 변용(變容)되어 가는 성질이 있기 때문에 자기가 소속하는 스포츠 집단으로부터 크게 영향을 받는다. 특히 고교생·대학생 등은 소속하는(또는 소속했던) 운동부로부터의 영향력을 인정하는 자가 많았다.

　그러나, 태도(態度)의 어떤 면에 영향을 주고, 변용시켜 가고 있는가는 충분히 밝혀지지 않았으나 일반적으로 적극적·행동적 태도, 집단에 대한 충성적 태도, 자기의 역할에 대한 책임감, 목적달성을 위한 협력적 태도, 고통에 대한 인내심 한계상황에 있어서의 자기통제 등, 운동생활의 경험 속에서 체득되어지는 것은 분명하였다.

3. 스포츠 카운슬링

　스포츠 카운슬링(sports counceling)이란 스포츠에 대한 적응미숙자에게 적절한 지도와 조언을 해주고, 적응에의 길을 열어주는 조언자역할을 말한다. 스포츠에 적응 못하는 이유는 여러 가지가 있었지만, 그 중에 주요한 것은 '운동싫어하기·비만·저체력·저기능·신체장애·정신장애·내향성' 등이었다.

1) 운동 싫어하기

운동하는 사람의 수는 운동을 좋아하는 사람의 수에 비하면 매우 적다. 그러나 각 학급(30~40명)에는 대체적으로 3~5명 정도가 운동을 싫어하는 학생이 있는데, 학생들 중에는 신체적·정신적·사회적으로 공통된 점이 보이는 경우가 적지 않다. 운동 싫어하기의 실태를 조사한 연구에 따르면 다음과 같은 사항이 지적되었다.

① 운동을 싫어한 시기는 초등학교 시기와 2차 성징기(性徵期)에 많았다.
② 성격적으로는 YG테스트에 의하면 C형(정서안정·사회적 적응·내향성), 또는 E형(정서불안정·사회적 부적응·내향성)의 학생이 많았다.
③ 심신의 건강상태는 CMI(Cornell medical index: 코넬의대 의료체크목록)에 의하면 하소형이 많았다.
④ 운동능력이 상당히 떨어진 학생들이다.
⑤ 운동에 대한 부모의 태도가 대단히 높은 상관관계를 가졌다. 그러나 부자(父子), 또는 모자(母子)의 태도의 상관관계는 별로 높지 않았다.
⑥ 운동을 싫어하는 아동의 부모와의 관계는 엄격형이 많았다.

이상과 같이 운동을 싫어하는 자의 인간상에는 공통적인 점을 몇 가지 지적할 수 있는데, 더욱이 운동 싫어하기의 요인을 인자분석(因子分析)으로 추출해본 결과 '신체·기술·교사·즐거운 체험·가족·심리(겁이 많음)·운동종목·이해감'의 8인자를 들 수 있었다. 그중에서도 원인이 되는 것은 기술(서투르니까), 즐거운 체험의 부족(재미있다고 못 느끼니까)의 두 가지였다. 이 두 요인의 극복을 생각하는 것이 중요하다.

2) 비만인의 특성

비만인(肥滿人)의 성격이나 정신건강도에 대해 조사한 결과는 다음과 같았다.
① YG테스트에서는 일반적으로 남자에서는 억울성·열등감·공격성이 강하며,

여자에서는 심적 변화성이 높고, 열등감이 강하고, 비협조적이고, 공격성이 강하고, 내향적인 성격인 반면에 태평스럽기도 하였다.

② 정신건강도의 테스트에 의해서도, 비슷한 내용이 나타났으며, 초등학생 중에는 신체적 기관열등감(器官劣等感)을 가진 자가 많았고, 중학생 중에는 개성적 집단참가도가 낮으며, 부적응감(不適應感)을 가진 자가 많았다.

또한 비만아의 의지작업능력을 크레펠린검사(Kraepelin test)로 조사한 결과, 다음사항이 지적되었다.

① 평균작업량은 비만아 쪽이 약간 적으며, 작업속도는 중간 정도이나 느린 자가 많았다.

② 질적인 면에서 검토하면 최초노력률, 최종노력률 등으로 체크되는 자가 비교적 많았다.

독일의 정신과의사 에밀 크레펠린(Emil Kraepelin, 1856~1926)은 조발성치매(정신분열증)와 알츠하이머병(Alzheimer병, Alois Alzheimer, 1864~1915)을 분류한 의학자이다.

이상의 사실로 미루어 보아, 비만아는 의지긴장력(意志緊張力)이 약하며, 작업속도는 느리지만 실수는 도리어 적은 편으로 기분의 만족감도 적다고 하였다. 그래서 비만아가 품고 있는 불만이나 열등감을 SCT(sentence completion test: 문장완성법검사)로 조사해 보기로 하였다. 이 SCT는 미완결의 문장을 제시하여 공백을 피검자(被檢者: 검사받는 자)가 자유로운 발상으로 메우게 하는 방법의 하나이다. 설문지에 답하는 방법으로 응용하기도 한다. 이 SCT는 자존감을 높이는 6가지 원칙을 제시했던 캐나다 온타리오 태생 미국심리학자 나다니엘 브랜든(Nathaniel Branden, 1930~2014)이 고안하였다. 위의 SCT로 얻은 결과로는 다음 사항이 지적되었다.

① 비만아는 자기의 모습에 대해 강한 열등감을 가지고 있으며, 이러한 사실은 특히 여자에게서 현저하였다.

② 비만의 남자어린이 중에는 운동능력의 열등으로 고민하는 자가 많았다.

학생의 불만이나 고민은 일반적으로 학업이나 자기의 성격에 관한 것이 많은데 비해, 비만아는 용모나 운동능력에 관한 것이 위주되어 있어서, 비만아 심리의 특이한 일면을 보였다.

또한 비만아의 체격이나 운동능력에 대해 조사한 결과로는 다음과 같은 것이 지적되었다.

① 비만아는 일반적으로 신장(身長)이 큰 편으로 발육은 좋은 편이었다.

② 운동능력은 현저하게 뒤떨어졌다. 몇 가지 운동종목을 제외하고는 어떠한 테스트종목에서도 분명히 비만아 쪽이 뒤떨어졌다.

③ 몸의 이동, 들어서 올리기, 팔로 지지하기 등의 능력은 특히 뒤떨어졌다.

④ 비만아는 수영과 같은 체중에 관계없는 운동, 또는 씨름과 같은 체중이 있는 유리한 운동을 좋아하며, 반대로 철봉이나 장거리 경주는 싫어했다.

이상과 같은 비만아의 심신의 특징으로 미루어 볼 때, 비만자의 스포츠 카운슬링은 다음 항과 같은 방법으로 임하는 것이 좋겠다.

(1) 체격의 개선

체격(體格), 곧 신장(身長)에 어울리는 체중(體重)이 되도록 식사요법과 운동요법을 병행하도록 지도한다. 그러나 빠른 효과를 기대하여 성급하게 실시하는 것은 절대 금물이다. 어느 정도의 장기적인 계획을 가지고 꾸준히 계속해 가는 것이 중요하다.

① 식사요법에서는 주식을 제한할 것, 지방은 가능한 섭취를 줄일 것, 단백질·비타민·미네랄류는 빠트리지 않도록 할 것, 간식 특히 단 것은 피해야 한다.

② 운동요법으로는 어느 정도의 부담을 주면서도 흥미를 가지고 지속할 수 있는 종목, 그리고 그것이 시간·수량으로 표시되는 성질의 것이 좋다. 줄넘기·달리기 같은 것이 좋은 운동이다.

(2) 심리 지도

비만의 개선은 본인 자신이 생활을 성공적으로 컨트롤하느냐 못하느냐에 달려 있기 때문에 항상 자기 자신을 격려하여 포기하지 않도록 해야 한다. 특히 식사요법이나 운동요법에서 효과가 나타나기 시작하면, 그러한 사실을 강조하여 자기는 지금 개선되어가고 있다는 자각을 느끼게 하며, 희망을 가지게 하는 것이 중요하다.

3) 체력이 미약한 자

체력과 심리적 특징의 관계에 대해, 코미야(小宮秀一) 외 저서『체력저위 학생의 스포츠 활동의 심리적 특성』에서 대학생을 대상으로 조사한 결과에 의하면 체력진단테스트의 성적이 남자에서는 E단계, 여자에서는 D 또는 E단계로 판정된 자, 즉 체력이 미약한 사람의 심리적 특징을 다음과 같이 들었다.

① 성격 면에서는, YG테스트로 보면 남자는 왼쪽으로 기울어진 형(C형), 왼쪽이 처진 형(E형)이 많으며, 내향적인 학생이 많았다. 척도별로 보면 남자는 우울성형이 많으며, 비활동적이고 태평스럽지 못하며, 사회적으로 내향성이 많았다.

② 건강 면에서는, CMI(코넬의과대학의 건강체크목록)로 조사한 결과, 남자는 노이로제 경향의 학생이 많으며, 정신적으로 불안정한 학생이 생각보다 많았다.

③ 스포츠에 대한 태도는 남자는 호의적이며 운동욕구도 강하지만, 여자의 경우는 호의의 정도·운동욕구의 정도가 낮았다.

④ 체력이 미약한 자에 대해서는 우선 스포츠에 대한 적절한 동기유발이 필요하며, 그 동기유발로부터 더 나아가서 스포츠의 실천과정 중에서 체력향상·성격형성·태도변용을 기대하는 것이 좋다고 한다.

⑤ 적절한 동기유발의 방법으로서는 여러 가지가 있을 수 있겠지만 흥미의 추구로부터 시작하는 것이 가장 효과적이다. 중학생 이상이면 이 방법이 좋다.

실험군 학급에 있어서 적극적인 체력조성의 커리큘럼을 짜서「적극체조」의 명칭하에 신체적 회전운동(回轉運動)을 주로 한 체육지도를 1년간 행했던 바, 조정력이나 기능이 늘어났을 뿐만 아니라, 의지가 강해졌으며, 그 사실이 학력면에도 파급되어 학업성적을 올리게 되었다는 실험보고가 있었다.

이 보고에서 주교재로 삼은 회전운동은 "보조만 단단하게 해준다면 위험은 없다. 완성시키는 것으로 하여 흥미와 프라이드를 가진다"고 서술하였다. 이러한 세심한 주의하에 격려·성공은 어린이들에게 자신을 가지게 하여 다른 국면에의 파급효과도 크다고 할 것이다. 몸통의 회전은 가슴과 허리 사이의 회전을 말한다. 즉 허리 주위를 비트는 동작이다. 회전판 위에서 실시하는 것을 병행하여 러닝운동을 해주므로 체력을 강화시킬 수 있다.

대학에도 일반학생과 함께 체육 실기를 행할 수 없는 양호(養護)가 필요한 학생들이 있다. 그 이유는 내장질환·지체부자유·기타 등인데, 이러한 학생들을 위해 특별 코스를 설정하여, 탁구·골프 등 각각 적응할 수 있는 상황에서 수업을 하면 이들 대학생에게 신체면 뿐만 아니라 정신면에서도 좋은 영향을 주어, 특히 「안심감(安心感)」을 주게 된다. 그리고 이러한 양호학생(養護學生)의 80%까지가 보건체육의 수업이 필요하다고 말하며, 호의도가 높다고 보고되었다.

4) 운동기능이 낮은 자

초등학교 5~6학년의 운동지체아를 대상으로 한 심리적 특징에 대해 조사한 보고에 의하면 다음 사항이 지적되었다.
① 운동지체아는 리더십·적극성·인내력·사교성이 결핍되어 있다.
② 공포(恐怖)·불안(不安) 경향이 높으며, 신체징후를 표시할 때도 많다.
③ 스포츠에 대한 흥미나 관심은 희박하며, 특히 자기의 능력이 다른 사람과 비교되기 쉬운 종목을 싫어한다.

또한 여자고교생을 대상으로 한 '헤엄치는 자와 헤엄치지 못하는 자'의 성격적 특징에 대해 조사한 결과로는 25m이상 수영할 수 있는 자 중에는 YG테스트에서 오른쪽 처진 형(D형)이 많은 데 비해, 헤엄을 치지 못하는 학생 중에는 왼쪽으로 처지는 형(E형)이 많은 정서불안정·사회적 부적응자의 경향이 있었다.

마찬가지로 대학의 여자학생을 대상으로 한 수영을 못하는 자의 심리적 요인이나 환경적 요인에 대해 조사한 결과에서는 역시 성격 면에서 왼쪽으로 처진 형(E형)이 많았고, 신경질(대)·공격성(소)·활동성(소)·태평스러움(소)·사고적 외향성(소)·지배성(소)·사회적 외향성(소)에 유의차가 보였다.

남자학생들도 비슷한 상황이다. 수영을 못하는 남자대학생 140명을 대상으로 한 MMPI(Minesota Multiphasic Personality Inventory) 검사는 심리학자인 하터웨이(Stark Hathaway) 교수의 연구팀이 개발한 '다면적 임상척도법'을 사용한 성격특성에 대해 조사한 결과로는 수영 못하는 학생들은 일반학생과 비교하여 다음과 같은 점에서 차이가 있었다고 한다.

<표 8-1> 다면적 임상척도법

	수영 못하는 대학생(140명)		일반대학생(120명)	
신경증적	39	27.6%	25	19.5%
정신증적	14	9.9%	9	7.0%
문제행동적	12	8.5%	0	0.0%
계	65	46.0%	34	26.5%

① 수영 못하는 대학생들은 일반대학생과 비교하여 자기의 건강에 과도한 걱정을 하는 편으로 비관적이며, 별로 남성적·활동적이라고 할 수 없으며, 사람과의 접촉을 회피하는 경향이 강했다.

② 임상실험(臨床實驗)에서 정상자와 이상자를 대별하는 3개의 형, 즉 신경증적·정신증적·문제행동적 경향에 대해 앞의 <표 8-1>에서 볼 수 있는 것처럼 무엇인가 이상한 경향을 가진 학생이 46%나 있었다.

대학생을 대상으로 기능이 높은 자와 낮은 자 사이의 평형능력의 차에 대해 조사한 결과에 의하면 운동기능이 낮은 자들은 일반적으로 평형능력이 뒤떨어져 있는 것이 밝혀졌다. 그러나 평형능력은 트레이닝으로 올릴 수가 있기 때문에 기능이 낮은 자의 향상을 위해서는 먼저 평형능력면의 트레이닝부터 지도해야 한다.

4. 스포츠의 심리적 적성

1) 스포츠 적성

스포츠 선수가 자기가 하고 있는 특정의 종목을 훌륭하게 수행하며, 효과적인 성적을 올리기 위해서는 그 스포츠에 필요한 신체적·심리적 자질을 구비하고 있는 것이 필수조건이 된다. 그 필요한 자질이 바로 적성(適性)이다. 적성이란 인간이 자연적·사회적 환경에 적응하고 적합시켜가는 능력과 그 가능성의 징후를 나타내는 말이며, 다시 말하면 '인간의 활동이나 작업에의 적합성과 그 배후에 잠재하는 능력이나 특성'이라고 볼 수 있다.

따라서 적성은 취업적성·진학적성·예술적성 등 모든 분야에서 능력과 자질이 문제되며, 스포츠의 경우도 스포츠 선수로서의 일반적인 자질과, 각각의 종목에 있어서의 특수한 운동의 능력·자질이라는 형태로 문제되어진다. 적성의 문제는 자칫하면, 선천적·소질적인 것으로 해석되기 쉽지만, 장래의 가능성을 예측하기 위해서는 현재 나타나는 것을 포착해야 한다. 왜냐하면, 현재의 징후는 선천적(先天的, 유전) 소질과 생후의 여러 경험(經驗, 환경)에 의하여 만들어진 후천적(後天的) 산물이라고 생각되기 때문이다.

그런데, 스포츠에 있어서 또 스포츠선수가 좋은 성적을 올리기 위해서는 체격이나 신체기관의 기능과 운동능력이 전반적으로 훌륭해야 하며, 더욱이 각각의 스포츠 종목에 특유한 운동능력 요소가 훌륭한 것이 필요조건이 된다. 그러나 자신이나 자기 팀이 최고능력을 발휘하여 상대나 상대팀에 이기기 위해서는 그러한 신체적 요소뿐만 아니라, 더욱 훌륭한 심리적(정신적) 요소가 필요하다. 이러한 훌륭한 여러 요소가 총합된 것으로서 훌륭한 스포츠 적성이 성립되는 것이다. 스포츠 적성 중에서도 특히 스포츠 선수에 필요하다고 생각되는 심리적 적성(心理的 適性)에 대해서도 유념해야 한다.

2) 인지적 특징

인지(認知)란 환경(대상 또는 일어난 일)에 대해 감지(感知)하는 과정이며, 스포츠선수는 스포츠 종목별로 환경에 보다 잘 적응할 수 있는 능력을 가져야 한다. 특히, 스포츠와 같이 복잡하고 변화가 풍부한 환경체제(環境體制)에 적응하기 위한 인지(認知)는 지극히 다양하지만, 그중에서도 시간인지와 공간인지는 필요불가결한 것이다. 그리고 이러한 인지가 뛰어난 선수가 스포츠 적성이 있다고 말할 수 있다.

(1) 시간인지

시간(時間)의 인지는 종목에 따라 다르지만 반응시간이나 타이밍의 정확성·페이스(pace)·리듬(rhythm)·템포(tempo) 등의 파악이 문제가 된다. 반응시간·타이밍에 대해서는 스포츠선수의 일반적 적성으로서 의미를 가지며, 이 측정은 '전신 반응시간 측정기'나 '타이밍 테스트기(器)' 등이 이용된다. 또한 수영이나 육상경기 등 장거리 레이스(race), 구기(球技)·교기(巧技)에서와 같이 시간경과나 흐름을 수반하는 종목에서는 자기의 페이스(pace)를 파악하는 것이 필요하며, 힘의 올바른 배분과 능력에 맞는 리듬·템포를 확립하는 것이 중요하다.

이에 대해서는 가령 수영이나 육상경기의 장거리 레이스에서는 래프타임(lap time: 도중계시)과 스트로크(strcke: 수영의 젓기) 회수 등에 의한 시간파지(時間把持)의 방법이 문제되며, 이런 면에서의 인지의 정도가 적성으로서의 과제가 된다.

(2) 공간인지

공간(空間)의 인지란 자신과 환경과의 공간구조에 대한 지각이며, 그것을 규정하는 것은 '방향과 거리'라고 하겠다. 그리고 그 인지는 대상(對象)의 배치관계, 자기의 신체의 위치나 상대와의 간격, 그것들의 운동속도에 의존되고 있다.

① 대상의 배치관계(配置關係)의 인지에 대해서는 주로 구기 등에서의 상대나 자기 팀의 포지션 파악(把握)에, 체위(體位) 문제에서는 모든 공간배치 조건에 있어서의 자기 신체운동지각(바람직한 폼)에, 상대와의 간격(間隔)에 대해서는 구기·검도·펜싱 등에 있어서의 '상대적 거리'와 관계된다.

② 운동속도의 공간적 인지에 대해서는 자기의 속도와 상대의 속도와의 예측과 예상을 세우는데 중요하다.

이러한 것의 적성 테스트로서는 시각(視覺)·평형감각(平衡感覺), 공간(空間)·거리지각(距離知覺)을 측정하는 것이 되지만, 실제의 스포츠 적성과 관련하여 측정하기 쉬운 것만은 아니다. 그런데 스포츠선수의 인지와 관련된 것으로서 '센스' 또는 '게임 센스'라는 말이 흔히 사용된다. 게임 센스의 정의를 '그 장면의 복잡한 상황에 어울리는 적절한 판단을 하고, 그에 따라 행동할 수 있는 능력'이라면, 인지(감각·지각)가 관여하는 바는 크다.

3) 사고적 특징

사고(思考)란 머리 속의 궁리로 문제를 해결하는 것이며, 지식과 실천을 통일시켜서 사태에 보다 잘 적응해가는 실천적 지성(實踐的 知性)이 중요하다. 스포츠선수는 컨디셔닝(conditioning: 컨디션 조절)을 생각하며 트레이닝하고, 시합에서 상대와 대응하기 위해서는 어떠한 형태로든 사고적 요인이 관련되어 있다는 것을 유념하여야 한다.

(1) 새로운 기술의 창조·개발

육상경기나 수영에서의 기록갱신은 "기록은 깨뜨려지기 위해 있다"고 까지 일컬어지고 있다. 또한 체조에 있어서의 울트라 C(ulta C: 난이도 C보다 더 어려운 고난이도) 기술의 창조나, 구기에 있어서의 포메이션(formation: 팀 편성법)의 개발 등 수없이 많다. 새 기술은 천재에 의해 발굴되는 경우도 있지만, 그 태반은 인간의 사고에 의한 것이다. 그리고 천재 또한 "소질(適性)은 노력에 의해 개발된다"고 하는 것처럼, 자신이나 자기 팀의 끊임없는 창의적 연구에 의하여 생기는 것이다. 따라서 자기가 하는 운동종목에 대해서 자신이나 자기 팀의 자질을 감안하며, 연구심이 왕성한 운동선수야말로 스포츠적성이 있다고 할 수 있다.

(2) 새로운 전법이나 연습법

새로운 기술은 어느 날 갑자기 개발되는 것이 아니다. 평소의 연습과정에서 고안되어 그것을 정착시킨 것이다. 또한 작전이나 전법도 하루아침에 만들어진 것이 아니다. 손자(孫子)·오자(吳子)의 병법이나, 각종 스포츠에서 볼 수 있는 전법 등도 오랜 세월을 경과하여 축적된 경험·연구와 실천의 결과인 것이다.

따라서 단순히 배운다는 것에서 나아가, 지도받은 것을 충실히 실행할 뿐만 아니라 자주적으로 자신이나 자기 팀에 알맞은 연습법(練習法)을 연구하고, 일상생활 속에서도 그것을 실천하고 있는 선수야말로 스포츠적성이 있다고 할 수 있다.

4) 정서적 특징

체육학에서의 정서(情緖)란 주체적 상황이나 대상에 대한 태도나 가치관이 강하고 적극적인 것을 말하며, 욕구나 요구의 강도와 깊이 결부되어 있다. 흔히 스포츠선수가 스포츠에 사는 보람을 추구하며, '목숨'을 걸고 있다고 생각되며, 그렇게 보이기도 하는 것은 그만큼 스포츠에 정열을 쏟고 있는 증거가 된다. 따라서 운동선수 특히 일류선수에게는 정서적 자질 없이 길러지지 않으며, 이것이 나아가 적성적 지표(適性的 指標)가 된다.

(1) 동기유발

운동선수가 어떠한 동기(動機)로 활동하고 있는지는 적성을 판단하는 하나의 재료(材料)가 된다.

바트(D. S. Butt)는 스포츠에 있어서 운동선수의 동기유발의 주요원천(생물적 동기유발)으로서 '생명력·생존경쟁·승리욕의 의지'를 들었다. 다시 심리적 동기유발을 대별하여, 공격성의 보상적(補償的) 발휘차원, 신경증적 갈등의 표현, 능력의 향상지향에 있다고 하였다.

① 공격성을 주목적으로 하여 동기되어진 운동선수는 활동적이고 열심이며, 경쟁상대를 이기려는 의욕이 왕성하다. 그러나 화를 잘 내며, 욕구불만에 빠지면 난폭한 행동을 취하는 경향이 강하다.

② 신경증적 동기를 가진 운동선수는 본능적 충동기나 청년기의 심리적 갈등의 표출구로서 스포츠를 이용하기 때문에 적의(敵意)나 결의(決意)가 강하며 신경증적으로 적응한다. 그러므로 욕구불만이나 신경증이 해소되면 스포츠계에서 떠나 버리는 사람이 많다.

③ 능력지향적 동기를 가진 선수는 스포츠의 본질적 가치를 이해하고 자신을 단련·탐구하는 집념을 가지고 있으며, 목표달성에 도전한다. 따라서 스포츠동료나 협회간부들과도 우호적 관계를 유지하며, 개인적으로나 사회적으로도 안정되어 생애동안 스포츠를 사랑하며 신뢰받는 인물이 된다.

운동선수에게는 바트(D. S. Butt)가 구분한 것처럼 심리적 동기유발로서 위와 같은 3개 유형이 있으며, 어떠한 형이라도 스포츠에의 지향정도가 높으면 챔피언(champion)이 될 수 있다. 그러나 스포츠의 건설적 측면이나 인간형성상에서 보는 경우, 문화적으로 가장 바람직하다고 생각되는 능력 내지는 기술지향형(技術志向型)에 다른 두 개의 동기부여를 전환·개선·승화시키는 것이 필요하다. 그러기 위해서는 운동선수의 동기가 되고 있는 지향특징을 간파하고 보다 나은 방향을 제시할 수 있는 환경(지도자)이 중요한 것이다.

(2) 요구수준

요구수준(要求水準)이란 자신이나 자기 팀이 목표한 성적의 단계나 기대, 또는 희망을 말하는 것이며, 만족감이나 성공감도 이 수준과 성적과의 차이에 관계되고 있다. 운동선수는 자아욕구나 목표달성을 위해 몰두하는 것이므로 이 요구수준의 정도에 따라 운동적성을 엿볼 수 있다.

일반적으로 요구수준은 ① 이전의 성적과는 관계없이 요구의 수준을 될 수 있는 대로 높게 하려는 요구, ② 과거의 성적과 될 수 있는 대로 가까운 수준에 두려는 요구, ③ 실패를 피하려고 과거의 성적보다 낮은 수준에 두려는 요구이다. 그리고 이 요구수준은 개인이나 집단의 성격에 좌우되기도 하나, 선수나 팀의 자신이나 신념의 뒷받침이 되는 경우도 된다. 보통 운동선수의 경우는 과거의 실적이나 실력에 알맞게 요구수준을 세우고 있지만, 기록이나 연습을 통하여 그것을 적정한 높이로 올리는 노력이 필요하다.

(3) 인내성

운동선수는 인간 대 인간의 승부경쟁을 할 수 밖에 없다. 그 경쟁에 이기기 위해서는 목표달성을 위해 정신을 집중하고, 그것을 지속하는 강한 의지를 가져야 한다. 즉, 목표를 달성하기 위해 모든 곤란과 장해(障害)를 극복하는 내적 긴장력(忍耐性)과 승리에의 집념(執念)으로서 그것을 지속하는 노력이 필요한 것이다.

일반적으로 정신력(精神力)이라든가 근성(根性)이라든가 하는 것은 운동선수의 적성(適性)으로서 없어서 안 되는 것이기도 하지만 인내력이 뒷받침되어야 한다.

국제경기에 경험 있는 코치가, 근성 있는 선수에 대해서 조사한 바 다음과 같은 공통점을 찾았다. 이것은 하나의 심리적 적성을 판단하는 자료로 삼을 수도 있다.

① 이기기 위해서는 어떠한 고통이나 곤란도 견디며 그것을 극복하는 노력을 한다. 도리어 고통을 견디어내는 데 기쁨이나 만족감을 가지고 있다.

② 한 가지 일에 몰두하는 행동경향을 가지고 있으며, 이것이 일상생활이나 연습에도 나타나며, 다른 사람보다 조금이라도 더 많이 연습하려는 태도를 가지고 자신에 대해서는 극도로 엄격하다.

③ 고통스러운 연습을 견디어 내고 그것을 계속 실행한 결과로 강한 자기신뢰감과 자신을 몸에 지니게 된다. 어떤 사람에게서는 자신이라기보다는 도리어 신념이 되기도 한다.

④ 일반적 스포츠 현상(現狀)에 만족하지 않고 항상 뭔가를 이룩하려는 강한 의욕을 가지고 그 실현을 위하여 노력한다. 즉, 의욕 있는 선수로 자기 몸에 적합한 연습방법을 연구하기도 하고 일상생활에서도 그것을 실천한다.

5) 사회적 특징

운동선수는 혼자서 묵묵히 연습하여 경기에 출장하는 경우도 있지만, 그 태반은 단체나 클럽(club)에 소속되어 활동하고 있다. 이 클럽은 바로 심리적 집단(서로 알며, 교섭하고, 함께 운동하는 동료)의 전형적인 형태이며, 개인과 집단의 연관으로서 성립되어 있다. 여기서는 클럽(집단)에 있어서의 선수(개인)의 적성이라는 측면에서 협조성·주도성·객관성에 대해 생각해 보기로 한다.

스포츠클럽의 목표가 보다 잘 달성되기 위해서는 선수들 사이에서 경쟁과 협동이 잘 조화되고 집단의 사기(士氣: morale: 의욕)나 분위기를 높이는 것이 필요하다. 이것은 집단의 사기나 분위기가 집단의 능력이나 목표달성에 대단히 크게 영향을 미치기 때문이다. 또한 스포츠 세계는 격렬한 경쟁의 장이면서도, 그 밑바탕에는 항상 동지(同志)로서의 협력정신이 깔려 있다. 이것은 클럽의 동료라면 협력(協力)은 절대적인 것이며, 그 속에서 서로가 갈고 닦으며 향상을 다투고 있다. 특히 클럽이나 팀 스포츠에서 팀웍(teamwork)인 협조성·주도성·객관성이 필요한 이유이다.

① 협조성(協調性): 선수 클럽에서는 협동조화(協同調和: 협조성)의 정도가 클럽의 사기나 분위기에 관계하고 나아가서는 클럽에서의 응집력 진전에 연결되기 때문에, 그러한 면에서의 선수의 자질(資質)은 스포츠 적성적 하나의 지표(指標)라고 볼 수 있다.

② 주도성(主導性): 운동선수는 단순하게 클럽의 일원으로서 그 규범에 따르며 협력할 뿐만 아니라, 스스로 적극적인 의욕을 보이며 자주적(自主的)으로 문제를 해결하고 클럽에 공헌하고자 하는 마음이 필요하다.

왜냐하면 개인적 클럽에의 작용은 클럽을 자극하여 클럽의 발전에 기여하고, 클럽의 진전(進展)은 또한 개인의 발전에 환원(還元)되기 때문이다.

따라서 다른 사람이 지시한다든가 억지로 떠맡겨서 행동하는 것이 아니라, 자기가 자진해서 일들을 해결하고 클럽을 이끌어가는 적극적·실천적 선수야말로 스포츠 적성이 있다고 하겠다.

③ 객관성(客觀性): 제아무리 협조적·주도적이라 할지라도 거기에 객관성이 수반하지 않으면 의미가 없다. 그것은 그 행동이 주관적·독선적·자기본위적인 것이면, 클럽 안에서 단합성이나 분위기를 흐리기 때문에 도리어 클럽에게 악영향을 끼친다든가 붕괴시키는 원인이 될 수도 있기 때문이다.

클럽(집단)은 하나의 조직(組織)이며, 거기에는 민주적일수록 명확한 사회적 역할(役割)이 존재하며, 클럽으로서의 건전한 구조와 지능을 가지게 된다. 그렇기 때문에 클럽의 일원(一員)으로서의 자신의 입장을 냉정히 판단하고 자각하여 항상 '바람직한 모습'을 추구하며, 객관적인 '스포츠에의 정신'을 자세로서 표명할 수 있는 자질(資質)이야말로 클럽에 소속하는 운동선수에게 없어서는 안 될 적성(適性)이라 생각된다.

제9장
운동과 발달

하나의 생물로서 개체는 수정(受精)에서부터 출생·성장·죽음에 이르기까지의 일생 동안에 여러 가지로 변화를 거친다. 이 변화의 과정을 발달(development)이라 부른다. 체육에 있어서의 발달의 문제는 지금까지 주로 신체의 형태나 생리적 기능, 체력이나 운동능력·운동기능 등의 신체적 측면의 발달에 초점이 맞추어지고, 특히 각각의 측면에서 평균적 발달경향을 해명하는데 연구와 노력이 주어져왔다.

1. 발달의 성숙과 학습

발달을 규정하고 있는 요인은 유전(遺傳: heredity)과 환경(環境: environment)의 두 가지 측면으로 나눌 수 있다. 발달에 관련한 개념인 성숙(成熟: maturity)과 학습(學習: learning)은 개체의 요인에 따라서 발달과정을 분석할 때에 의미 있는 개념이다. 성숙이란 개체의 내적 측면에서의 행동변용(行動變容: behavioral variation)의 과정이고, 선천적인 힘에 의해 발현(發顯: revelation)되는 자연적 성장을 의미하고 있으며, 학습이란 경험의 힘에 의해 발현되는 후천적인 행동변용의 과정을 가리키고 있다. 발달이 성숙에 의한 것인가, 학습에 의한 것인가, 또 유전에 의한 것인가, 환경에 의한 것인가의 문제는 발달적 연구에 있어서 가장 기초적인 동시에 중요한 문제이다.

발달은 성숙의 활동을 중시하고 개체의 발달을 부모로부터 계승한 유전적 소질의 발현이라고 하는 생득설(生得說: nativism)과, 그와 반대로 학습의 활동을 중시하고 환경의 영향이 발달에 결정적인 역할을 갖는다고 주장하는 경험설(經驗

設: empiricism)과의 논쟁에 대표되는 '유전인가 환경인가·성숙인가 학습인가'라고 한 양자택일적인 입장이다.

2. 지각운동훈련과 능력습득

운동적 체험을 인지적 능력(認知的 能力: cognitional capacity)의 향상발달에서 본 입장에는 다음의 '지각운동훈련'과 '인지적 요소의 습득' 2가지가 있다.

1) 지각운동훈련

발달 초기에 있어서 지각 운동적 경험은 인지적 능력발달의 기초를 형성하는 것으로서 지각운동훈련에 중점을 두는 입장이다. 여기에서 말하는 지각운동훈련이란 발달이론에서 초기학습의 인지적 능력의 발달에 선행하는 것으로서 받아들여진 지각운동능력을 획득하기 위한 것이다. 이런 입장을 취하는 사람들로는 다음의 연구자들이 있다.

(1) 케파르트(N. C. Kephart)
지각운동훈련이 행하여지고 있는 지적인 학습에 있어서 기초적인 지각운동 메커니즘의 발달은 불가피한 것이다.

이 메커니즘을 발달시켜 인지적 능력의 발달을 촉진하는 것으로서 다음 4가지의 운동 패턴을 들 수 있다.

① 자세와 밸런스의 유지, ② 이동(移動), ③ 접촉(接觸), ④ 움직여 오는 외계의 물체를 막아내는 일과 외계의 물체에 힘을 가하여 이동시키는 일이다.

(2) 게트만(G. N. Geetman)
오늘날 학교에 있어서의 교과학습에서는 상징(象徵: symbol)의 인식과 이해가 그 중점이 되어 있다. 인간은 시지각(視知覺: visual perception)을 통해 가장 많은 인식정보를 받아들이며, 신체적인 협응동작이 잘 되면 될수록 인지적 능력도 향상된다는 것이다.

(3) 바르쉬(R. H. Barsch)

인지적 발달에 도움이 되는 지각・운동적 과제가 포함하지 않으면 안 되는 것으로서 다음과 같은 것을 들 수 있다.

① 근력, ② 동적 밸런스, ③ 공간관계의 파악, ④ 신체 각부의 관계파악, ⑤ 시각적 능력, ⑥ 청각적 능력, ⑦ 근감각, ⑧ 촉각, ⑨ 양측성(兩側性), ⑩ 리듬(rhythm), ⑪ 유연성(운동패턴의 변경 능력), ⑫ 과제에 따른 운동패턴의 입안, ⑬ 시간의 파악 등이다.

(4) 델라카토(C. Delacato)

개체발생은 계통발생을 되풀이하는 것의 입장에서 어린이들에게 계통발생에 발견되는 것 같은 일련의 지각자극 운동을 경험시키는 것이 중요하다는 것이다.

지각자극 → 운동이라는 반사패턴의 획득이나 신체의 이동운동 등을 중심적인 과제로 한 프로그램을 탐색・실시하는 것이다.

2) 인지적 요소의 습득

의도적으로 운동 중에 인지적 요소의 습득이 인지적 능력의 발달을 촉진시킨다고 하는 입장이다. 이 인지적 요소는 전통적으로 행해져 오고 있는 교실의 장소에서 조용하게 학습체득이 가능하다. 지각운동훈련의 경우와 같이 운동에 의해 인지적 발달의 최초의 단계(step)의 입장은 인지적 능력의 발달의 종단적(縱斷的)인 분석에서 지각운동능력을 문제삼고 있는데 대해서, 지각운동경험의 내용과 인지적 능력의 내용에 대해서 횡단적(橫斷的)인 요소분석을 행하여 양자에 공통적 요소를 끄집어내는 것에 착안하였다고 할 수도 있다.

위의 입장을 취한 학자들을 다음에 들어본다.

(1) 르 보울흐(Jean Le Boulch, 1924~2001)

인간행동의 인지적・정서적・운동적 구성요소는 사실상 분해해서 다룰 수는 없지만 신체활동은 이들 모두를 포함하는 광범위한 성질에 적극적으로 공헌할 수 있다. 운동을 지도하는데 있어서는 교사의 시범이나 교시에 기계적으로 반응시키는 것이 아니라 어린이에게 통찰이나 창조적인 반응을 요구하는 과정이 중시되어야 한다.

(2) 키파르트(Ernst J. Kiphard)

체육은 그것이 바르게 행하여지면 ① 기능적 측면, ② 정서적 측면, ③ 사회적인 측면, ④ 교육적 측면에 영향력을 미친다. 동시에 이상의 자극을 지각해서 협응성(協應性) 운동을 행하는 것은 지각적인 조직화를 촉진한다. 현실훈련(現實訓練: reality training), 자기발견의 활동 리듬, 조용히 숙고하는 훈련 등을 포함한 광범위한 운동을 진행할 수 있다.

(3) 무스카 모스턴(Muska Mosston)

진정한 교육이란 교육적인 환경 중에서 학습자 스스로가 결정하는 것이 가능할 때만 행하여지는 것이다. 그래서 동기부여로서는 인지적 불협화나 전망을 획득하고 그것을 운동에 의해 표현하는 것 등을 중시한 프로그램이 고안되었다. 여기서는 제롬 브루너(Jerome Seymour Bruner, 1915~) 등의 영향이 있었다.

(4) 크래티(B. J. Cratty)

운동은 인간의 제 능력을 발달시키는 유일의 기초가 아니라 하나의 구성요소이다. 교육과정 중에서 운동프로그램이 도움되는 영역으로는 ① 운동에 의한 장해 치료, ② 자기통제의 개선과 각성수준의 컨트롤, ③ 직접적으로 운동 중에서 습득되어진 학업의 향상 등을 생각할 수 있다.

(5) 험프리(J. H. Humphrey)

운동을 이용한 학습게임은 학습곤란을 나타내는 어린이에게 특히 유효하다. 그 이유를 다음과 같이 들었다.

① 동기부여: 흥미·경쟁·결과의 지식 등에 의한다.
② 자기수용감각: 신체활동에 의하여 생기는 감각이 시각적인 풋트(foot: 걸음

걸이)나 청각적인 풋트(발자국소리)가 통합되어 협응적인 과정으로서 작용한다.
  ③ 강화: 학습게임은 주의의 집중을 가져오고 그것이 강화의 기능을 촉진하는 활동을 갖는다.

3. 운동경험과 성격의 발달

성격(性格)의 정의는 올포트(G. W. Allport, 1897~1967)에 의하면 "인격은 그 환경에 대한 특징적 적응을 규정하는 심리·생리계의 개체 내에 있어서 역동적 체제이다"라고 하였으며, 인격이란 공동생활 공간에 있어서의 개체본연의 상태와 행동의 방법이고, 보통 개체의 특징적인 것을 중심으로 한다는 것이다. 개체(個體)의 특징적인 것이라고 말하는 것은 일반적으로 인격특성(人格特性: personality traits)이라고 부르며, 총합적인 인격 중에 포함되는 제 측면을 나타낼 때 사용되고 있다.

성격(性格: Character)에서는 행동의 통일성이나 통합이라는 면이 중시되기 쉽다고 하는 경향(傾向)이 있다. 기질(氣質: temperament)은 성격이 환경의 영향을 받아서 변용(變容)한다는 것으로 개인의 성격의 발달이 그 과정에 있어서 여러 가지의 경험에 의해 영향받아서 진행하는 것을 의미한다. 일반적으로 성격(性格)은 비교적 유전적인 경향을 강하게 갖고 있다고 생각해서 환경적인 요인의 작용을 받아서 형성되어진다고 말하고 있다. 그리고 기질(氣質)은 자극에 대한 반응이 강한가·약한가·빠른가·느린가 등의 정서적인 반응을 나타내는 방법을 결정하는 경향을 말한다.

제10장
발달단계별 심리적 특징

　학령기 전에는 유아들 대부분이 가족과 지내다가 유치원 이후부터는 가정에서 점차 벗어나 가정 밖의 어른들과 상호작용하면서, 또 또래들과 어울리며 사회성을 키워나간다. 그리고 부모들은 이들에게 양육자·보호자 관계에서 아동의 발달에 따라 인간화의 훈육자로 대화자·격려자로서 역할을 하게 된다.

　스포츠를 지도하기 위한 심리적 특성을 학령기(學齡期)로 나누어 살펴보면, 아동기(초등학생)·청년전기(중학생)·청년중기(고교생)·청년후기(대학생) 및 성인 등 발달단계에 따라 인간은 다른 심리적 특징(心理的 特徵)이 다르게 나타난다.

　각각의 발달단계에서의 심리적 특징은 '① 지적인 면, ② 정서적인 면, ③ 사회적 행동면, ④ 운동적인 면' 등에서 각각의 단계별로 일반적인 특징을 나타낸다. 그 두드러진 특징을 다음과 같다.

　① 초등학생의 지적인 면에서의 특징의 하나로 기억력의 향상을 들 수가 있지만, 이에 반하여 성인의 기억력, 특히 중년·장년의 기억력은 저하되는 경향을 나타낸다.

　② 정서적인 면에서 말한다면 초등학생의 정서는 비교적 안정되어 있지만 중·고교생으로 올라가면서 상당기간 불안정하다.

　③ 사회적 행동 면에서 말하자면 중학생의 집단화(集團化)는 대학생의 경우보다도 강하다.

　④ 운동적인 면에서 발달이라는 관점을 본다면 초등학생의 단계에서는 현저하게 좋지만 나이를 먹음과 함께 저조해진다.

　그렇기 때문에 지도자는 학습자의 발달단계의 심리적 특징에 대해서 충분히 이해하고, 그들의 심리적 특징에 적합한 지도요점을 파악하는 것이 중요하다. 그러므로 본장에서는 발달단계별 심리적 특징에 대해 살펴본다.

1. 아동기(초등학생)의 특징

1) 지적인 면

초등학교 어린이의 기억력은 나이를 더하면서 진보하고, 고학년에서는 급속히 상승한다. 언어의 발달도 급속하여 말의 어휘수는 초등1학년 아동이 5,000개 정도였던 것이, 6학년에서는 11,000개 이상이 된다고 한다. 말이나 문자의 학습이 증진되면서 그것을 통하여 지식적 경험이 급속히 확대된다. 사고능력도 점차로 발달하며, 특히 고학년에서는 현저하다. 초등학교 1학년에서 2학년의 단계에서는 소리를 내지않고 마음 속으로 글을 읽으면서 암기하는 것(내적 언어)은 어렵지만, 고학년에서는 그것이 가능해지기 때문에 독서하는 경우에는 묵독을 함으로써 속도가 빨라진다.

그러므로 초등학교 저학년 때는 추상적(抽象的)인 것을 생각하는 능력의 발달은 아직 충분하지 않으며, 5~6학년이 되지 않으면 본격화되지 않는다. 고학년으로 오를수록 주변에서 일어나는 여러 가지 경험은 점차로 어떠한 계통으로 정리되며, 새롭게 얻어진 경험은 어딘가의 계통으로 관계되어지며, 지식적 경험의 체제화가 이루어진다.

2) 정서적인 면

초등학생의 시대는 유년기(幼年期)와 청년전기(靑年前期) 사이에 위치해서 비교적 평온한 시기라고 할 수 있다. 어른의 마음을 뒤집어놓는 일이 적기 때문에 비교적 다루기 쉬운 시기라고 할 수 있다. 그렇다고는 하나 걱정이나 불안이 없을 리 없고, 가정생활이나 학교생활 속의 여러 가지가 그 대상이 되지만, 특히 인간관계에 대한 일이 클로즈업(close up: 부각)하게 된다. 초등학생의 중학년(3~4년) 때의 교사의 지도는 지극히 중요하다. 자기 선생을 닮고 싶어 하며, 말씀에 잘 따르기 때문에 도덕적인 문제를 비롯하여 사회질서, 자신들의 좋은 습관 길들이기가 정착되도록 지도해야 한다. 감정의 표현은 저학년에서는 아직 직접적인 솔직한 꾸밈없는 표현이 많지만, 고학년이 되면 간접적·비유적 표현이 많아지며 감정을 솔직히 표출하는 것이 점차로 적어진다.

3) 사회적 행동 면

유아 단계에서는 조부모·친척 등 어른들과의 접촉이 많았지만, 초등학교 입학 후는 점차로 관계가 적어지고 어린이들만의 세계를 만들어내는 방향으로 기울어지고 그것을 추구하기 때문에 교우관계(交友關係)는 중요한 의의를 가지게 된다. 교우관계가 성립되는 요인은 저학년에서는 주거지 근처에 있는 친구, 교실의 자리가 가까운데 있는 친구 등 '상호접근(相互接近)'이 중심적인데 비하여, 학년이 올라가는데 따라 애정(愛情)·동정(同情)·존경(尊敬)·공명(共鳴) 등 내면적인 가치관으로 이행(移行)한다.

저학년에서는 친한 친구가 바뀌기 쉽지만, 고학년에서는 점차로 안정되어간다. 초등학생으로 인기가 있는 어린이는 쾌활하고 적극적이며 동료의 요구(要求)를 잘 알아차리고, 그 요구를 만족시켜 줄 수 있는 역량(力量)을 가진 어린이가 중심이 된다. 반대로 인기가 없는 어린이란 적극성이 없고 사교에 흥미를 가지지 못하고, 사교 면에서의 능력이 낮은 것 등을 특징으로 들 수 있다.

또한 저학년에서는 특정의 어린이에게 인기가 집중하기 쉽지만, 고학년에서는 이것이 분산화·다양화로 전개된다. 초등학생의 집단에서 리더(reader)가 되는 필요조건은 나이와 함께 변화해 간다. 저학년에서는 체력·지능·자기주장 등이 필요조건이며, 대부분의 경우 리더가 동일인인 경우가 많지만, 고학년이 되면 각각의 그룹 장면에 어울리는 리더의 분화가 나타난다. 고학년에서는 자신들의 집단을 동일시하며 집단의 내부에서 동료끼리의 강한 연대의식이 생기며, 이른바 갱에이지(gang age: 9~12의 무리연령)을 나타낸다. 그러나 최근에는 귀가후의 과외공부 등, 무리짓는 기회가 적어져 하나하나가 고립화하는 경향이 강해지고 있으며 인터넷·스마트폰 출현은 사회적 문제로 대두되었다.

4) 운동적인 면

(1) 달리기운동에서는 스피드가 늦은 아동의 자세특징은 팔이 옆구리에 붙여진 채 흔드는 폭이 작고, 상체는 수직에 가깝게 서 있는 자세이며, 무릎은 올라가지 않으며, 뒷발의 킥(kick)도 약하다. 이에 비하여 스피드가 빠른 아동의 폼(form)은 팔을 잘 흔들고 무릎이 많이 올라가고 뒷발의 킥이 힘차며 몸은 앞으로 기울인 자세이다. 초등학교 1학년 때쯤까지는 전자의 경향이 많이 보이지만, 나이가 들어 감과 더불어 후자로 이행한다. 스피드도 나이 증가와 함께 급격히 상승해간다.

(2) 단거리달리기에서 최고속도에 도달하는 시기 및 최고속도를 유지할 수 있는 거리는 역시 나이 증가와 함께 변화한다. 초등학교 1학년생쯤 때는 스타트 후 15m 지점 부근에서 최고속도에 도달하며, 그 이후는 상승·하강을 되풀이하면서 전체로서 서서히 하강해가는 경향이 있다. 이에 대하여 고학년(5~6학년)에서는 20m 지점 부근에서 최고속도에 도달하고, 그 스피드는 그대로 50m 부근까지 지속되었다가 서서히 하강해간다.

(3) 도약운동(跳躍運動)에 대해서는 초등학교 1학년 때쯤까지는 전체적으로 위로 뛰어오른다기보다는 앞으로 나가려는 경향이 강하지만, 나이 증가와 함께 위쪽으로 뛰어오르는 동작이 현저해지며, 팔의 흔들어 올리기의 도움동작을 사용하여 다리도 함께 끌어올리게끔 유도한다. 즉, 팔과 다리의 교묘한 협응으로 하여 단순한 다리의 파워 이상의 거리를 도약하는 능력이 생긴다.

(4) 던지기동작에 있어서는 초등학교 1학년 때쯤에는 옆을 향하여 위로 던지기가 안 되는 아동들도 있지만, 나이 증가와 함께 그 수는 적어진다. 그러나 여자 어린이 중에는 정면을 향하여 위로 던지기를 계속하는 어린이가 많으며, 또한 던지기동작에서 상체가 그대로 서있는 자세의 아동이 많다. 그 때문에 단순히 어깨 힘이 약하다는 이유뿐만 아니라, 유효한 던지기동작이 되지 않는 테크닉(technic) 상의 문제를 보이는 경우가 많다. 협응 동작에 대해서는 나이 증가와 함께 향상

되고, 고학년에서는 생각보다 훨씬 성인의 수준에 접근해 상당한 향상을 보인다.

5) 초등학생의 지도요점

초등학생이라 해도, 저학년과 고학년 사이에는 나이 차이가 많기 때문에 심신적(心身的) 면의 발달에 상당한 차이가 있어 동일시해서는 안 된다. 초등1학년생은 차라리 유치원아의 연장 정도로 생각하고, 2~4학년생이 중간단계이고, 5~6학년생을 중학교의 전단계라고 생각하고 지도하는 것이 좋다. 교우관계가 집단화하기 쉬운 시기이고, 또한 그 집단 속에서 여러 가지를 배워가는 시기이기 때문에 연습이나 학습을 할 때는 될 수 있는 대로 그룹(group) 단위의 운동종목이 좋다. 연습의 방법으로서는 저학년에서는 구체적인 몸으로부터 실시해가는 자세한 설명의 연습방법이 효과적이지만, 고학년에서는 서서히 추상적·과학적 사고로 발달하기 때문에 그에 적합한 설명·해설의 지도가 효과적이다.

2. 청년 전기(중학생)의 특징

1) 지적인 면

중학생의 연령은 13세에서 15세까지를 말하나 1학년 입학초기와 3학년까지는 만 2년이라는 기간차가 있다는 것을 유념해야 한다. 서서히 나타나지만 인식의 방법에서는 내성적 경향이 강해지며 자기를 바라보는 눈이 떠진다. 자기의 체격·성격·능력 등에 주의가 집중되기도 하고, 자기의 살아가는 모습에 대해 생각하며 인생의 막연한 그림을 그리기도 한다. 또한 자기를 바라보는 눈은 동시에 타인을 바라보는 눈으로도 바뀌고, 의식적으로 사람을 구별하게 된다. 이 사람은 존경할 수 있는 사람, 저 사람은 경원시하는 편이 좋은 사람, 이쪽은 내쪽 편, 저쪽은 대적 편, 부모·교사·친구·어른·어린이 등을 구별하여 접촉하게 된다.

무엇을 생각하는 경우에는 언어개념을 특징지어 이것을 추상적으로 또한 윤리적으로 생각해가는 경향이 강해진다. 따라서 정치·경제·문화 등의 사회현상에 대해서도, 우정·연애와 같은 직접적인 감성적 문제에 대해서도 추상적으로 이해하는 것이 가능해진다. 또한 사물을 순수하게 추구하고자 하는 태도가 강하지만 현실의 벽에 부딪쳐 좌절하는 경우도 많다. 고교수험과 장래의 직업·진로와 적성, 이성교제 등 그들의 순수성이 어느 쪽으로부터 이해되지 않는 데서 생기는 고민이 크다. 이 시기의 학생지도는 참으로 어렵고 중요하다.

2) 정서적인 면

중학생의 시기는 청년 전기에 해당하며, 이른바 반항기에 접어들고 인생이 정립되지 않았기 때문에 기쁨·슬픔·노여움·두려움 따위의 급격한 감정상태의 정동면(情動面)에서는 늘 불안정한 상태에 있다. 이때는 급격한 신체발달에 대해서 정신발달이 따르지 못하는데 있으며, 그 때문에 늘 무언지 모를 짜증과 초조감이 일고 있다. 그들은 자기 자신이 부딪쳐오는 인생문제해결에 대한 인식과 판단이 미숙해서 그 이유를 모르는 만큼 내부로부터 솟아오르는 충서(衝緖: 충동적인 정서)에 사로잡혀 있다. 그렇기 때문에 그들은 감정의 기복이 크며, 자신과 용기에 찬 모습을 보이는가 하면, 일전(一轉)하여 비관 또는 의기소침한 침체에 빠지는 등 반전(反轉: 마음의 상태가 아주 달라지거나 바뀜)을 되풀이한다. 이것은 경기기록 등에도 잘 반영되어 잘 하면 일발승부(一發勝負) 같은 경이적인 기록을 내기도 하나, 경우에 따라서는 기대되었던 종목도 기록이 나오지 않는 등 마음놓고 기대할 수 없는 면도 있다.

그들의 욕구는 충분한 사고과정을 밟지 않고 돌연히 행동으로 표출되는 경우가 많다. 즉, 앞을 내다보고 판단해서 행동하는 것이 아니라, 이른바 충동적 행동이기 때문에 실패로 돌아가는 경우가 많다. 흔한 예로 중학생의 가출은 가까운 역에서 발견되기 쉽다고 한다. 그 이유는 부모나 선생으로부터 질책당한 것이 직접적 동기가 되어 충동적으로 집을 뛰쳐나오긴 했지만 그때 마땅히 갈 곳을 정하지 않은 채 돈도 준비하지 않아 거리나 역에서 서성거리는 수가 많기 때문이다. 그들은 독립에 대한 욕구가 높아지며, 속박(束縛)이나 제한(制限)을 받는 것에 대해서는 이른바 충동적 거부반응(拒否反應)을 표시하는 경향이 있다. "왜 싫으냐"고 질문받아도 그 이유를 논리적으로 말하지 못하고, "싫다면 싫은 거야"하는 이유를 대지 못하는 대답을 하는 경우가 흔히 있다. 남태평양의 사모아(Samoa)섬의 성인남녀는 성(性)으로부터 해방되어 있기 때문에 청년기의 정서가 안정되어 있다고 하는데, 문명사회의 청년은 그 근저에 성적(性的) 발달과 성적(性的) 결핍감과의 불균형이 있으며, 그 때문에 정서의 불안정이 일어난다는 것이다.

또한 수험체제하에서 과외열풍 같은 비교육적 왜곡된 심리현상은 정동(情動)의 불안정에 더 한층 비인간화를 부추기고 있다고 하겠다. 사춘기의 남자는 성욕의 발현으로 남자와 어른이라는 적극적이고 활동적인 성질인 양성(陽性)의 자각이 생기지만, 한편 여자는 월경의 발현으로 하여 불안·혐오감을 느끼는 경우가 있어 남자의 경우처럼 바람직한 것으로 받아들여지지 않는 경향이 있다.

그러나 여자 중학생이라도 고학년이 되면, 최근에는 유방의 볼륨(volume)의 크기를 자랑으로 하는 등 양성적(陽性的)인 경향으로 바뀌고 있다. 그들은 체형이나 용모에 대해서도 신경을 많이 쓴다. 특히 남자는 체모나 근육체질을 동경하며, 체격의 왜소나 비만은 열등감과 결부된다. 한편, 여자는 비만을 혐오하는 반면에 유방이 지나치게 작은 것도 고민의 원인이 되며, 또한 용모에 대해서도 남자보다 한층 더 의식한다.

청년 전기의 남자의 성적 욕구는 직접적으로 성기(性器) 그 자체에 대한 관심이 되며, 성욕발현 후에는 자위행위를 하는 경우가 많다. 한편, 여자의 성적 욕구는 자위행위로서 나타나는 일은 적으며, 포옹 등 비교적 조용한 형태로 나타난다. 사춘기(思春期)는 막연히 이성애(異性愛)가 일어나는 시기로 특정적인 사랑하는 사람을 확정하는 데까지 진행하는 것은 적으며, 어느 정도 지나면 이성(異性) 일반에 대한 결핍감도 느낀다.

3) 사회적 행동 면

중학 시기의 청년들은 우유부단이나 애매함을 싫어한다. 판박이와 같은 스테레오타이프(stereotype: 常同型: 고정관념)의 행동규준을 설정하고 그를 바탕으로 하여 행동하기를 바란다. 그렇기 때문에 시간을 들여서 충분히 토의하며, 판단의 단계를 밟는 방법을 생략하고, 아무래도 좋으니까 빨리 결정한 대로 하겠다는 경향이 보인다. 이들의 행동양식은 일관되고 단순하며, 때와 경우에 따라서 행동의 방법을 바꾸는 일이 적다. 또한 이 시기에는 진정한 친구로서 지극히 소수의 친구를 가지게 된다. 친구의 결성요건은 흥미·능력이 근사하다는 것, 동성이라는 것 등이다. 이들은 소집단을 구성하고 강한 귀속의식을 가진다. 그리고 이 소집단의 영향력은 부모나 선생보다도 큰 경우가 많으며, 부모의 훈계나 선생의 지시를 무시하고라도 소집단의 의향과 결정에 따르는 경우가 많다. 그래서 소위 학내폭력의 집단화되어 물의를 일으키고 있다. 그뿐만이 아니라 따돌림을 당하고 괴롭힘을 당해서 자살하는 소동을 가져오기도 한다. 특히 자살에 대해서는 심중을 터놓고 상의할 상대가 없다는 고독한 상황 하에 있었던 자가 많은데, 이것은 중학생의 특징이었던 집단화가 저해(阻害)되고 있는데 최대의 원인이 있다고 보는 것이다.

최근에는 수험준비를 위한 중학생의 집단의욕은 점차로 잠재적인 것이 되었으며, 개인은 분단화(分斷化)·고립화(孤立化)의 경향을 띠고 있다. 그 결과 수험에 자신을 잃은 자, 학습을 따라 갈 수 없는 자들 중에서 문제청소년이 되는 수가 증가하고 있다. 중학교에 있어서는 과외학습을 시키기보다 학생들의 친구 만들기·그룹 만들기 등 다양한 활동에 좀 더 많은 기회를 주고 학교당국과 학부모가 이것을 원조해야 할 것이다. 중학생이 생각하는 좋은 지도자란 권위나 능력이 높은 사람이 아니고, 자기들이 주장하는 바에 귀를 기울여 주는 사람, 자기들의 기분을 이해해 주는 사람, 즉 그들의 행동을 이해해주는 사람인 것이다. 특히 여자에서는 지도자의 역량보다도 훌륭한 인품에 이끌리는 경우가 많다.

4) 운동적인 면

(1) 중학생의 달리기운동 그 자체는 개인적으로 대개 고정되어 있으며, 특별히 기법상의 지도를 받지 않는 한 스피드는 체력적 요인에 영향을 받는 경우가 크다. 남자는 대개 직선적인 상승을 나타내지만, 여자는 급속한 상승이 둔화되고 스피드도 정체되는 경향을 나타난다.

(2) 높이뛰기운동에서는 달리기운동의 경우와 거의 마찬가지 현상이 나타나며, 남자는 여전히 상승해가지만, 여자는 체중증가에 비하여 근육량의 증가가 작기

때문에 높이뛰기는 아주 어렵다.

(3) 던지기운동에 있어서도 동작 그 자체는 대체로 고정되어 있어서 유효한 기법상의 지도를 받음으로써 향상할 여유는 많다. 특히 여자의 경우는 그렇다고 할 수 있다.

(4) 협응동작에 대해서는 어릴 때부터의 경험확대와 경험한 동작의 계열화(系列化)로 말미암아 성인이 하는 협응동작의 대부분이 가능하다. 다만 미경험의 특수한 협응동작에 대해서는 학습이 필요하다.

(5) 공을 친다는 동작은 야구·테니스·골프도 모두 옆으로 향한 자세를 취하고 치는 방법과 동작이 같으며, 야구에서의 배팅의 기본동작은 테니스에도 골프에도 살려져 타격동작으로서의 계열화(系列化)로 정리되기 때문에 향상이 빠르다.

(6) 공을 던진다는 동작은 오버스로(overthrow)·언더스로(underthrow)·사이드스로(sidethrow) 등 여러 가지 방법이 있지만, 이것들은 많은 구기 종목에서 공통으로 사용되는 기법들이기 때문에 야구의 던지기동작은 바스켓볼(basketball)이나 핸드볼(handball)에서도 응용되고 있다. 일견, 관계없다고 생각되는 발리볼(volleyball)의 언더핸드 서브, 배드민턴의 언더핸드 스트로크도 모두 같은 동작계열의 것이다. 이처럼 중학생 단계에 있어서 운동 면에서의 발달상황은 다양한 동작을 계열화하여 파악하는 능력이 높아지고 있기 때문에 성인의 단계에 대체로 도달했다고 간주할 수 있다.

5) 중학생의 지도요점

중학생 시기에는 사물을 논리적으로 추구하는 태도가 형성되어가고 있기 때문에 과학적인 원리나 배경에 합당한 설명이나 지도가 효과적이다. 너무 수준이 높은 것이라면 도리어 어리둥절해 버리겠지만 적어도 '과학적' 이론 분위기는 필요하다. 그리고 속박이나 제한은 가능한 적게 하고, 작은 일에는 될 수 있는 대로 간섭 않는 편이 좋다. 속박·제한이 지나치게 많으면 피해의식에서 도리어 규율(規律)을 못 지키게 된다. 중요한 문제는 철저하게 지키게 할 필요가 있으나 별로 중요하지 않는 것을 중요하게 취급함으로써 진정으로 중요한 것과 그렇지 않은 것의 판단을 흐리게 할 수 있다. 중요한 일이란 생명에 관한 일이라든가 집단의 존립에 관한 근본적인 문제인 것이며, 이런 일이란 그렇게 흔한 것도 아니며, 또한 그 정도의 일이라면 말로 해도 충분히 이해되어 협력을 얻을 수 있다.

또한 이 시기는 자존심(自尊心)이 강해지기 때문에 자기가 주장하는 바를 들어주면 만족하지만, 그렇지 않으면 자존심이 상처받았다고 느낀다. 따라서 질책할 때는 질책하는 방법에 조심해야 한다. 덮어놓고 질책하는 것은 피하고, 우선 왜 그런 일을 했는가에 대해 충분한 변명의 기회를 주고 나서 "네가 그렇게 생각했겠지만…"하고 일단 본인의 입장을 인정해주고, "그러나 그것은 이렇게 해야 되는 것이다"라는 방법이 주어지면 효과가 있다. 자기의 행동을 후회하며 반성하고 있는 경우에도 다른 친구들 면전이라 부인(否認)하고 반항(反抗)하는 경우도 있다. 이러한 때 혼자만 따로 불러서 물어보면 의외로 쉽게 진심을 말하기도 한다. 그래서 상벌에 대해서는 "칭찬할 때는 사람들 앞에서, 질책할 때는 가만히 불러서 하라"는 말이 있고, 그런 방법이 효과적이다.

3. 청년 중기(고교생)의 특징

1) 지적인 면

고교생 시기에서는 사고의식(思考意識)이 상당히 논리적으로 자리잡아간다. 문제에 대해서는 사리(事理)를 따라 생각하는 대로 해결하기 때문에 이치에 맞지 않는 것은 통용되기 어렵다. 지적 관심도 다방면으로 확대되어 문화·사회·정치·예술·스포츠 등으로 발전해간다. 그리하여 이러한 일에 대해서 서로 의논(議論)하는 경우가 많은데, 의논의 전개가 서로의 의견(상호주장)을 주고 받기 때문에 비현실적인 생각에 빠지기 쉽다. 게다가 그들의 사고는 이상주의적(理想主義的)이며, 타협을 싫어하고 "저것이냐 이것이냐" 어느 한 쪽으로 결정하려는 성급함으로부터 양자택일(兩者擇一)을 강요하는 경향이 강하다.

그리고 논리에 막히면 감정적인 문제해결로 탈바꿈하는 경우가 많아진다. 후속행동으로 절교(絶交)·탈퇴(脫退)·분열(分裂)·결투(決鬪) 등이 그것이다. 고교생의 반항은 중학생 때의 충동적 이유 없는 거부행태가 아니고, 이유 있는 비판적 거부라는 형태를 취하게 되며, 부모나 선생의 행동을 바라보는 눈도 예리하고 잘못된 점은 즉각적으로 지적한다.

2) 정서적인 면

고등학생 시기의 정서(情緒)는 생애에서 가장 격렬하게 동요를 가진다. 정열적(情熱的)이며 또한 감상적(感傷的)이기도 하다. 그 때문에 스포츠나 예술에 집중하기 쉽다. 또한 자기표현(自己表現)의 욕구도 강해져 어떤 형태로든 그것을 표출하려 한다. 기록이 나빠서 팀의 주전선수가 못되어도 다른 형태로 명예직 같은 것을 맡기면 그 속에 자기표현의 장을 발견하고 열심히 동참한다. 사춘기(12~16세 가량)를 겪으면서 성적(性的) 욕구는 한층 더 강해져서 성교(性交)에 대해서도 알고 싶어할 뿐만 아니라, 다른 일면에서는 사랑하는 이성(異性)을 신성시(神聖視)하고 자기가 좋아하는 사람(애인)의 흉보기·험담은 용서하지 않는다.

3) 사회적 행동 면

고교생은 공부하는 학생으로 아직 성인이 아니다. 그러나 신체와 정신의 발달이 가장 왕성한 시기이다. 그렇듯 에너지는 큰 데도 불구하고 국가·사회가 책임은 가지지 못하게 한다. 고교생은 바야흐로 이러한 상황 아래 있기 때문에 넘치는 에너지를 적절한 방향으로 돌리게 함으로써 훌륭한 성과를 낳을 수 있도록 기대하는 것이다.

어른들 쪽에서 보면 다소 위태롭게 생각되는 것이라도 "네가 책임져라"고 말해 주면, 그들은 진지하게 그 일에 착수한다. 신뢰를 저버리고 싶지 않다는 기분이 그들에게는 강하게 작용하기 때문이다. 또한 이상(理想)에 대한 그들의 동경은 구체적인 이상상(理想像)의 추구가 되며, 인물에 대해서도 이상상이라고 본 사람에 대해서는 롤모델(role model)로 삼아 마음으로 경애하며 따라하고 실천에 열중한다. 그리고 같은 이상을 추구하는 자들끼리 연합하여 어른의 세계에서 분리된 집단을 조직하려 한다. 이러한 비밀집단은 부모나 선생이 알기를 원하지 않으며, 부모나 선생의 간섭을 싫어하는 면이 있다. 이것은 주로 종래(從來)의 고교생의 심리적 특징을 말한 것으로 최근에는 수험체제의 영향으로 상당히 변화되었음을 주의하지 않으면 안 된다. 수험생 본인을 물론, 부모·선생, 가족 구성원들도 심한 마음병을 알고 있으며, 수험생들에게도 어려운 국면을 안겨 주고 있다.

그 첫째는 최근의 고교생은 일반적으로 말해서 고립화·분리화의 경향을 띠고 있으며, 친구사귀는 능력도 충분히 발휘되지 않다는 점이다.

두 번째는 진학제일주의가 강조되고 있는 곳에서는 수험공부라는 수동적인 행동이 몸에 붙어 가정·사회의 일들에 대해서는 자주적·적극적으로 참여하지 않으며 무기력해져 있다는 사실이다.

세 번째로는 학습을 따라가지 못하는 자들 중에서는 비행·폭력집단·자살로 줄달음치는 자가 증가하고 있다는 점이다.

이상과 같은 사실로 최근의 고교생에게는 친구들 상호간의 신뢰와 유대를 바탕으로 하는 이상실현을 향하여 최선을 다한다는 자세가 점점 보기 힘들게 되었으며, 팀 만들기도 만족하지 못한 경우가 늘고 있다. 또한 이런 팀은 기분을 푸는 통로가 되고 인생의 주관이 확립되지 못하여 나쁜 방향으로 나아가 비행집단화(非行集團化)하는 경향이 생기고 있다.

4) 운동적인 면

고교생의 운동면에서의 발달적 특징은 전반적으로 중학생의 경우와 대단히 흡사하다. 달리기·뛰기·던지기 등의 기본운동에서는 남자는 더욱 발달하고, 나이가 들어감에 따라 서서히 한계에 접근하지만, 여자는 제자리 걸음이나 저하의 경향을 보인다. 협응동작에 관해서는 남녀 다 같이 완성의 시기에 들어있기 때문에 상승은 완만하다. 그러나 이 시기에서의 남자는 근력·지구력 모두가 최고조인 때로 이런 것이 주요인자(主要因子)가 되어있는 운동에서는 성적의 향상(向上)이 현저하다. 연습시간의 연장에도 잘 견디어낼 체력적 바탕이 형성된다.

5) 고교생의 지도요점

이 시기의 청년은 비판력이 상당히 높으며, 또한 정서면에서 다정다감(多情多感)하기 때문에 어른으로부터의 일방적인 강압이나 권위주의적 태도에 대해서는 강한 반발이 나타난다. 따라서 평소에는 친화관계(親和關係)를 중시하면서도 때와 경우에 따라서는 엄격하게 대한다는 태도가 바람직하다. 또한 적절한 방향설정으로 폭발적인 에너지를 살려 그들에게 자신(自信)을 가지게 하는 것도 중요하다.

이 시기의 집단에서는 리더(reader: 통솔자)의 자세가 대단히 중요하다. 좋은 리더가 있는 곳에서는 훌륭한 사회집단으로서 스포츠활동·문화활동·사회봉사활동 등의 성과를 올릴 수가 있지만, 리더에게 문제가 있는 경우에는 여러 가지 트러블(trouble: 말썽)이 생기고, 때로는 집단적으로 비행을 저지르는 경우도 있다. 그렇기 때문에 지도교사는 그룹의 리더와 접촉을 밀접하게 가지며, 의사소통(意思疏通)을 도모하는 것과 함께 집단전체의 동향을 파악하는 것을 소홀히 해서는 안된다.

또한 이 시기의 청년들에 대해서는 지도자(指導者)의 존재도 중요한 의미를 가지고 있다. 그들이 지도자의 인간상(人間像)이 그들의 이상상(理想像)과 합치했을 때 그들은 아낌없이 지지하고 에너지를 폭발시킨다. 이러한 지도자에게는 어느 정도 연령이 관계하고 있으며, 일반적으로 말하면 어른의 세계와 청년의 세계의 분기점에 선다고 생각되는 지도자나 멘토(mentor)가 필요하다.

4. 청년 후기(대학생) 및 성인의 특징

1) 지적인 면

단순기억능력(單純記憶能力)은 아동기(兒童期)인 6~13세까지 점차로 높아져서 아동후기 12~13세 경에는 피크(peak)에 도달하며, 그 이후에는 청년(靑年)전기·중기를 통하여 대체로 그 수준이 유지·상승되지만, 청년후기를 지나 장년기(壯

年期)에 들어가면서 점차적으로 저하가 시작된다. 그러나 사물을 추리하는 능력은 기억의 능력보다도 더욱 늦게까지 신장(伸長)을 계속해서 18~19세경 피크에 도달하고 그 후 한참 동안은 그 수준이 유지된다. 한편 종합적인 이해력·판단력·구성력 같은 것은 누적복습(累積復習)의 경험으로 더욱 그 후에도 계속 증가해서 청년후기로부터 장년기에 걸쳐서 최고의 수준에 이른다. 이러한 일련의 과정에서 지적 관심의 방향도 점차로 변화하여 청년후기부터는 주변의 문제뿐만 아니라, 넓게는 사회전반의 문제로 확대되고 특히 시사문제(時事問題)에 관심을 가지게 된다.

또한 사물에 대한 인식의 방법은 청년후기에 있어서 상당히 객관적·논리적·즉시적(卽時的)이 되며, 그에 대한 판단의 방향도 이상주의(理想主義)에서 이상과 현실과의 중간을 취한다.

따라서 행동의 방법도 청년전기와 같은 충동적 거부나 청년중기와 같은 비판적 거부로부터 벗어나 숙려(熟慮: 숙고)를 통한 타협(妥協)을 모색한다. 그리고 성인이 되고나서 이 경향은 더욱 두드러져 장년기에 들어가면 현실의 가치체계의 담당자라는 입장에서 점차로 보수적(保守的)이 된다.

2) 정서적인 면

정서면에서 청년후기에 들어가면 정서는 점차로 안정화의 방향을 찾아 폭발적인 반응은 억제된다. 이 경향은 장년기에 한층 더 심화되며 장년기에서는 평온함이 깨지는 것을 바라지 않는다. 자기의 감정표출(感情表出)의 방법에 대해서도 때와 장소를 생각하며 될 수 있는 대로 사회적으로 용납되는 방법을 취한다. 사회의 여러 사상(事象)에 대해서도 상당히 객관적으로 평가하게 되며 관대(寬大)하고 중용(中庸)을 취하는 태도로 일관하게 된다. 이런 경향은 장년기에서 더욱 두드러져 진보(進步)나 개혁(改革)에의 정열은 점차로 희박해져서 보수(保守)나 매너리즘(mannerism)에 빠지기 쉽다.

문제해결에 대한 기본적 태도로서는 청년후기에서는 그것을 정면에서 처리하고자 하나 일이 잘 안되었을 경우나 실패했을 경우에는 책임을 전가시키던가 도피하려는 일면이 있다. 그러나 장년기에서는 문제 그 자체와 대결하여 착실한 노력으로 해결하려 하며, 때로는 대단한 인내도 감수하는 경우가 있다. 또한 장년기에서는 문제해결을 위하여 그 가능성의 유무를 생각하고 불가능하다고 예측한 것에 대해서 도전의 모험을 감행(敢行)하지 않는다.

성적 욕구는 청년후기(대학생)에는 심하게 높아지지만 이 욕구는 애정(愛情)과 불가분의 관계로 특정지어진 이상적(理想的) 이성(異性)을 의식하게 되고 결혼으로 나아가도록 유대관계를 이루며 상호 노력한다. 결혼 후의 성생활(性生活)에 의하여 애정이 채워졌을 경우에는 이미 청년기 특유의 불안과 초조는 사라지며 정서면에서는 안정된다. 그러나 결혼 후의 성생활에서 불만이나 성격적 충돌 등 스트레스(stress)가 생겼을 경우에는 도리어 정서는 불안정하게 되며 인생파탄을 가져오는 경우도 발생한다.

3) 사회적 행동 면

청년 후기쯤 되면 사회적 접촉의 범위가 상당히 확대되어 행동면에서는 넓지만 많은 사람과 관계맺기 때문에 체면치례의 방향으로 진행된다. 이런 경우 자기의 사업이나 의무에 대해서는 상당히 강한 책임의식을 느끼고 있으며, 또한 사업의 상대에 대해서는 그 입장을 이해해주고 최종적으로 타협하기도 한다.

장년기에 들어가면 이러한 경향은 한층 더해가며 점차로 원숙(圓熟)해진다. 그러나 지금까지의 인생경험을 바탕으로 한 자기나름의 행동규준을 설정하고, 그것에 따라 안전하게 나아가려는 경향이 강해지기 때문에 모험을 멀리하고 안전을 추구하는 등 점차로 보수적 태도로 변하는 경우가 많아진다.

4) 운동적인 면

청년후기에 해당하는 대학생의 연령에서는 달리기·뛰기·던지기 등의 기본동작에서 나타나는 능력은 고교생과 거의 같은 수준이다. 이러한 운동을 계속해서 연습하는 경우는 고교생의 성적보다 더욱 우수하지만, 중단했을 경우에는 고교생의 성적보다 떨어진다.

달리기·뛰기·던지기 동작은 근력(筋力)과 지구력(持久力)과의 관계가 깊지 않기 때문에 고교생의 시기에서의 자기성적보다 크게 다를 바 없다. 인간의 신체는 25세 정도 이후부터 체력의 쇠퇴가 시작하기 때문에 30세를 넘어서더라도 근력이나 조정력에서는 아직 별로 영향을 받지 않으나 파워(power)나 지구력(持久力) 면에서는 상당히 저하한다.

한편 높이뛰기도 도약력(跳躍力)이 쇠퇴하여 기록의 저하가 눈에 띤다. "체력의 쇠퇴는 우선 무릎부터이다"라는 말과 같이 달리는 힘도 쇠퇴하여 100m 단거리달리기의 기록이 저하하는 것은 물론 장거리달리기에서도 같은 현상을 보인다. 육상경기의 투원반(投圓盤)·투포환(投砲丸)·투창(投槍)·해머(hammer) 등 던지기의 기능(機能)은 거의 그대로 유지되고 있기 때문에 쇠퇴하는 비율은 적다.

제11장
운동기능의 연습과 지도

 스포츠경기에 있어서 지도자(코치)에 부과된 기본적 역할은 말할 필요도 없이 경기자(player: 운동선수)를 위해 최적의 연습조건을 마련하고, 경기자로 최대한의 연습효과를 올리게 하는 일이다. 그러기 위해서는 우선 스포츠기술의 특질을 이해하는 것과 동시에 그 기술을 수행하는 경기자의 특성에 맞추어 기능연습(技能練習)의 법칙성을 아는 것이 필요하다.

 운동학습의 연구는 그러한 법칙성을 밝혀줌으로써 없어서는 안 될 자료를 제공해준다. 그러나 여기서 중요한 것은 이들 데이터(data)의 효용(效用)과 한계(限界)의 양면을 명확하게 인식하는 일이다. 즉, 실험에서 발견한 법칙성(法則性)은 코치에 대해 연습지도에 임했을 때, 어떠한 요인(要因)을 문제로 할 것인가, 이들 요인이 어떻게 작용하는가 등에 대해 이른바 과학적인 목표를 제시해 준다.

 그러나 이러한 목표는 그것이 자동적으로 지도자가 직면하는 실제의 문제해결에 직결되는 것은 아니다. 명코치는 그러한 효용과 한계를 가진 법칙성을 충분히 이해하고 나아가 자신이 놓여 있는 지도적 특수조건(特殊條件)을 참작(參酌, 감안)하면서 경험에서 배양된 통찰력과 상상력을 살려, 최적의 코칭(coaching)을 모색해가지 않으면 안 된다.

 본장에서는 우선 스포츠 기능의 심리학적 파악법과 분류를 이해하고 그 위에 기능습득의 기초이론 및 연습의 효율화를 도모하기 위한 조건 등에 대해서 경기연습자 측에 서서 이해를 깊이 할 필요가 있다. 나아가서 경기자의 동기유발을 어떻게 고무시키고 기능지도에 임해서는 어떠한 점을 강조할 것인가, 또한 시범(示範)이나 피드백(feedback)은 어떻게 하면 좋은가 등, 최적의 지도조건에 대해 생각해보는 것을 목적으로 한다.

1. 스포츠 기능과 퍼포먼스

1) 스포츠기능(운동기능)

 스포츠에서 기능(技能)이라는 용어에는 운동기술에 대한 '지식'과, 그 지식을 효율적으로 활용하는 '재능(才能)'을 의미한다. 일반적으로 운동기능은 특히 후자의 측면이 강조되어 하나의 요구된 운동을 효과적으로 행하기 위한 동작수행(動作遂行)의 기량을 뜻하고 있다.
 표면적으로 보면 단순히 운동의 형태나 형식처럼 받아들여지기 쉽지만, 어떤 환경조건을 적합하게 포착하고, 거기서 얻어진 정보(情報)를 바탕으로 하여 결정을 내리고, 다시 그것을 운동화(運動化)한다는 인간의 운동반응과정의 전체가 포함되어 있다고 생각되며, 이러한 모든 과정의 효율성을 스포츠의 기능(技能)이라고 할 수 있다.
 따라서 단순한 최적의 동작형식이나 형태를 뜻하는 운동기술과는 다른 점을 가지고 있다. 존슨(H. W. Johnson)은 스킬(skill; 기능)을 결정하는 요인으로서 '스피드·정확성·폼·적응력' 등 4개의 요인을 들었다.
 ① 스피드(speed)를 다투는 종목의 많은 스포츠는 일정시간 내에서 운동을 요구하고 있으며, 스피드의 요인이 기능 속에서 중요한 위치를 차지한다.
 ② 운동의 정확성(accuracy)도 운동의 성패(成敗)를 결정하는 요인이다. 그런데 '스피드·정확성·폼(form)'의 3요인은 주로 동작에 관련되어 있다.
 ③ 그러나 최후의 적응력(adaptability)은 지각이나 인지의 능력에 관련되어 다양하게 변화하는 상황 속에서 흐름을 정확하게 포착하여 올바른 판단을 내리고 대처해갈 수 있느냐 하는 문제를 포함하고 있으며, 기능의 계통성을 결정하는 요인이다.
 이들 요인은 각기 독립한 개체로서 포착할 것이 아니라, 상호 또는 유기적으로 관련된 것으로 생각하지 않으면 안 된다. 또한 운동기능의 종류에 따라 어떤 요인이 강조될 것인지를 이해하는 것도 중요하다. 예를 들면 리듬체조·다이빙·피겨스케이팅 기능은 항상 폼을 중심으로 한 요인을 중요시하는 데 비하여, 농구나

축구에 있어서는 프리TM로(free throw)나 페널티킥(penalty kick)의 기능에서는 정확성이 강조되고, 골을 향한 패스(pass)에서는 공격(offence)·수비(defence)의 움직임에 대응하여 빠르게·정확하게 타이밍을 맞추어야 되는 것처럼 시시각각으로 변화하는 상황에서 강조되어야 할 기능의 요인도 또한 변화한다.

이처럼 기능은 절대적인 형태로 정의되는 용어가 아니며, 차라리 그 상황에 따라 결정되어지는 성질이며, 상대적이고 다이나믹한 활동이 이루어지는 것을 이해할 필요가 있다.

2) 퍼포먼스

퍼포먼스(performance: 수행기능)는 관찰이 가능한 운동이 실제로 행해졌을 경우, 그 행해지는 운동전체 및 결과를 뜻하며, 흔히 수행(遂行), 또는 수행성적(遂行成績)으로 번역되는 경우가 많다. 예를 들면 농구에 있어서의 점프슛(jump shoot)의 퍼포먼스를 말할 때는 플레이어가 실제로 점프를 개시하고, 손목의 스냅을 사용하여 슛한 볼이 링 안에 들어갈 때까지의 전 과정을 말하는 것으로 이들 결과를 일정한 시기별로 기록하여 <그림 11-1>처럼 정리하면 퍼포먼스 곡선(performance curve)으로 표시된다.

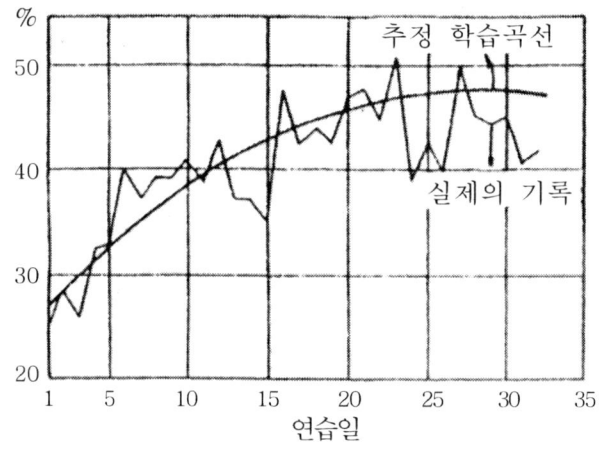

<그림 11-1> 연습회수의 퍼포먼스 곡선

이 곡선에서도 분명하게 밝혀지는 것처럼 퍼포먼스는 그 시간의 환경적·신체

적・심리적 조건에 따라 상당한 변동을 보이는 것이며, 비교적 영속적인 변화를 상정(想定)하는 학습현상(學習現想)과는 구별되어야 한다. 즉, 학습곡선(學習曲線: learning curve)이란 당초 이처럼 불규칙한 퍼포먼스의 변화로부터 추측되는 가상적 곡선을 뜻하고 있다. 따라서 만약 이러한 퍼포먼스 곡선이 불규칙한 고저의 변화를 표시하면서도 서서히 진보를 보이고 있을 경우, 이 곡선에서 학습이 진전되고 있다는 것이다.

코치는 총합적인 데이터 및 일상의 관찰을 통하여 경기자의 퍼포먼스에 대해 우연적인 요인에 의한 부분과 학습에 의한 부분을 어느 정도 구별하지 않으면, 경기자의 기록변화에 대하여 올바르게 대처하지 못한다.

3) 스포츠기능의 분류

한 마디로 스포츠라고 해도 여러 가지 유형의 것이 있다. 이들 여러 가지 다양한 기능들 사이에는 몇 가지의 공통되는 기본적 특질이 있으며, 이 특질을 바탕으로 하여 기능을 분류할 수 있다. 그런데 많은 학습이론은 과제(課題)의 분류라는 관점을 회피하고 있기 때문에 그 학습이론을 실제 스포츠장면에 응용하는 경우, 그 이론이 어떠한 과제의 범주에 적용될 수 있는지는 분명치 않다. 따라서 과제가 달라짐에 따라 얻어지는 데이터의 경향이 상반되는 일도 있다.

이론(理論)은 본질적으로 모든 현상에 대해서 일반화할 수 있는 법칙에 대한 설명이어야 하겠지만 실제의 학습연구 영역에서는 어떤 한정된 범위를 설명하고 있는 것이 많다. 이러한 경우 여러 가지 데이터를 각각의 카테고리(category: 범주; 範疇)로 분류함으로써 실험적 데이터를 실제장면에 응용할 수 있는 단서를 얻을 수 있다.

더욱이 하나의 기능(機能)에 있어서 얻어진 자료들로 하여금 다른 기능을 예측할 수도 있다. 이처럼 기능의 분류는 이론과의 관련에서 연습의 내용이나 방법을 계통화(系統化)해 가는데 있어서 중요한 관점을 제공해준다.

(1) 종목별 분류
스포츠의 기능을 분류하는 경우 몇 가지의 유형을 생각할 수 있는데, 우선 기능을 스포츠종목별로 분류하고 정리한 예로서 마츠다(松田岩男) 교수는 각각의 스포츠가 가지고 있는 과제로서의 성질에 따라 다음과 같은 종목을 분류하고 있다.

① 일정한 폼의 형성을 과제로 하고 있는 것(器機的 運動).
② 개인의 최고능력 발휘를 과제로 하고 있는 것(육상경기・競泳).
③ 변화하는 대인적 조건 하에서 상대의 움직임에 따라, 자기의 최고능력을 발휘하는 것을 과제로 하고 있는 것(유도・검도・씨름).
④ 변화하는 집단대집단의 조건하에서 자기편이나 상대편 집단의 움직임에 따라 개인이 집단의 일원으로서 움직이고, 사물(볼)을 조작(操作)하는 일을 과제로 하는 것(농구・배구).

이러한 분류는 스포츠 전체의 계통성을 크게 이해하는 데 유용하지만 각각의 종목을 구성하는 각각의 기능학습을 계통화해가는 데 직접 연결되지 않는다. 예를 들면 같은 바스켓볼의 기능일지라도 패스(pass)・드리블(dribble)・슛(shoot)・페인트(feint) 등 다양한 기능을 생각할 수 있으며, 이것들은 또한 개개의 특성에 따라 분류할 수 있다.

종목(種目)의 분류를 '세로의 분류'라고 한다면, 개개의 기능의 분류는 '가로의 분류'라고 생각할 수 있다. '가로의 분류'로서는 우선, 소근운동기능(小筋運動技能: fine motor skill)과 대근운동기능(大筋運動技能: gross motor skill)의 분류를 들 수 있다. 파인(fine)이라는 용어는 문자그대로 '섬세하고 정교한' 특질을 표시하고 있으며, 손이나 손가락을 움직이는 비교적 작은 동작이며, 타이프를 치고 태핑(tapping)을 하고 회전추적(回轉追跡: 운동학습실험에서 흔히 사용되는 과제)을 하는 등의 기능이다.

많은 기초적인 운동학습연구에서 과제로서 선택되는 것은 이 유형이다. 파인(fine)에 대한 그로스(gross)라는 용어는 '커다란' 또는 '전체적'이라는 의미로 대근의 수축과 전신적인 운동을 수반하는 동작을 지칭하고 있다. 따라서 대근기능에는 거의 모든 운동기능이 포함되며, 운동기능 그 자체의 분류에는 별로 유용하지 않다.

그러나 현재 과학적인 기초실험의 거의가 소근운동기능을 사용하고 있는 것을 생각하면, 응용에 있어서는 대근과 소근의 구별을 분명히 해둘 필요가 있다.

(2) 연속적 기능과 분리적 기능

그 다음으로 흔히 사용되는 분류기준으로는 연속적(連續的: continuous) 기능과 분리적(分離的: discrete) 기능의 분류가 있다.

① 연속적 기능이란 일련의 동작이 계속해서 행해지는 기능으로 수영이나 런닝(running), 또는 드리블(dribble) 등은 이 범주에 든다.

② 분리적 기능에는 투원반(投圓盤)·투창(投槍)·궁도(弓道)·투포환(投砲丸)·농구의 슈팅 등이 포함된다.

분리적 기능의 특징은 한 동작의 시작과 끝이 명확하다는 점이다. 연속적 기능에서는 어떤 동작을 하면서 다음 동작을 위해 준비하지 않으면 안 되며, 다음의 반응을 결정할 중요한 단서를 미리 인지하는 것을 학습할 필요가 있다. 또한 연속해서 동작하기 위해서는 리듬의 요인도 중요하다. 이에 대하여 분리적 기능에서는 흔히 빠른 동작이 요구되기 때문에 동작개시 전에 미리 예상을 세우는 것을 학습하지 않으면 안 된다.

(3) 폐쇄적 기능과 개방적 기능

냅(B. Knapp)은 환경조건과 운동자와의 관련에서 운동기능을 폐쇄적 기능(閉鎖的技能: closed skill)과 개방적 기능(開放的技能: open skill)으로 분류하고 있다.

폐쇄적 기능에는 구기의 슈팅·체조·다이빙·피겨스케이트·높이뛰기 등이 포함된다. 이들 기능은 환경조건이 비교적 안정된 가운데 행해지며, 운동의 중요한 단서가 되는 것은 근 감각을 중심으로 한 자기수용감각적(自己受用感覺的)인 피드백이다. 이런 종류의 기능(機能)에서는 가능한 정확한 동작이 안정된 자세로 행해질 것이 요구된다. 이에 대하여 개방적 기능에서는 움직이는 볼을 캐치(catch)하기도 하고, 이동하는 상대에게 볼을 패스(pass)하기도 하며, 가로채기(intercept)도 한다.

그리고 상대의 움직임에 대응하여 공격하는 검도나 복싱 등의 기능도 여기에 포함된다. 따라서 이런 종류의 기능에서는 시시각각 변화하는 환경조건을 적절하게 판단하고 또한 예측하고 그에 대응해갈 것이 요구된다.

2. 스포츠 기능의 연습

1) 기능의 숙달과정

(1) 일반적인 학습이론
① 연합설과 인지설

연동기능(連動機能) 학습에 대한 여러 가지 이론을 크게 나누면 연합설(連合說)과 인지설(認知說)의 두 가지 전통적인 학습이론으로 나눌 수 있다.

미국의 심리학자 손다이크(E.L. Thorndike, 1874~1949)의 연합설은 'S-R설'로도 불리우며 자극(刺戟)과 반응(反應)의 연합에 의해 학습을 설명하려는 입장이다. 예를 들어 야구의 배팅(batting)에 있어서 볼은 하나의 자극(S)이며, 타격동작은 그 자극에 대한 반응(R)으로 생각할 수 있다. 이 경우 S-R의 연합 즉, 던져진 볼에 대응한 타격동작이 일어나기 위해서는 제일 먼저 반복적인 연습이 필요하며, 또 정확한 반응에 대해 코치의 칭찬 등 '보수(報酬)'가 주어지는 것에 대해 바람직한 'S-R 연합'이 강화되어진다. 그러므로 이 이론에 따른 코칭을 반복에 의한 드릴방식(drill 方式: 쉬운 과제로부터 차차 어려운 과제로 계속 반복 연습하는 방법) 및 정확한 반응에 대한 '상(賞)', 에러반응(error 反應)에 대한 '벌(罰)' 등의 방법이 하나의 특색을 이루어 흔히 말하는 훈련적인 색채가 강해진 것이다.

이에 반해 인지설(認知說)은 스위스의 피아제, 미국의 스키너, 러시아의 비고츠키(Vygotsky) 심리학자 등으로 대표된다. 이 학설은 학습을 통찰(洞察-豫測)에 기초를 둔 행동의 변용으로 생각하는 입장으로, 주어진 과제에 대한 학습자의 인지방법이 변화하여 문제의 해결법을 찾아내는 것에 의해 학습이 일어난다는 것이다. 예를 들어 새로운 기능을 학습할 경우 우선 코치의 교시·시범·영상 등에 의해 학습자는 어떻게 그 기능을 수행할 것인가에 대해 이해한다. 또 시행착오적으로 연습함으로써 새로운 학습요인을 찾아간다. 이때 학습자는 보다 높은 차원의 기능을 습득하기 위해서는 어떻게 하면 되는가라는 문제해결을 요구당하며, 코치는 적절한 조언을 한다고 하는 학습자 중심의 트레이닝을 한다는 것이다. 이와 같이 일반적으로도 2가지 학습이론과 그것에 대응한 코칭방법을 생각할 수 있으나 실제로는 이런 방법의 장점과 단점을 이해하면서 현장에 맞게 구별하여 사용할 필요가 있다.

② 자극(刺戟)-반응(反應) 연쇄이론

위에서 말한 바와 같이 일반적인 학습이론에 따라 운동기능의 학습이론도 발전되고 있다. 우선 연합설(聯合說)로서의 이론으로는 '자극-반응' 연쇄이론이다. 이에 의하면 신체의 운동은 계열화되어 있으며, 처음 부분의 운동이 자극되어 다음 부분의 운동이 반응하여 일어나고, 그 반응이 자극되어 다음 부분의 운동이 일어난다. 이와 같은 계열이 반복되어 전체계열에서의 자극과 반응이 잘 결합되어 가는 것이라고 설명하였다. 높이뛰기의 예를 들면 처음의 도움닫기가 자극이 된 다음 발판에서 동작반응(動作反應)이 일어나고, 그 반응동작은 막대를 넘는 반응동작의 자극이 되는 것과 같이 일련의 동작계열(動作系列)에 있어서 자극-반응이 효율적으로 연결됨으로써 높이뛰기의 기술이 학습되어진다.

(2) 운동학습 모델

① 운동 프로그램 모델

킬르(S. W. Keele)·섬머즈(J.J. Summers) 등이 제창하고 있는 모델(model)에 의하면 동작의 콘트롤 방법을 처음부터 경기자의 대뇌중추에서 프로그램화되어 있어, 각 동작은 이 프로그램의 명령에 의해 일어나는 것이다.

예를 들어 동작의 범위·방향·속도 등의 제어(制御)가 일어난다. 특히 이 모델은 급속한 동작학습에 잘 적용되는 모델이다. 예를 들어 야구의 배팅과 같은 빠른 동작에서는 피드백(feed back) 정보를 기초로 한 동작의 수정은 시간적 여유가 없기 때문에 거의 불가능하다고 생각되어 이미 동작개시 전에 처음부터 결정되어 있다고 생각된다.

② 폐회로(閉回路) 모델

이 모델(model)은 아담즈(J. A. Adams)에 의해 제창된 학설로 기억흔적(記憶痕迹: memory trace)과 지각흔적(知覺痕迹: perceptual trace)이라는 2개의 요소를 가정하고 실시한 것이다. 기억흔적은 동작의 최초방향을 선택하고 처음에 어떻게 움직이는가를 결정하는 역할을 가지고 있으며, 이것은 연습과 결과의 지식(knowledge of result)에 의해 강화된다. 이에 대하여 지각흔적은 일단 개시된 동작을 적절한 방향으로 인도하는 역할을 가지고 있으며, 과거의 올바른 반응에 있어서의 피드백 경험에 의하여 형성된다.

동작자(動作者)는 동작 중에 시청각기(視聽覺器)·자기수용기(自己受容器)로부터의 피드백을 이 지각흔적과 비교하여 동작이 올바르게 수행되고 있는지 어떤지를 결정하고, 양자 사이에 오차가 생기면 적절한 수정이 이루어진다. 또한 이 모델에 의하면 운동기능학습의 초기단계에서는 비교적 개개의 하위기능(下位技能)이 독립되어 있어서 피드백(특히 K-R)이 중요한 역할을 가진다. 이 단계를 언어-운동단계(言語-運動段階: verbal-motor stage)라고 부른다. 또한 학습의 후기에 이르면 점차로 두 개의 흔적이 강화되어 K-R의 역할은 감소하며 운동의 자동화가 나타난다. 이 단계를 운동단계(motor stage)라고 부른다.

(3) 운동기능의 학습곡선

동작은 연습의 축적(蓄積)으로 개선되며, 점차로 퍼포먼스(performance: 수행)는 향상되어 간다. 연습에 의한 퍼포먼스의 변화의 프로세스를 그래프 상에 나타낸 것이 학습곡선(學習曲線: 연습곡선이라고도 함)이다. 이 곡선은 횡축(橫軸)으로 연습기간을 나타내고, 연습효과를 종축(縱軸)으로 나타낸 것이다.

학습곡선의 패턴은 운동과제의 특질·난이도 학습자의 능력이나 경험적 배경, 의욕 및 연습의 방법 등의 여러 조건으로 규정되고, 또한 그래프화할 때의 대표치(代表値)를 취하는 방법(예를 들면, 각 시합 때마다의 기록, 또는 매일의 평균치 등)에 따라서도 달라진다. 그렇기 때문에 여러 가지 타입(type: 유형)의 곡선을 볼 수 있게 된다. 특히 장기에 걸친 스포츠 기능의 학습곡선은 단기의 학습곡선과는 달리 단순히 일차계수 또는 이차계수와 같은 상승곡선으로 나타낼 수는 없다.

<그림 11-2>는 싱어(R. N. Singer)에 의하여 보고된 예로, 투원반선수(投圓盤選手)에 대해 4년간의 경기대회에서의 데이터(data)를 구성한 것이다. 이처럼 S자형(단일 또는 복수의)의 상승을 표시하는 타입이 장기적(長期的) 운동기능 학습에는 많다.

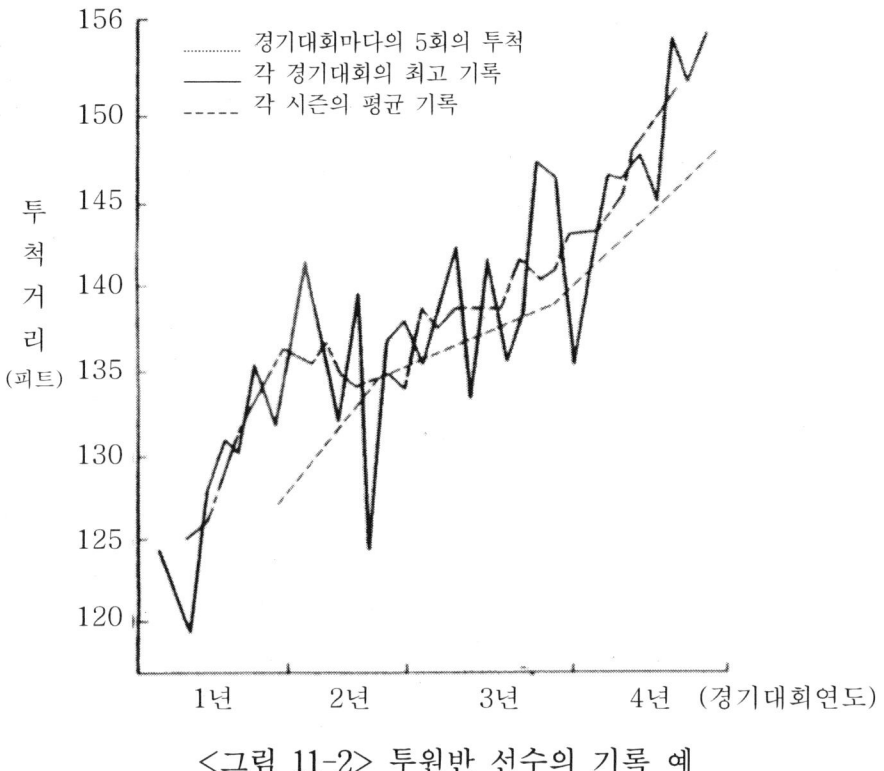

<그림 11-2> 투원반 선수의 기록 예

맥도날드(F. J. McDonald)는 이것을 일반적인 곡선으로 하여 <그림 11-3>에서 처럼 표시하고 있다. 이 곡선은 다음과 같은 학습과정의 특질을 나타내고 있다.

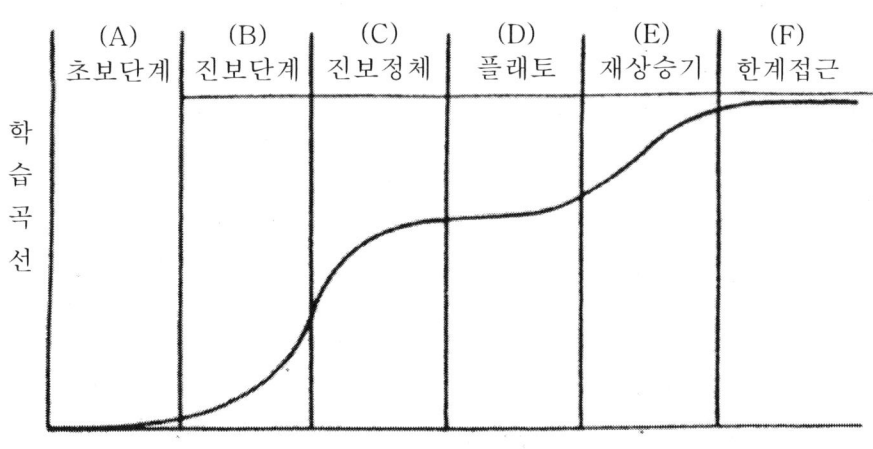

<그림 11-3> 기술학습에서 학습곡선의 일반모델

(A) 초보단계: 과제를 이해하는 단계이며, 적절한 폼이나 동작의 계열에 대해 모색하는 시기이다. 따라서 퍼포먼스의 증가는 거의 볼 수 없다.

(B) 진보단계: 과제에 대한 일단의 이해가 형성되면 개개의 운동에 의지적 노력이 이루어지며, 폼이나 동작계열에 어느 정도의 교묘함이 나타남으로 퍼포먼스는 급속하게 진보한다.

(C) 진보정체: 이 시기는 일정한 동작이 형성되고 있기 때문에 진보의 수준은 느려진다. 그리고 중등 정도의 퍼포먼스 수준에 머물게 된다.

(D) 정체단계: 진보는 거의 나타나지 않는 단계이다. 이 상태를 어떤 의미로 파악할 것인지에 대해서는 여러 가지 견해가 있지만, 일반적으로 보다 저차원적인 기능에서 보다 고차원적인 기능으로 비약적으로 이행하는 시기의 일시적 현상으로 간주되고 있다. 따라서 플래토(plateau)현상은 흔히 말하는 슬럼프상태로서도 간주되며, 일시적인 것으로 다음과 같은 특성으로 파악되기도 한다.

① 불완전한 기능의 정착화(定着化)에 의한 방해
② 연습의 매너리즘화에 의하여 생기는 의욕의 감퇴(동기저하)
③ 하나의 방법으로부터 다른 방법으로 이행하는 경우, 또는 몹시 어려운 기술 부분으로 옮겨질 때 등을 들 수 있다.

(E) 재상승기: 플래토 단계를 극복하면 다시 진보가 나타나며 더욱 고차원의 기능이 습득된다. 플래토에 뒤따르는 재상승기는 실제로는 기능의 복잡함이나 학습자의 능력 등의 요인과 관련하여 몇 번이고 되풀이된다.

(F) 한계접근: 이 시기는 최종적으로는 운동과제 및 학습자가 가지고 있는 물리적·생리적인 한계에 접근한다.

기술학습을 극복하기 위해서 상술한 바와 같은 원인을 규명하고 그 해결의 방책을 발견할 필요가 있다. 그러나 실제로는 복합적인 고도의 운동기능학습에 있어서 이러한 한계를 명확하게 밝히기는 매우 어려운 일이다.

(4) 운동기능 숙달과정과 개인차

기능의 숙달과정에서 개인차가 있기 마련이다. 예를 들면 학습의 초기단계에서 특별히 진보하는 자가 있는가 하면, 그 반대로 후기에 이르러 진보하는 자도 있다. 이처럼 개인에 따라 학습진보(學習進步)의 정도가 다른 원인은 ① 기본적으로 학습자의 능력특성이 다른 것과 ② 학습의 각각 단계에서 요구되는 능력이 다르다.

플라이쉬만(E. A. Fleishman)과 리치(S. Rich)는 양손의 협응과제학습, 근감각(筋感覺) 능력, 공간의 시각화에 대한 능력에서 연습이 진전함에 따라 각 시행(試行)의 성적과 시각화(視覺化)의 능력관계는 감소하고, 반대로 운동감각적(運動感覺的) 능력의 관계는 증가하고 있다. 즉, 이러한 학습과제의 초기에서는 상대적으로 시각적 능력이 중요하며, 후기에 이르면 근감각적 능력의 가중치(加重値: weight)가 증대한다는 것이다.

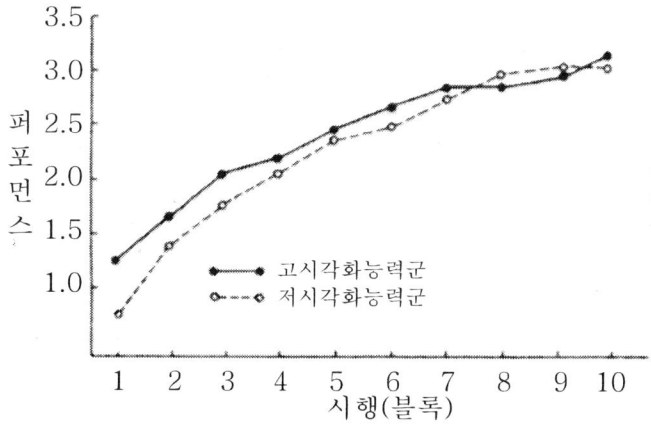

<그림 11-4> 시각화능력군과 퍼포먼스 비교(1)

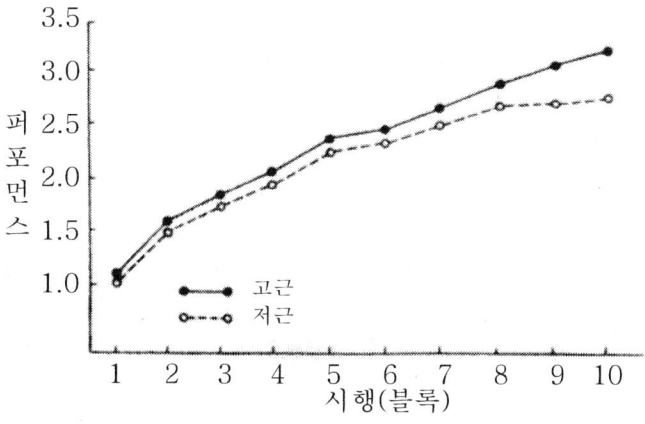

<그림 11-5> 시각화 능력군과 퍼포먼스 비교(2)

따라서 <그림 11-4, 5>에서 볼 수 있는 것처럼 시각적 능력(視覺的 能力)이 높은 학습자는 초기단계에서의 진보가 빠르며, 근감각적 능력(筋感覺的 能力)이 높은 학습자는 후기단계에 진보율이 높아졌다.

이러한 결과는 과제에 따라 상당히 달라질 것으로 예측된다. 예를 들면, 디킨슨(J. Dickinson)은 배드민턴(badminton)의 셔틀콕(shuttlecock)으로 표적을 향해 맞추는 연구를 통해 연습과정에 있어서의 성적과 거리지각(距離知覺)의 정확성 및 근 감각적(筋感覺的)인 능력과의 각각의 상관관계를 검토한 결과, 전체학습과정에 걸쳐서 거리지각은 관련되지 않았으며, 또한 근감각적 능력과의 관계는 중등정도(中等程度)였다고 보고되었다. 이 결과는 특히 근감각적인 능력의 개인차에 따라 학습의 진보가 다르다는 것을 보여주고 있다. 다시 말하면 학습자의 근감각적인 능력을 아는 것으로서 이 과제에 있어서 어느 정도 그들의 학습과정이 예측된다는 것을 말해주고 있다. 이처럼 대상으로 하는 과제의 종류에 따라서도 각각의 학습과정에서 다른 능력이 요구되고 있다.

2) 연습의 전이

운동기능을 학습하는 과정에서 이전의 경험이 유효하게 작용할 때도 있고, 또는 반대로 방해가 되는 경우도 있다. 이처럼 어떤 경험(특히 학습)이 그 이후의 경험에 영향을 미치는 것을 일반적으로 정(正)의 전이(轉移)라 한다. 반대로 방해하는 경우를 부(負)의 전이(轉移)라고 부른다.

이 전이(轉移)의 메커니즘(mechanism: 체계 또는 심리과정)에 대한 지식은 과거의 경험을 현재 실시하고 있는 연습 속에 살리는 방법, 또는 여러 종류의 기능을 학습하는 실제 순서 등에 대한 문제를 해결하는 경우에 중요한 실마리가 된다.

(1) 전이의 이론

이러한 전이가 생기는 일반적인 이유로서 동일요소설과 일반화설의 두 가지 이론을 생각할 수 있다.

먼저 손다이크(E. C. Thorndike)는 연합이론(聯合理論)을 바탕으로 하여 동일요소설(同一要素說)을 제창하였다. 이 이론에 의하면 2개의 과제 사이에서의 전이는 과제의 구성요소로서의 자극, 또는 반응에 유사한 요소가 있는 경우, 이 공통적 요소(共通的 要素: indentical elements)가 전이하게 된다는 것이다. 또한 오스굳(C. E. Osgood)은 이 이론에 관련하여 <그림 11-6>과 같은 전이모델(轉移 model)을 제창하였다. 이 모델에 의하면 자극의 유사(類似)가 크고 반응의 유사도 크다면 그 반응의 학습에 정(正)의 전이가 생기고, 반응의 유사성이 작으면 자극이 유사해 가는데 따라 그 반응의 학습에 부(負)의 전이가 생기게 된다.

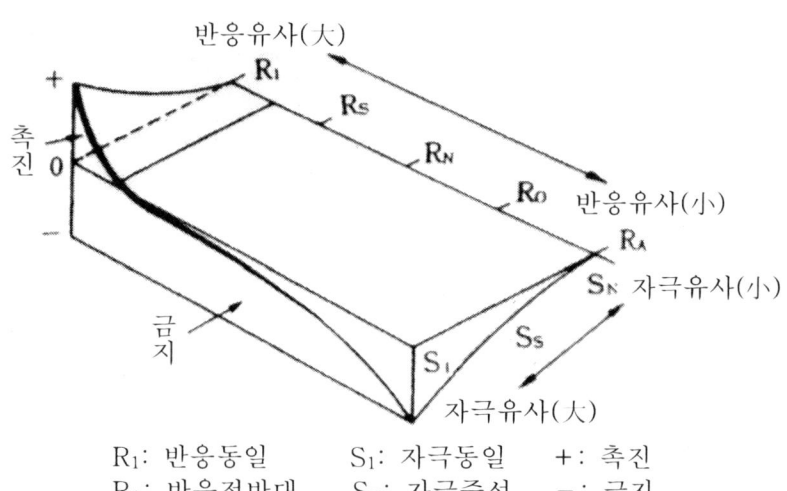

<그림 11-6> 오스굳의 전이모델

또 다른 하나의 이론인 일반화설(一般化說)에서는 A의 학습이 B의 학습에 전이하는 것은 A를 학습하는 것을 통하여 A와 B의 두 학습에 적용할 수 있는 일반원리(一般原理: general principle)를 학습자가 습득하기 위해서라는 입장을 취한다. 따라서 이 이론은 자극과 반응 사이에 개재(介在)하는 매개과정(媒介過程)에 기초적인 배경이 되고 있다.

(2) 운동기능 간의 유사성과 전이

스포츠 지도자는 평소에 서로 다른 스포츠 사이에도 여러 가지 유사성(類似性)을 발견하는 경험을 가지고 있다. 이들 유사성을 자극과 반응의 요인으로 나누어 전이효과와 관계를 관련 지워 보면 <그림 11-7>처럼 된다.

이것을 스포츠의 사례와 연관해서 생각해 보면 우선 '케이스(case) 1'에서는 똑같은 과제를 되풀이하는 것을 의미하며, 당연히 전이율(轉移率)은 높아진다. 이에 대해서 '케이스 2'는 전연 다른 과제관계를 말하며, 전이는 일어나지 않는다. '케이스 3'은 다른 자극조건이 표시되어 이에 대해서 같은 운동반응이 요구되는 경우에 어떠한 전이가 보여지는가 하는 것이며, '케이스 제4'의 상황은 그 반대로 같은 자극에 다른 반응이 요구되는 경우이다. 여기서 케이스 3에서는 정(正: 플러스)의 전이가, 케이스 4에서는 부(負: 마이너스)의 전이가 각각 가정(假定)된다.

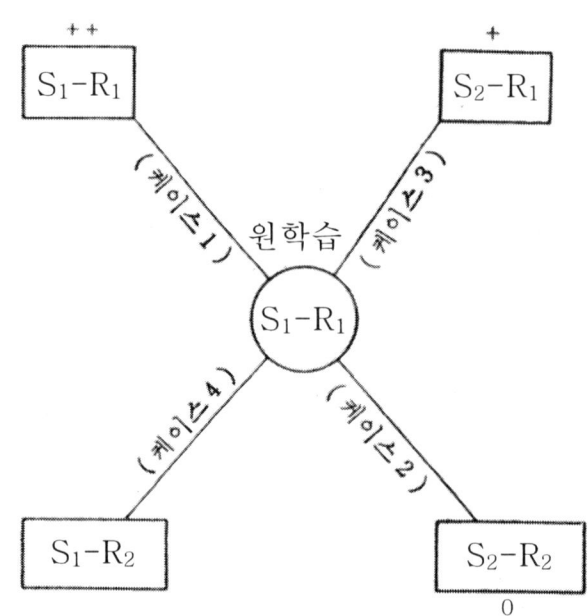

<그림 11-7> 자극·반응에서 예상되는 전이효과

위에서 원학습(原學習)의 S_1-R_1은 최초의 학습을 나타내며, 케이스 1, 2, 3, 4는 제2의 학습원이 된다. 또 S_1, S_2는 자극, R_1, R_2는 반응이며, 정(正, +), 부(負, -), 영(零, 0)을 뜻한다. 운동기능학습의 경우는 특히 과제의 운동적 측면에서의 학습이 중심되기 때문에 이전의 학습효과는 새로운 자극상황 하에서도 같은 반응이 되풀이되는 한 정(正)의 전이가 생긴다고 생각된다. 예를 들면 양궁의 기능은 일단 습득되면 그 표적의 크기나 표적과의 거리를 변화시켜도 기능효과는 똑같았다.

그러나 같은 자극조건 하에 볼(ball)로서 그 표적을 향해서 던지는 과제로 바꾸었을 경우, 요구되는 운동반응이 다르기 때문에 부(負), 또는 제로(0)의 전이가 일어날 가능성이 있다. 여기에서 표시되는 것과 같은 운동과제 사이의 유사성은 학습 프로세스 속에서 역동적으로 변화한다는 사실이 지적되었다. 그 예로써 넬슨(D. O. Nelson)은 배드민턴(badminton)의 버드(bird: 깃볼, shuttle cock)를 바람벽을 향하여 연타(連打)하는 기능과, 테니스 볼을 연속적으로 스트로크(stroke)하는 기능은 학습 사이에 볼 수 있는 전이를 검토한 결과, 특히 학습초기에 정(正)의 전이효과가 보였으며, 또한 그 효과는 두 개의 과제의 학습순서를 바꿈으로써 변화하였다고 한다. 아마도 학습초기에는 양자의 기본적 동작패턴의 유사성에 의한 전이가 생겨 점차로 학습이 진전됨에 따라 양자의 운동제어의 특수성이 비중을 점유하게 되어 전이는 일어나기 어렵게 되었다.

(3) 연습과제의 난이도(難易度)와 전이효과

운동기능은 일반적으로 '쉬움(易)→어려움(難)'의 방향으로 연습을 쌓아가는 경우가 많다. 그러나 반대방향의 연습으로 더 좋은 효과를 내는 일도 흔히 있다. 예를 들면 양궁에서 규격표적보다도 더 작은 표적으로 연습을 한다든가, 야구의 마운드(mound: 투수판)를 홈베이스에 접근시켜서 타격연습을 한다든가, 또는 높이뛰기에서 자기의 기록보다 항상 높은 바(bar: 가로막대)를 놓고 도약(跳躍)하는 등 다양한 사례를 들 수 있다.

스자스프랜과 웰포드(J. Szasfran & A. T. Welford)는 일정한 크기의 상자(箱子)를 향하여 쇠고리를 던져 넣는 실험을 사용하여 3개의 각각 다른 난이도에서 연습을 시켰다. 3개의 조건 중에서 가장 간단한 과제는 방해물 없이 직접 쇠고리를 상자에 투입하는 것이었고, 다음은 네트를 쳐놓고 그것을 넘겨서 넣는 것이 중정도의 난이도였고, 상자를 거울에 비추어 보며 간접으로 투입하는 연습이 가장 어려웠다. 실험의 결과 피험자가 처음의 연습조건으로부터 다른 연습조건으로 이행했을 때 전이효과는 어려움(難)으로부터 쉬움(易) 쪽이 그 반대의 경우보다 높았다는 것이다.

홀딩(D. H. Holding)은 이러한 전이효과의 원리로서 포함(包含: inclusion)이라는 요인을 들고 있다. '포함'이란 일반적으로 난이도가 높은 과제가 그 보다도 쉬운 형태를 내포하는 것이다. 이 반대는 반드시 성립되지 않는다. 따라서 '포함'은 '난(難)→이(易)'의 방향으로 전이가 크다는 것을 예측한다고 할 수 있다. 그러나 '난(難)→이(易)'의 방향에서 전이가 효과적으로 생기게 하는 학습자의 능력이나 학습수준이 그 '난(難)'의 수준에 대하여 충분하지 않으면 안 된다. 즉, '난(難)'의 조건하에서도 학습효과가 나타난다는 것이 전제조건이 된다.

싱어(R. N. Singer)는 양궁의 기능에 관한 연구 중 3개의 클래스(class: 반)를 각각 3개의 조건하에서 연습시켰다. 즉, 클래스 A는 10야드 라인의 위치에서 슈팅(shooting: 사격)을 했으며, 클래스 B는 25야드 라인에서, 클래스 C는 40야드 라인에서 각각 연습을 하고, 마지막에 A·B·C 모든 클래스가 25야드 라인의 위치에서 테스트를 받은 결과 3군(群) 사이에서 전이효과의 차는 볼 수 없었다고 보고하였다. 이러한 사례는 실제에서 난이도의 설정방법과 학습자의 능력의 밸런스를 충분히 고려하여 난이도의 방향을 결정하는 것이 중요하다.

(4) 기능학습과 원리의 전이

운동기술(運動技術)을 학습하고 있을 때 그 기능(機能)이 어떠한 원리에 기초를 두고 있는지를 가르치면 경기자는 주어진 운동과제를 빨리 이해하고, 퍼포먼스(수행기능)는 촉진된다고 생각할 수 있다.

싱어(Singer)에 의하면 유감스럽게도 운동과제의 역학적 원리의 전이에는 지금까지 충분히 일관된 지지를 받지 못하고 있다. 예를 들면, 콜빌(F. H. Colville)은 여자 대학생을 대상으로 하여 리바운드(rebound)를 포함한 볼의 기능인 캐칭스킬(catching skill), 라크로스(lacrosse) 경기의 스틱(stick)을 사용하여 테니스 볼을 받는 기능, 배드민턴의 라켓(racket)을 테니스의 라켓으로 받는 기능, 또한 20, 30, 40야드 떨어진 곳으로부터의 아처리 슈팅(archery shooting: 활쏘기) 기능에 대해서 각각 병행해서 실험했다. 이들 기능과제가 주어진 그룹은 각각 2군(群)으로 나누어져 한 쪽 군은 그 기능에 가장 관련이 깊다고 생각되는 원리를 배웠다. 다른 쪽 군에게는 가르치지 않았다.

여기에서 주어진 원리란 각각 볼의 리바운드의 각도, 움직이고 있는 물체를 정지시킬 때의 역학, 화살의 가속과 공기 중에서의 나르는 모습·성질 등에 대한 것이었다. 이들 실험의 결과 ① 역학적인 원리를 이해해도 같은 시간만큼 기능

(機能)을 연습한 군과 비교하여 기능 초기학습은 촉진되지 않았다. ② 그 후 같은 원리를 사용하여 동종(同種)의 기능, 또는 좀 더 복잡한 기능을 학습시켜도 원리의 전이효과는 볼 수 없었다고 했다.

이에 대하여 모오(D. R. Mohr)와 배렛(M. E. Barrett)은 수영의 중급정도의 클래스에 참가하고 있는 여자 학생에게 올바른 스트로크(stroke)에 대한 역학적 원리(力學的 原理)를 특별히 학습시킨 실험군(實驗群)과, 그 원리를 학습시키지 않은 통제군(統制群)으로 나누어 8주간(1주 3회)의 수영 트레이닝을 실시했다. 실험군에 대해서는 특히 원리의 응용이 강조되었다. 그 결과 원리학습군은 배영기능(스피드, 파워 및 폼)을 제외한 모든 기능에서 통제군보다 진보를 보였다.

원리의 전이에 대해서 이처럼 2개의 연구결과가 상반되는 이유를 검토해 보면, 우선 생각되는 것은 주어진 원리의 질적인 차이를 들 수 있다. 즉, 콜빌(F. H. Colville)이 이용한 원리는 운동반응의 대상이 되는 물체의 역학적 성질이 중심이었던데 비해, 모오(D. R. Mohr) 등은 운동반응 자체에 대한 역학적 메커니즘(mechanism)을 취급하였다. 이점에 후자는 기능에 대해 원리가 직접 관계하고 있으며 그만큼 전이가 생기기 쉽다. 콜빌의 연구에서 학습은 초기의 단계이며, 학습자는 충분하게 원리와 운동반응의 관계성을 통찰(洞察)할 수가 없었다는 것이다. 한편 모오 등은 학습의 중기의 단계에서 전이를 검토하였기 때문에 원리와 기능의 관계성에 대한 통찰은 상대적으로 알기 쉬웠다고 한다.

기능학습(技能學習)에 있어서 원리의 전이가 생기는 조건으로서 상술된 연구가 나타내고 있는 내용을 정리해 보면 아래와 같다.

① 원리의 내용이 그 기능을 능률적으로 수행하기 위한 본질을 직접적으로 설명하고 있는 것이라야 한다.

② 원리가 학습의 단계에 따른 것이라야 한다.

③ 일반적인 원리를 그저 이해할 뿐만 아니라, 그것이 기능의 어떤 면에 구체적으로 응용되는지를 명확하게 인지하는 것이 필요하다.

(5) 맨탈 프랙티스와 효용
① 맨탈 프랙티스
보통 기능의 연습은 실제로 신체를 움직이는 것으로 이루어지지만 자기의 운동

을 시각적인 이미지로 재현(再現)하여 부적절한 점을 발견한다든가, 또는 이상적인 폼(form)을 마음 속으로 상상함으로써 연습을 해보는 경우이다. 이러한 구체적인 신체운동을 수반하지 않는 심적(心的)인 연습을 맨탈 프랙티스(mental practice: 정신적 연습), 또는 이미지 트레이닝(image training: 이미지 훈련)이라고 부른다. 스포츠 연습에 있어서 맨탈 프랙티스의 이점으로는 단조로운 신체연습에 변화를 주어 경기자의 동기유발을 높인다든가, 혹은 신체적 피로를 수반하지 않고 연습할 수 있는 것, 또는 장소와 시간을 가리지 않고 정신연습을 실시할 수 있는 것 등을 들 수 있다.

② 맨탈 프랙티스의 효용

맨탈 프랙티스(mental practice)의 효용에 대한 실험결과는 대체적으로 이 방법이 실제적 기능의 진보에 유용하다는 것을 나타내 주고 있다.

예를 들면 로윙즈(E. Rawings) 등은 회전추적과제(回轉追跡課題: rotary pursuit task)를 대상으로 잘 통제된 실험조건하에서 손을 움직여 실제로 표적을 쫓는 연습을 행하는 군(身體練習群－그룹Ⅰ), 이미지 속에서만 되풀이해서 연습하는 군(精神練習群: 멘탈프랙티스群－그룹Ⅱ), 연습을 전연 안하는 통제군(統制群－그룹Ⅲ)의 3군을 비교해서 <그림 11-8>과 같은 결과를 얻었으며 이는 맨탈 프랙티스의 연습효과를 실증해주었다.

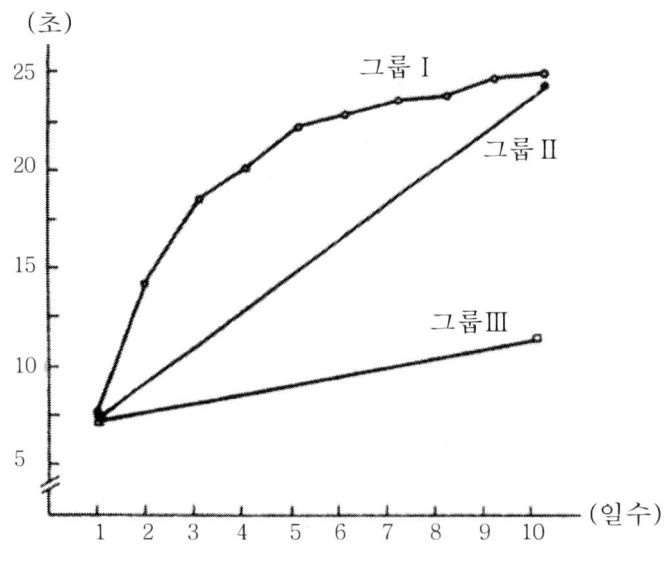

<그림 11-8> 오토캐드 회전추적과제의 실험

클라크(L. V. Clark)는 농구의 프리스로(free throw: 자유투)를 과제로 삼고 고교생을 대상으로 하여 2주간(1일 25세트)의 트레이닝기간을 설정하고, 그 기간 중 신체연습군(身體練習群)에게는 실제의 슛을 연습시키고, 맨탈 프랙티스군(群)에게는 이미지(image) 속에서 슛을 하도록 지시했다. 그 결과 양군(兩群) 다 같이 명백한 연습효과가 보였으며, 양군의 진보의 비교에서는 근소하게 신체연습군이 우세한 경향이 있었다고 보고했다. 또한 육상의 스타트(start: 출발)도 같은 과제를 연구하여 똑같은 결과를 발견하였다.

테니스의 드라이브기술을 과제로 삼은 윌슨(M. E. Wilson)의 연구에 있어서도 체육관에서 실제로 라켓으로 볼을 치는 연습군(練習群), 교실 안에서 맨탈 프랙티스를 한 통제군(統制群)을 비교했던 바, 양군(兩群)에서 모두 명백한 진보를 보였지만 양군의 진보의 유의차는 없었다고 보고되었다. 이상과 같이 맨탈 프랙티스의 효용은 일반적으로 인정되고 있다.

③ 맨탈 프랙티스와 경기자의 특성

전술한 것처럼 맨탈 프랙티스(정신적 연습)의 효과는 경기자의 여러 가지 특성에 따라서도 규정된다고 생각된다. 현재까지의 연구는 지능·게임능력·선택적 주의력·이미지화 능력·근감각·운동능력·지각특성 등의 요인과 맨탈 프랙티스의 효과와 상관이 있다고 보고되었다(Richardson).

현 단계에서는 명확한 결론은 얻어지고 있지는 않지만 이미지화의 능력은 맨탈 프랙티스에 직접 관계하는 요인으로서 주목된다. 즉, 맨탈 프랙티스의 효과는 얼마만큼 그 학습자가 효율적으로 과제를 이미지화할 수가 있느냐 하는 점에 달려있다고 생각된다.

리차드슨(A. Richardson)은 얼마나 선명한 이미지를 그릴 수 있느냐 하는 능력과 얼마나 이미지를 컨트롤 할 수 있느냐 하는 능력이 어떠한 형태로든 맨탈 프랙티스의 효과에 관련된다고 보고하였다. 그의 연구에서는 '이미지의 선명함(高低)과 통제 가능성(高低)'에 고든 올포트(Gordon Willard Allport, 1897~1967)의 실험 검사를 이용해서 높이뛰기에서 안쪽 발을 바(bar) 위에 재빨리 들어 올림으로써 얻어지는 점프의 기술수준에 미치는 영향에 대해 검토하였다.

실험된 남자학생은 미경험자로 6일간에 걸친 맨탈 프랙티스를 받았다. 그 결과 선명한 이미지를 그릴 수 있었고, 또한 이미지의 컨트롤을 훌륭히 할 수 있는 피험군의 퍼포먼스가 가장 높았다. 선명한 이미지는 그릴 수 있지만 이미지의 컨트롤이 잘 안된 군은 가장 낮은 기록을 나타냈다. 또한 경기자의 기능수준에 따라서도 맨탈 프랙티스의 효과가 달라진다고 하였다.

클라크(L. V. Clark)의 농구의 프리스로(free throw)로 기술을 대상으로 한 연구결과는 <표 11-1>과 같이 피험자의 기술수준이 높아짐에 따라 맨탈 프랙티스 및 신체연습의 효과는 낮아졌다.

<표 11-1> 기능수준이 다른 신체적 연습과 맨탈 프랙티스의 진보율

연습방법 \ 기능수준	상급자	중급자	초급자
신체적 연습(PP)	16	24	44
맨탈 프랙티스(MP)	15	23	26
PP : MP	1 : 0.94	1 : 0.96	1 : 0.59

위의 결과는 학습에 있어서의 일종의 천정효과(天井效果)를 표시하는 것으로서 생각된다. 그러나 맨탈 프랙티스와 신체연습의 진보율을 비교(比較)해 보면 초급자의 경우 신체적 연습(physical practice: PP)과 비교하여 맨탈 프랙티스(mental practice: MP)의 효과가 떨어지는 경향이 나타나고 있다. 이에 대하여 어느 정도 기술이 숙달된 중급·상급의 경기자의 경우에서는 양자(兩者)의 효과는 대체로 균등하다는 것을 알 수 있었다. 따라서 맨탈 프랙티스의 도입시기는 어느 정도 그 기능에 숙달한 단계에서 도입하면 효과적이다.

실제로 맨탈 프랙티스를 트레이닝에 도입하는 경우, 상술한 것과 같은 경기자의 특성을 충분히 고려하고 나서 신체적 연습을 보충한다는 입장에서 이용하는 것이 바람직하다.

3. 기능의 지도방법

1) 동기부여의 문제

(1) 동기부여의 의미

경기자가 매일같이 고통스러운 연습을 견디며 기록을 향상시켜 가는 과정을 극복하고 있는 요인으로는 여러 가지 생리적·심리적 요인을 생각할 수가 있겠지만 특히 동기부여(動機附與)는 중요한 요인이다.

일반적으로 동기부여는 유기체(有機體: 인간)에게 행동을 일으키게 하고, 어떤 특정한 목표를 향해 방향을 제시(提示)해 주는 과정이다. 이 동기유발에 대해 3개의 주요한 기능에 대해 설명하면, 첫째로 경기자에게 운동행동을 일으키게 하는 환기기능(喚起機能), 또는 심적 에너지를 부여하는 부활기능(賦活機能), 둘째로 운동행동을 특정한 목표로 향하게 하는 지향기능(指向機能), 셋째로 목표를 달성했을 때 그 운동행동을 개선하는 강화기능(強化機能)이다. 따라서 동기유발의 문제는 경기자의 연습효과를 좌우하는 중요한 문제이며, 코치(지도자)의 기본적 조건의 하나라고 할 수 있다.

(2) 내적 동기유발과 외적 동기유발

경기자의 자발적인 연습의욕을 높이기 위해 코치는 어떠한 지도를 하고 어떠한 연습의 환경조건을 설정해야 하는가? 이 문제해결은 코칭에 있어서의 동기부여의 중심적 과제가 된다. 일반적으로 지도장면(指導場面)에 있어서의 동기부여는 내적 동기(內的動機)와 외적 동기(外的動機)로 나누어진다.

이것을 분류하는 첫 번째 기준은 연습의 동기를 부여하는 것이 연습과제(練習課題: 목표·내용·방법) 그 자체 속에 내재하여, 경기자가 연습하는 그 자체가 즐거운가, 또는 연습이외의 활동에 있는가이다.

두 번째 기준은 ① 경기자 자신 내부의 운동욕구·흥미·달성욕구 등에도 따르지만, ② 코치·선배 등의 외부의 강제나 압박 또는 물질적 보수 등에 따르고 있는가? 등 두 가지를 들 수 있다.

연습장면에서는 외적 동기부여(動機附與)의 경우보다도 내적 동기유발(動機誘發)의 경우가 의욕적으로 목표를 추구하므로 지속성이 있다고 하였다. 그러나 내적·외적인 동기부여의 상대적인 효과는 운동과제의 특질인 복잡성과 관계가 있으며, 과제의 복잡성 때문에 외적인 동기부여가 효과를 발휘하는 경우도 있다고 하였다.

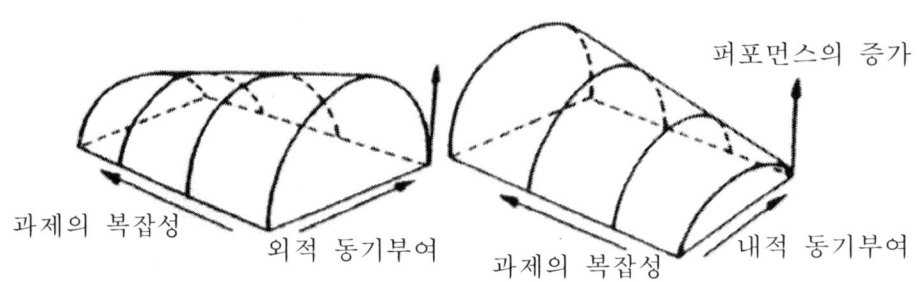

<그림 11-9> 과제의 복잡성과 내적·외적 동기부여의 관련성

예를 들면 클리포드(M. Clifford)는 내적·외적인 동기부여의 수준과 과제의 복잡성이 어떻게 퍼포먼스에 영향을 미치는지 <그림 11-9>에서처럼 표시하고 있다. 이에 따르면 과제의 복잡성이 증대되면 내적인 동기부여가 중요한 역할을 담당하게 된다. 또한 내적인 동기부여가 비교적 낮은 상태에서 단순한 과제를 연습하는 경우에는 외적인 동기부여에 의하여 연습은 현저하게 진보한다고 할 수 있다.

(3) 동기부여의 최적수준

동기부여의 종류와 함께 동기부여의 고저(高低) 또한 고려되어야 할 요인이다. <그림 11-10>에 표시되어 있는 것처럼 최고의 퍼포먼스는 높지도 않고 낮지도 않은 최적의 동기수준(動機水準: 中等程度)에서 얻어지고 있다.

이 경향은 역U자가설(逆U字假設)이라고 하며, 동기부여에 수반하는 흥분수준의 고저와 운동성적의 관계를 표시하고 있다. 일반적으로 동기부여의 수준이 높아지면 운동수행이나 학습은 촉진된다고 생각되지만, 동기부여가 어떤 수준보다 높아지면 반대로 운동수행이나 학습의 능률은 저하된다는 것이 밝혀졌다.

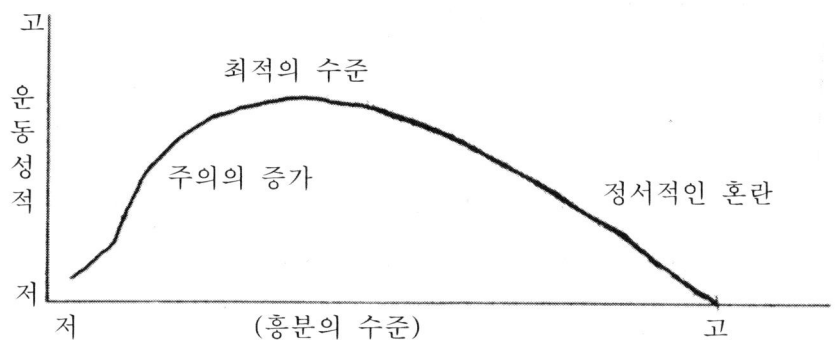

<그림 11-10> 동기부여의 최적 수준(역U자가설)

다시 말하면 운동수행이나 학습이 가장 촉진되는 것은 기능부여의 수준이 중등 정도일 때 최적의 상태에 있다는 것이다. 동기부여가 높아져서 점차로 흥분수준이 높아지면, 유효한 자극을 찾아내는 기능(機能)이 높아지며 운동성적도 향상된다. 그리고 최적수준의 위치에서 성적은 최고가 되며, 그 이상으로 동기부여가 강하여 흥분수준이 높아지면 그때는 오히려 주의(注意)가 분산되기도 하고, 수족이 마음대로 움직이지 않게 된다든가 하여 운동성적은 현저하게 저하된다. 또한 동기부여의 최적수준은 운동의 종류에 따라 다르며, 과제가 비교적 단순한 것은 최적수준이 상대적으로 높으며, 복잡한 것일수록 낮다는 법칙이 성립되었다.

스포츠 운동의 예에서 역량·스피드가 요구되는 운동은 비교적 높은 동기부여 수준을 필요로 하며, 정확성이나 복잡한 협응운동이 요구되는 것은 보다 낮은 최적수준에서 최고성적을 올릴 수 있다. 예를 들면 역도(力道: weight lifting)·수영·단거리경주 등은 비교적 높은 동기부여 수준이 요구되며, 사격·궁도·야구의 피칭(pitching) 등은 동기부여 수준을 비교적 낮게 할 필요가 있다. 동기부여의 최적수준은 기능의 연습단계에서도 다르며, 점차로 어떤 기능에 숙달해지면 최적수준의 범위는 넓어지기 시작한다. 스포츠 운동의 현장에서 경기자에게 최고 성적을 내기 위해서는 이러한 운동성적과 동기부여의 관련성을 잘 이해하고 컨디셔닝(conditioning: 컨디션 조절) 운동을 적절하게 하지 않으면 안 된다.

(4) 동기부여의 방법

연습을 효과적으로 진척시키기 위해서 코치는 지도과정에서 적극적으로 경기자에게 동기부여를 유발시켜야 할 필요가 있다. 여기서는 그 구체적인 방법을 생각해 본다.

① 연습목표의 자각(自覺)

연습하고 있는 사항이 어떻게 최종목표인 경기력향상(競技力向上)에 관련되어 있는가, 또는 그 연습으로 어떤 수준까지 도달하면 되겠는가 등에 대하여 경기자로 경기내용을 충분하게 이해시키므로써 경기자자신이 자세와 목표를 정해 연습할 수 있도록 방향을 제시해 주어야 한다.

② 연습의 결과와 성공감·실패감

일반적으로 연습의 결과를 알림으로써 경기자는 진보의 정도를 자각하게 되며 연습에 대한 의욕이 증대된다. 만약 결과가 기대보다도 밑돌고 있는 경우는 실패감(失敗感)이 생기며, 반대의 경우는 성공감(成功感)을 가지게 된다. 항상 경기자가 성공감만 맛보고 있으면 단조감(單調感: 단순하고 변화 없는 느낌) 때문에 과제성취에 대한 의욕이 감퇴하게 될 것이고, 반대로 실패감이 많아지면 경기자는 자신감(自信感)을 잃고 연습의 기쁨이나 만족감을 얻지 못하여 연습을 포기할 때도 있다. 따라서 성공감과 실패감의 밸런스를 유지하는 것이 중요하다.

심리학자 크래티(B. J. Cratty)는 그의 저서 『Movement behavior and motor learning』에서 "처음에는 성공감을 가질 수 있도록 결과의 지식을 주고, 그 후에 실패감을 맛보게 한다. 그러면 처음의 성공감에 의한 자신 때문에 실패감이 주어져도 도리어 그 실패를 극복하려는 의욕이 생긴다"고 하였다.

③ 상벌적 동기부여

일반적으로는 상(賞) 또는 칭찬을 주는 편이 벌을 주는 것보다 연습의욕을 높이는 견지(見地: 관점)에서 효과적이라고 한다. 그 이유는 보통 칭찬은 학습의 기쁨·만족·확신 등의 유쾌한 감정을 생기게 하는데 반하여, 벌(罰)은 혐오감(嫌惡感)·공포감·불만 등 불쾌한 감정을 생기게 하는 경우가 많다. 또한 벌은 무엇을 해야 하는가에 대한 정보(情報)를 주지 못하는 경우가 많다. 그러나 상은 올바른 행동을 계속하도록 하라는 정보가 주어져 있다. 상벌(賞罰)의 동기부여 효과에 대해서는 경기자의 성격, 운동집단의 분위기, 코치와 경기자의 인간관계에 따라서도 달라지는 경우가 있기 때문에 그 적용에 있어서는 충분히 계산되어야 할 필요가 있다.

④ 경쟁의 동기부여

연습에 있어서의 경쟁은 경기자의 동기부여를 높이는 하나의 요인이다. 그러나 경쟁은 연습의 양적 증가를 가져오는 반면 질적인 저하를 일으키기 쉬우며, 또한 경쟁에 따른 반감이나 불안이 생길 경우가 있기 때문에 경쟁을 동기부여의 목적으로 이용할 경우는 경기자의 내적·외적 조건을 충분히 고려하지 않으면 안 된다.

2) 기능지도의 강조점

(1) 강조점에 대한 문제: 폼·정확성·스피드

현대의 스포츠 기능은 날마다 발전하여 몹시 고도화·복잡화되어가고 있다. 기능이 미숙한 초심자, 또는 경기자에게 과제가 복잡한 경우일 때 목표가 되는 기능을 그대로의 형태로 학습하기란 대단히 어렵다.

따라서 지도자는 그 기능을 구성하는 요인 중에서 어떤 것을 강조하여 연습자가 거기에 전력을 다할 수 있도록 배려해 주는 것이 필요하다. 예를 들면 운동의 폼·정확성·스피드 등의 요인 중에서 한 가지를 교시(敎示)하여 강조해 줄 필요가 있다. 이러한 경우 학습자의 특성, 과제의 특질 등을 고려하여 어떠한 순서로 각각의 요인을 강조해갈 것인가가 필요하다.

(2) 스피드의 정확성 강조의 비교 실험

운동기능의 연습에서 최초에는 정확성을 뒤로 미루고 스피드를 강조할 것인가, 또는 느린 속도이지만 정확성을 요구할 것인가 하는 문제가 있다. 이것은 포펠로이터의 연습법칙(Poppelreuter's law of practice)이라고 불리며, 상대적으로 느린 스피드로 정확성이 어느 정도 습득될 때까지 연습하고, 그 후 서서히 속도를 증가해 가는 편이 좋다는 것이다.

풀톤(R. E. Fulton)은 야구의 타격운동에서 스피드를 강조해도 하등의 효과도 발견할 수 없었다고 하며, 솔리(W. H. Solley)는 검도(劍道)의 공격위치에서 한발

내딛고 될 수 있는 대로 빨리, 또한 정확하게 스틱(stick)으로 표적을 찌르는 과제를 사용하여, 전반의 6일간은 3군(三群)이 각각 속도·정확성 및 양자를 강조한 연습을 시키고, 후반의 6일간은 전군(全群)을 다 같이 속도·정확성의 양자를 강조하여 연습시켰다. 그리고 전반(前半)의 각각의 강조연습 조건이 후반(後半)의 연습 효과에 어떠한 영향을 미치는가를 검토한 결과 <그림 11-11>의 전반에선 각각 강조한 요인의 효과가 나타났지만, 후반에선 속도강조군(速度強調群)은 그대로 스피드의 경향이 지속되고 있는 비하여, 정확성강조군(正確性強調群)에선 후반에 들어가자 정확성은 그대로 지속되지 않고 후퇴를 보였다.

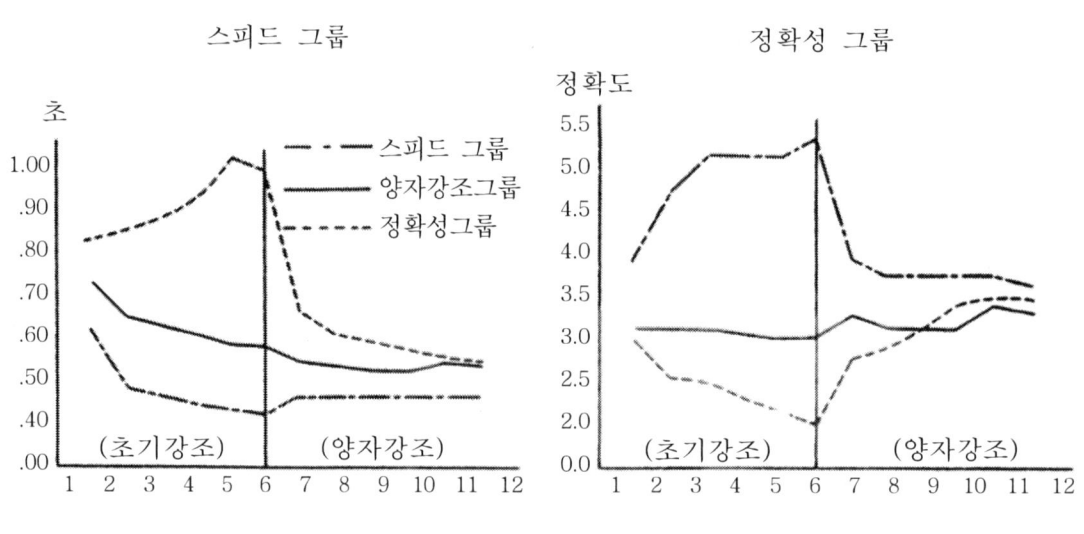

<그림 11-11> 스피드와 정확성의 강조효과(Solley)

이에 비하여 양자강조군은 속도·정확성이 함께 밸런스(balance)가 잡힌 결과를 얻었다. 이러한 결과를 바탕으로 솔리(Solley)는 아래와 같이 과제가 요구하고 있는 조건에 따라 강조점을 변화시켜야 할 것을 말하고 있다.

① 과제에 있어서 속도가 중요한 경우에는 처음에 속도를 강조하는 편이 좋다.
② 속도와 정확성이 함께 요구되는 경우에는 처음부터 양자를 강조하는 편이 좋다.

따라서 스피드를 강조할 것인지 정확성을 강조할 것인지는 과제(課題)가 가지는 특수한 조건에 관계되는 것이며, 강조해야 할 요인이나 순서의 결정은 이 특수한 조건에 바탕을 두어야 한다.

(3) 스포츠의 기능지도

스피드(speed)와 정확성(accuracy)의 강조라는 문제에 있어서, 지도자는 기본적으로 그 기능의 효율성을 고려하여 어느 쪽을 강조할 것인지 판단해야 한다. 다시 말하면 학습자의 능력이나 기능숙달의 수준 등을 고려하여 기능을 구성하는 요인 중의 가장 중요한 것이 무엇인가에 대해 판단해야 한다.

결론으로 다음 무어(J. W. Moore)의 고찰한 바를 인용한다.

"폼·정확성·스피드를 필요로 하는 운동기능의 학습에 있어서, 지도자는 학습의 초기단계에서는 적절한 스피드로 폼과 정확성에 대해 노력해야 한다"고 강조한 것이다. 다음은 학습자가 진보해감에 따라 지도자는 시합에 필요한 속도의 수준까지 플레이어(player)의 스피드를 올리도록 지도해야 한다. 더욱이 그 후의 연습기간은 최적의 페이스(pace: 속도)를 증가시킬 목적으로 최고속도의 연습을 실시케 한다.

3) 시각적 지도

(1) 시각적인 지도의 방법

'백문(百聞)이 불여일견(不如一見)'이라는 격언이 있지만 운동기능의 지도에 있어서는 바로 이 말이 그대로 적용되는 경우도 있다. 즉, 언어적(言語的)인 교시보다도 시각적(視覺的)인 방법을 사용하여 경기자에게 어떻게 해야 할 것인지를 보여주는 편이 효과적인 경우가 많다. 예를 들어 시각적인 방법으로서는 동영상·파워포인트(power point) 등에 의한, 또는 실제의 시범에 의한 제시방법이 사용된다.

그러나 코칭의 장(場)에서는 거의 이들 시각매체의 효과적 제시방법이 고려되지 않는 경우가 많다. 이 문제에 대한 실증적 연구는 많지 않지만 다음과 같은 요인을 들었다. 우선 시범이나 영상 등에 의한 모델제시의 회수·시간간격이다. 원칙적으로 말하자면 수회의 되풀이가 필요하며, 그 간격은 연습을 충분히 행할 수 있는 여유를 두어야 한다. 또한 모델 기능을 제시하는 각도를 고려하지 않으면 안 된다.

헬레브란트(F. A. Helebrand) 등은 선수의 경기나 연습하는 장면을 관찰해 보면 관찰자 근육의 대응부위에 측정할 수 있을 정도의 변화가 생긴다는 사실을 보고했다. 즉 모델을 보면서 그것을 동시에 운동화하고 있다는 것이다. 그렇기 때문에 경기자가 운동화하기 쉬운 각도에서 모델을 제시해 주는 것이 효과적인 시각적 지도법이 되는 것이다. 로샬(S. M. Roshal)은 영상으로 끈의 매듭짓기를 보여 줄 때 카메라 앵글이 정면일 경우(180°)와 배면일 경우(0°)를 비교하여, <그림 11-12>에서처럼 배면의 앵글(수련자의 시선의 방향)이 보다 효과적이라는 것을 발견했다.

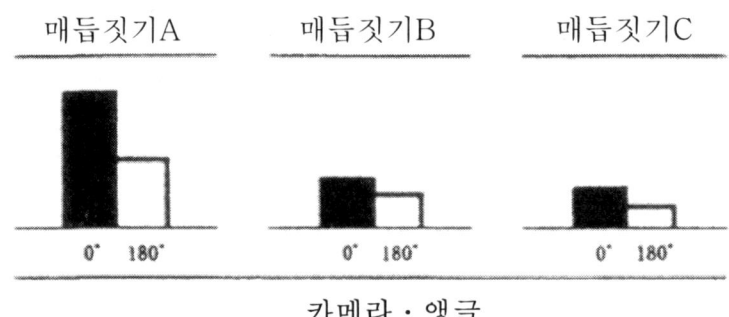

<그림 11-12> 카메라 앵글 0°와 180°의 비교

일반적으로 말하자면 운동기능의 시범은 정면의 위치(180°)에서 행해지는 경우가 많지만, 경기자가 시범을 운동화하기 쉬운 것은 배면의 위치(0°)이다. 그러나 0°의 방향은 손의 움직임 등이 관찰자의 사각(死角) 위치에 들어가기 때문에 그 경우는 관찰자(觀察者)의 위치를 시범자(示範者)보다 높이 해주는 등의 연구가 필요하다. 무엇보다도 중요한 것은 경기자의 적극적인 주의(注意)를 대상이 되는 모델(model)에게 집중시키는 일이다. 그러기 위해서는 모델을 제시할 때의 교시(敎示)는 단순한 그 모델의 운동기능뿐만 아니라, 특히 주시해야 할 부분, 또는 그 후 발전으로 연결되는 관찰점이어야 한다.

(2) 결과의 지식의 의미

기능은 되풀이 연습함으로써 진보하는 것이지만 그저 단순하게 되풀이되는 것만으로는 확실한 진보의 결과를 이룰 수 없다. 즉, 매번 시행할 때마다 그 시행이 어떻게 이루어졌는지에 대해 어떤 단서(실마리)를 터득하지 않으면 다음 시행의 개선으로 연결되지 않는다. 그렇기 때문에 경기자가 운동을 수행하고 있는 동안, 또는 그 직후에 그 경기자의 퍼포먼스(performance: 수행)에 대한 유효한 정보를 경기자 자신에게 주는 것은 지도자의 중요한 역할의 하나이다.

일반적으로 외부로부터 주어지는 피드백은 인간의 정보처리의 프로세스 안에서 효과기(效果器: 신경작동체)에 표시된 반응의 결과를 다시 수용감각기(受容感覺器)를 경유하여 중추부(中樞部)에 전달하는 과정이라고 생각된다.

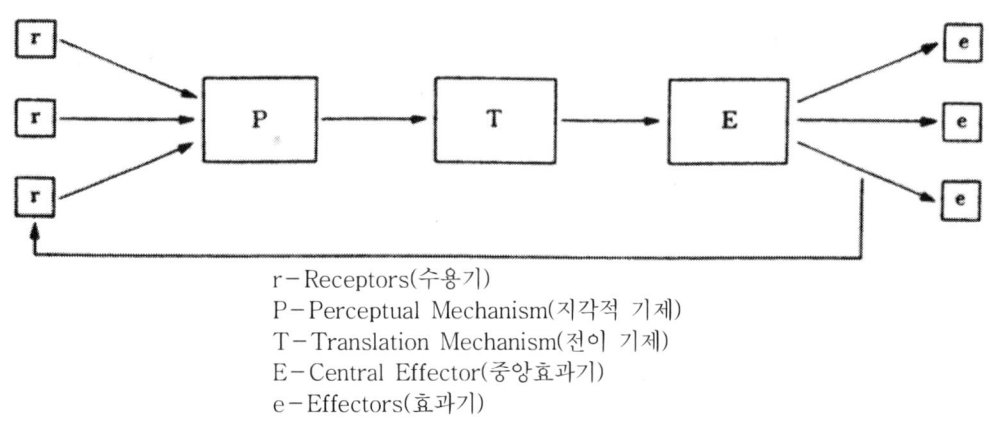

r – Receptors(수용기)
P – Perceptual Mechanism(지각적 기제)
T – Translation Mechanism(전이 기제)
E – Central Effector(중앙효과기)
e – Effectors(효과기)

<그림 11-13> 인간의 정보처리 메커니즘의 모델(Singer)

그런데 '결과의 지식(KR)'은 정보적인 가치가 있을 뿐만 아니라, 연습자의 의욕을 높이는 기능을 가지고 있다. 예를 들면, 경기자의 기록을 매일 그래프화해서 표시함으로써 그 경기자를 더욱 노력하도록 격려하고, 동료와의 경쟁관계를 강화할 수 있게 한다. 또한 '올바르다', '잘못이다'와 같은 결과의 지식은 그대로 경기자에게는 칭찬이나 질책을 뜻하게 된다.

(3) 결과의 지식을 주는 방법

운동기능의 연습에 있어서 어떤 목표가 되는 동작과 비교하여 수행된 동작이 올바른가? 어떤가를 구체적으로 적절하게, 그리고 가능한 빠른 시간에 피드백해 줄 수 있다면 연습자는 다음 동작의 속도·방향·범위·역량 등을 올바른 방향으로 변화시킬 수가 있어서 그만큼 연습효과와 효율성도 향상된다. 수행된 운동에 대한 결과의 지식을 주는 경우, 동작의 형태(폼)에 대해서는 시각매체(영상물), 또는 지도자 자신의 언어로 비교적 피드백하기 쉬우나 속도나 힘을 쏟는 정도 면에 대해서는 매우 어려운 점이 있다. 따라서 그러한 경우에는 과학적인 방법으로 정보의 질을 바꾸어줄 필요가 있다. 말하자면 근 감각적인 것은 시각적인 디스플레이(display: 나타내 보임: 示現)로 변환해 주는 것이다.

캘리포니아 대학의 하우엘(M. L. Howell)교수는 단거리경주 스타트 시에 블록(block)에 걸리는 힘과 타이밍의 학습에서, 17~25세의 초심자를 대상으로 하여 '정확한 인공적 피드백 조건과 지도자의 경험적인 교시'를 비교·검토하였다. 실험군(實驗群)에 대해서는 스타트 시에 블록에 걸린 역량의 패턴을 전자 오실로그래프(oscilograpy)에 기록하고 그 결과를 시행 때마다 제시하였다. 한편 통제군(統制群)에 대해서는 종전처럼 지도자의 교시(敎示)가 주어졌다.

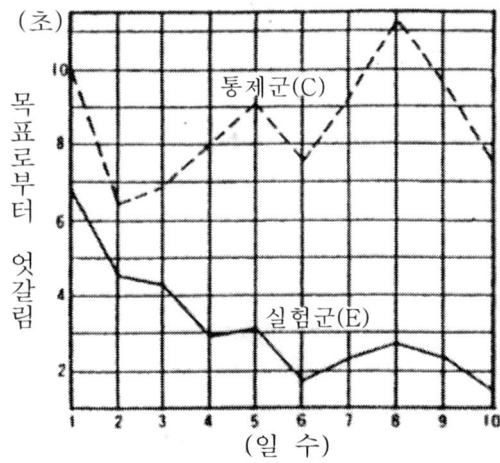

<그림 11-14> 스타트시 실험군과 통제군의 비교(Howell)

트레이닝 기간은 주3회, 1개월 10회에 걸쳐 실시되었다. 그 결과 최초의 3회까지는 양군(兩群: 실험군과 통제군)에게서 유의차는 볼 수 없었지만, 그 후부터는 명백하게 통제군(統制群)보다 실험군(實驗群)의 진보가 컸다. 그러나 이와 같은 인공적 정보는 주어지는 방식에 따라서 그것이 제거되면 효과가 좀처럼 지속되지 않는 경우도 있다. 트레이닝이 끝남과 동시에 효과가 없어져 버리는 정보를 의지하고 학습한들 무익한 일이다. 그렇기 때문에 피드백을 인공적으로 주는 방법이 성공할 것인지 어떤지 그것이 내재적 단서(주로 근감각)에 학습자의 대상을 향해

쏟을 수 있는지 아닌지에 달려있다. 그리하여 인공적 피드백(feed back)이 동작과 동시에 주어졌는지, 또는 동작이 끝난 시점에서 주어졌는지 그 피드백 제시의 시기가 문제되는 것이다.

일반적으로 인공적이며 또한 동시적인 피드백이 주어지면 올바른 반응이 나타나지만, 인공적 피드백에만 전적으로 의존해 버리면 본래 필요한 근감각(筋感覺)에의 주의가 결여되어 인공적 피드백이 제거되어 버리면 퍼포먼스는 떨어진다. 이에 대하여 동작이 끝난 후에 인공적 피드백이 제시되는(최종적) 경우, 동작수행 중의 근감각과 퍼포먼스의 결과를 비교할 수가 있어서 다음의 시행을 개선할 수가 있기 때문에 근감각적인 학습이 진보한다는 것이다. 그러나 인공적 피드백을 동시적으로 주는 경우라도 학습자에게 근감각(筋感覺)에의 주의를 촉진하는 교시(教示)를 하면 상당한 정도로 학습이 진보할 가능성이 있다. 경기자의 동작에 대한 인공적 피드백(특히 근감각에 대해)이 가지는 트레이닝상의 가치는 스포츠심리학에서 앞으로 검토해야 할 중요한 연구과제이다.

제12장
경기의 심리

사람들은 경기시에 정신력(精神力)이라는 말을 사용하지만, 그 정신력의 정도 차이는 지극히 관념적이다. 스포츠에 있어서는 기본적으로 체력(體力)과 기술(技術)이 중심적으로 지배한다. 그런데 감독이나 코치의 현실적인 고뇌는 체력도 기술도 있는 선수가 가장 중요한 경기의 장면에서 실력을 발휘해 주지 않는다는 데 있으며, 그것을 지도하기 위해선 어떻게 하면 좋은지를 고심한다. 한 초심자의 선수가 코치에게서 "마음의 트레이닝을 하라"는 말을 들었다. 코치가 체력과 기술에 대해서는 지도하지만, 심리적 문제는 현실에서는 방법상의 문제로서 그렇게 말할 수밖에 없었다. 실제의 경기의 장면에서는 심리적인 상태에 따라 승패가 좌우되고 있다.

본장에서는 인간의 경기적 배후에서 체력이나 기술을 지배하고 있는 심리의 핵심을 이해하고, 경기자로 임할 때의 마음가짐을 배운다.

1. 경쟁의 심리와 성적

1) 경쟁의 심리

경쟁(競爭)이란 2명 이상의 사람이 같은 스포츠(운동)경기를 겨루면서 서로 상대보다 훌륭한 성적을 내려고 애쓰는 과정을 말한다. 이때 상대에게 이기려 하는 소망 또는 상대보다도 좋은 성적을 성취하려는 충동을 경쟁의식(競爭意識)이라고 부르고, 당사자들끼리 이러한 의식을 가지고 스포츠경기를 계속하는 상태를 스포츠경쟁 장면이라고 한다. "남보다 훌륭하고 싶다"는 욕구는 인간의 기본적 욕구로서 인정되고 있으며, 경쟁은 협동(協同)과 함께 사회적 행동의 기본적 형태를 이루고 있다.

경쟁의 개인적·직접적 충동의 욕구는 그린버그(P. J. Greenberg)의 『유아에 있어서의 경쟁심의 연구』에 의하면 3~4세부터 나타난다(표 12-1 참고). 이 연령은 자아(自我)의 싹틈과 시기를 같이 하고 있다. 여기에서 자아란 자기 자신에 대한 의식이나 사물의 현상을 바라보는 생각이나 입장에 대한 주체를 이른다. 자아의식(自我意識)의 발생은 타아의식(他我意識)의 발생을 암시하며, 이것은 또한 사회의식(社會意識)에의 전제가 되는 것이다. 여기에 경쟁(競爭)과 협동(協同)이라는 모순적 인간생존의 성격이 생기며, 갈등의 발생을 보게 되는 것이다. 경쟁은 또한 그 성질과 형태에 따라 개인경쟁·단체경쟁·복합경쟁의 형태를 이루며, 더욱이 직접경쟁·간접경쟁이라는 형태이다. 개인경쟁은 외적 경쟁과 내적 경쟁으로 나누어진다.

<표 12-1> 경쟁의식의 발달

연령	경쟁의식(%)		
	있다	없다	불명
2~3	0.0	89.5	10.5
3~4	42.6	55.6	1.8
4~5	69.5	23.1	7.4
5~6	75.9	15.8	8.3
6~7	86.5	5.4	8.1

예를 들어 체조경기에 있어서 팀 안의 개인의 성적이 단체의 성적도 합산된다면 개인의 성적순위까지 결정하는 경우는 개인과 단체의 복합형태이다. 투기(鬪技)는 직접경쟁이지만, 사격(射擊)은 간접경쟁이다. 개인경쟁에 있어서의 내적 경쟁이란 자기분리(自己分離)에서의 경쟁으로, 과거의 자기에 대한 현재의 자기도전(自己挑戰)이며, 의지박약(意志薄弱)한 자기에 대한 향상적 자기투쟁(向上的 自己鬪爭)이라 생각해도 좋다.

2) 경쟁과 성적

(1) 단독수행과 집단수행

경쟁의식과 관련해서 자신 또는 상대와 경쟁을 하면 반드시 성적이 높아지느냐 하는 데 문제가 있다. 100m 달리기에서 50명을 1명씩 뛰게 하여, 상위기록자 5명을 선발하여 서로 경쟁시켜 함께 뛰게 해 보면 단독달리기에서 기록이 가장 좋은 주자가 반드시 1등이 된다는 보장은 없다. 즉, 경쟁조건이 되면 약해지는 자와 반대로 강해지는 자가 있다. 이것은 연습할 때면 힘을 발휘하는 불펜에이스(bullpen ace: 구원투수)와 같은 것으로 개인의 성격과 대단히 밀접한 관계가 있다.

일반적으로 정서가 불안정하고 내향성격인 자는 집단 속에 들어간다든가 경쟁의 장면에서는 무너지기 쉬운 일면이 있다. 집단은 또한 특수한 성격을 가지고 있다. 집단장면은 경쟁심을 촉발하기도 하고, 그렇지 않기도 한다. 실험으로 100명의 고교생을 3개의 그룹으로 나누어 '엎드려 팔굽혀펴기 운동'을 단독조건과 집단조건에서 실시·비교해 보았다.

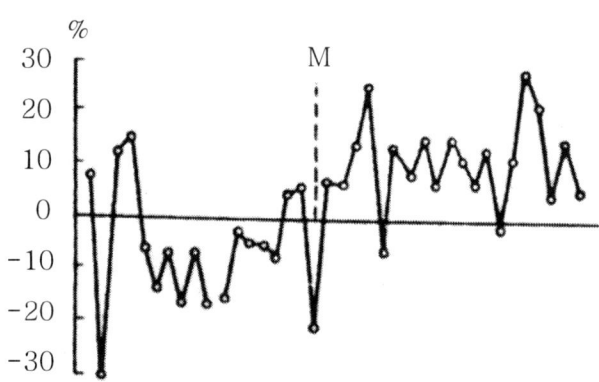

<그림 12-1> 경쟁의 장면에서 단독수행과 집단수행의 비교

<그림 12-1>에 있어서 중앙 0의 횡축(橫軸)은 단독조건에 있어서의 운동량(회수)을 성적순으로 어레인지(arrange: 정리)한 것이다. 1개의 점(。)은 3개의 그룹의 각각 해당하는 순위의 사람 3명의 평균치로 된 것이다. %는 단독조건에 대한 집

단조건의 증감(增感)을 표시한다. 또한 중앙의 점선 M은 단독조건의 평균치를 표시한다. 여기에서 분명한 사실은 평균보다 상위에 위치하는 자의 64.8%가 집단조건에 있어서 성적이 저하하였고, 반대로 평균보다 하위에 위치하는 자의 79.6%가 집단조건에서는 성적이 단독조건보다 향상했다는 점이다.

독일의 심리학자 뫼데(W. Moede)는 그의 운동속도에 관한 실험에서 "단독으로 빠른 자는 집단 속에 들어가면 느려지고, 단독에서 느린 자는 집단 속에서 촉진되는 경우가 많다"고 보고하였다. 집단(集團)은 경쟁적 교시를 주지 않아도 자연히 경쟁심을 자극하는 장(場)이다. 또한 그것이 집단사고가 되면 군중심리(群衆心理)가 되기도 한다.

(2) 경쟁조건

경쟁에서 같은 피험자를 사용하여 ① 힘이 같은 자, ② 힘이 비슷한 자, ③ 절대적으로 힘의 차가 있는 자의 그룹으로 나누어 각각 강한 경쟁심을 유발하는 교시를 주고 경쟁시켰다.

경쟁결과 효과가 오른 순으로 랭크(rank: 순위)했더니 ① 힘의 차가 작아 순위가 뒤바뀔 가능성이 있는 그룹, ② 힘이 균등한 그룹, ③ 집단조건, ④ 단독조건, ⑤ 순위의 변화가 일어날 가능성이 없는 그룹 순서로 되었다. 즉, 경쟁의 효과는 그 조건에 따라 여러 가지였으며, 조건에 따라서는 성적이 오르지 않는 경우도 있다.

(3) 힘의 발휘는 상대적인 것

경쟁이란 차이화(差異化) 규명을 위한 세로(종적)의 질서이다. 서로 남에게 이기려고 전력을 다하겠지만 거기에는 '힘의 경제' 및 '일반적인 상대성의 법칙'의 문제가 있다.

"항상 상대의 활동에 대한 합목적적(合目的的) 반응을 위해 필요한 만큼의 강함을 가진 신경흥분이 개개인에게 생긴다"는 뫼데(Moede)의 말은 개인의 힘이 항상 심리적 한계(psychological limit)에 있어서 발휘되는 것을 표시하고 있다. 휘트필드(John Whitfield)는 "경쟁은 타이밍을 만드는 것이 아니라 어떻게 해서 이기느냐이다"라고 말하였다. 그리하여 여기서는 이상목표보다는 어떻게 하여 당면한 상대에게 이기느냐 하는 현실목표 쪽이 보다 강하게 지배한다. 그 때문에 선수 상호간에 견제가 생긴다. 예를 들어 마라톤(marathon)경주의 경쟁에 있어서는 누구나 뒤에 따라 붙기를 바라며, 적당히 근접거리를 지켜가며 배후에서 선두주자를 지배하고 안정된 상태에서 최후의 스피드(speed)로 단숨에 승부를 결정하는 작전을 취한다.

다른 사람의 경쟁목표·페이스메이커(pacemaker)가 되는 것은 불리하지만 누군가가 선두에 나서지 않으면 승자가 될 수 없다. 따라서 그 집단의 힘은 선두주자의 힘에 의존하게 된다. 타임 레이스(time race)에서 어떤 조의 1위가 결승에 남지 못하고, 다른 조의 4위까지가 결승에 진출하는 경우가 있는 것은 이러한 요인에 기인한다.

또한 높이뛰기에 있어서 2m20을 뛰는 선수가 2m를 뛸 때 바(bar)와의 사이를 20cm나 두고 뛰는 경우가 없다. 바는 떨어트리지 않는 한 유효하며 제아무리 안타까워도 떨어트리면 무효인 것이다. 또한 바에 스치면서도 그대로 2m 46cm를 넘으면 세계기록이 된다. 1993년 쿠바의 하비에르 소토마요르(Javier Sotomayor, 1967~) 선수의 기록은 2m 45cm이다. 높이뛰기는 2위보다 1cm만 높이 뛰면 우승인 것이다. 달리기에서 가슴으로 테이프를 끊어 0.01초라도 먼저 터치(touch)를 하면 상대에게 이기는 것이다.

(4) 경쟁에 있어서 심·기·체(心·技·體)와 호흡

옛날부터 기(氣)·검(劍)·체(體)의 일치라는 말이 일컬어져 왔다. 무슨 일에 있어서도 그렇지만 심(心)·기(技)·체(體)가 조절되어 있지 않으면 좋은 성적을 얻지 못한다.

선(禪)에서 조신·조식·조심(調身·調息·調心)이라는 말이 있다. 이것은 경기에 있어서 성적으로서 나타난다. 이들의 관계를 그림으로 표시해 보면, <그림 12-2>와 같다.

<그림 12-2>는 환경(environment) 속에서(분위기를 동반한 경쟁장의 의미로 field로 표시하여 성적(performance)으로 나타내었다. 여기에 신체적 국면(physical aspect)·정신적 국면(mental aspect)·기술적 국면(technical aspect)의 3개의 요소를 묶어놓은 기저면(基底面) 위에 구성되는 삼각추(三角錐)의 정점에 위치한다

는 것을 나타내었다.

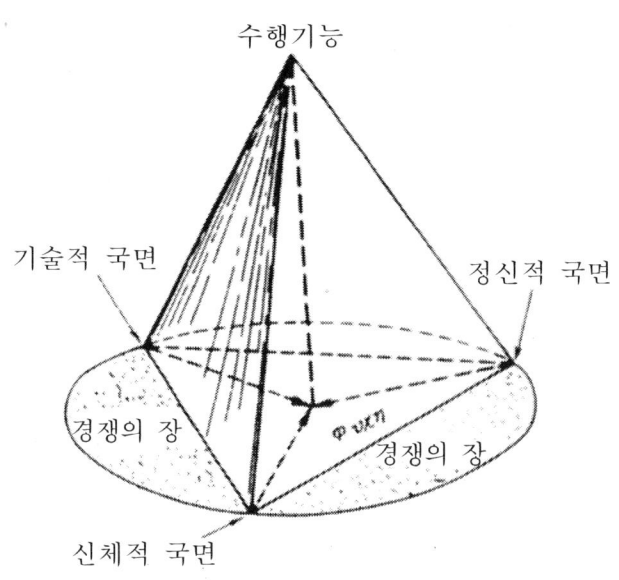

<12-2> 심·기·체와 호흡과 성적의 관계

경쟁에 임해서는 어느 쪽의 요소가 약해도 정점은 비뚤어진 위치로 기울던가, 또는 붕괴해 버리기 때문에 거기서 얻어지는 성적은 지극히 불충분한 것이 되거나 없게(無) 된다. 인간이 살아있는 몸을 가지고 생존하는 이상 신체(체력)를 무시하는 인간은 진지한 삶을 영위한다고는 생각되지 않는다. 체력이 있어도 기술에 불실이 있으면, 신체적 위축이 나타나 동작은 불안정하고 어색해진다.

반대로 기술이 있어도 체력에 불실이 있으면 그 기술을 충분히 활용할 수가 없어서 이 삼각추는 역시 무너져 버린다. 또 체력과 기술이 함께 구비되어 밖에서 보았을 때 아무런 부족이 없는 선수가 전연 동작에 어긋나는 것은 정신상태가 바람직하지 않았기 때문이다. 심(心)·기(技)·체(體)의 3박자가 갖추어져 있으면, 호흡이 가지런해지고 밸런스가 잡힌다. 여기에서 특히 '호흡'이란 그리스어 프쉬케는 어원적으로는 '호흡'의 뜻을 가지고 있으며, 점차로 영혼(靈魂)·생명(生命)을 지칭하게 되었으며, 마침내 '마음(心)'을 의미하게 되었다.

프쉬케(psyche)와 로고스(Logos)라는 단어에서 psychology(심리학)라는 말이 생겼다. '식(息: 숨)'이란 즉 '생(生)'이라 해도 좋다. '숨'은 심·기·체의 한가운데 있어서 그들의 조화의 표현이라고 생각하고 이 말을 사용한 것이다. 그리고 이 삼각추의 높이(성적)는 심·기·체의 질(質)과 강도(强度)에 따라 높아지기도 하고 낮아지기도 하며, 언밸런스(unballance)가 생기면 어느 쪽이든 기울어지거나 무너져 버린다. 운동경기에 있어서 체력과 기술의 트레이닝은 상식이기 때문에 특별히 강조할 필요는 없지만, 체력이 같다면 기술이 훌륭한 자가 이긴다. 기술이 같다면 체력이 있는 자가 압도할 것이다. 그리고 체력도 기술도 같다면 최후에 이 균형을 깨트리는 것은 정신력(精神力)이다.

2. 운동심리와 현상

1) 믿음이 주는 것

프로야구에서 실제 있었던 일화이다. 중요한 장면에서 타격부진의 선수에게 타순이 돌아왔다. 감독은 대타를 내보내지 않고 그 선수를 불러서 귓속말을 했다. "초구에 반드시 직구가 오니까 망설이지 말고 쳐라!" 하고는 등을 두드려 내보냈다. 과연 직구가 왔다. 침착히 겨냥해서 친 일타가 역전 결승타가 되었다. 회심의 커브볼(curve ball)을 던졌다고 생각했던 투수는 어리둥절하게 서 있었다. 그것은 누가 봐도 커브볼이었다. 그러나 이 타자는 "커브볼이었으면 치지 못했고, 직구였으니까 칠 수 있었다"고 말했다. 감독의 말 한 마디가 없었다면 이 선수는 정말 직구가 와도 칠 수 없었을 것이다.

징크스(jinx: 불운)는 집중력을 분산시키고 힘을 감쇄(減殺)시킨다. "백문불여일견(百聞不如一見)"이라는 말에 비하면, 이것은 지극히 신비하다. 우리들의 눈은 반드시 올바른 것을 보고 있는지 알 수 없다. 있을지도 모르는 신을 인식할 수 없고, 없을지도 모르는 신을 마음 속에 있게 한다. 두려워할 필요가 없는 것을 두려워하고, 무서워해야 할 것을 무서워하지 않는 경우가 있다. 할 수 있다는 신념이 그것을 가능케 하고, 할 수 없을지도 모른다는 의심과 불안은 사람의 마음을 불가능으로 이끌어가는 경우가 있다.

직구(straight ball)냐, 커브(curve ball)냐의 문제는 심리학적으로는 행동적 환경

(behavioral environment)과 지리적 환경(geographical environment)의 문제지만, '인식주관을 떠나서 그 자신에 있어서 존재하는 초월적 실재'를 인정한다. 인정하지 못한다는 유물론(唯物論)과 관념론(觀念論)의 철학적 논쟁의 근원으로 소급해 올라가는 문제이기도 하다.

객관적이라는 것은 반드시 절대적인 것이 아니며, 세상의 일들은 착각(錯覺)으로부터 성립되기도 한다. 직구와 커브의 문제도 이것을 초월하여 염두에 두지 않았기 때문이다. "커브는 과연 구부러지느냐"는 의문의 논의는 이미 19세기의 말엽부터 제기되었다. 이것이 1941년의 라이프지(Life誌)는 '야구의 커브는 눈의 착각'이라는 기사를 게재했다. 2명의 투수에게 커브를 던지게 하고 투구의 궤적을 고속 촬영하여 분석한 결과, 투구는 거의 구부러져 있지 않았고, 적어도 타자 근처에서는 직선이라는 것을 발견했다는 것이다. 그러나 이에 대해서는 곧 다음 호에, 오랜 경험을 가진 한 포수(捕手: catcher)로부터 즉시 반론이 있었다. 커브는 실제로 구부러지는 것으로 결코 눈의 착각이 아니라는 것이다.

그로부터 8년 후인 1949년에 루크지(Look誌)는 커브는 물론이고, 보통 직구라고 불리는 것조차도 사실은 어느 정도 커브라는 글을 게재했다. 커브를 던지는 것도 어렵지만 직선의 투구를 던지는 것도 대단히 어렵다는 것이다. 그래서 하나의 생각으로서 '직구는 가볍게 구부러지는 커브', '커브는 많이 구부러지는 직구'라고 생각한다면, 이미 말한 감독의 지시는 지극히 정당한 것이 되는 것이다. 게다가 승부는 40cm폭(幅)의 홈베이스(home base: home plate) 내의 것이어서 이 범위(strike zone)에서 벗어난 투구는 이른바 볼(ball)이기 때문에 칠 필요가 없는 것이다. 타니 이치로(谷一郎, 東大第二工學部)는 이들 논쟁에 자극되어 커브가 구부러지는지 아닌지를 검증하기 위해 풍동실험(風洞實驗: wind tunnel testing, 바람이 미치는 실험)을 행하고 그 결과, "야구의 커브는 역시 실제로 구부러지는 것으로 그 이유는 보통 교과서에 있는 설명 그대로 된다"는 결론을 얻었다.

2) 심신과 컨디션

가와가미 테츠하루(川上哲治) 야구선수·감독은 그의 저서『나의 생애의 야구』에서 컨디션이 좋을 때는 투구가 정지된 것처럼 보였다고 표현하고 있다. 야구에서 투구는 충분히 끌어들여서 치라고 흔히 말한다. 투수가 던진 투구는 다소의 차이는 있지만 대체로 0.4~0.5초로 홈 베이스에 도달한다. '정지되어 보이거나, 끌어들이거나'란 있을 수 없는 것으로 타자는 투수의 일거수일투족을 보고 있으며, 투구동작을 일으키기 이전부터 대비하고 있어서 기분적으로는 충분히 끌어들일 수가 있다. 물리학적으로는 설명이 불가능한 것이 심리학적 사실로서는 실제로 존재하며, 그것이 결과에 확실하게 작용하기 때문에 놀라운 일이다.

컨디션이 나쁠 때는 페어웨이(fairway: 공이 날아가는 통로)가 좁게 보여서 대단히 거북하며 타구가 지그재그(zigzag)로 날아오는 것처럼 보인다. 타구가 OB(outbound ball: 필드 바깥)되지 않을까 생각하면, 그대로 OB가 되는 경우가 많다고 한다. 컨디션이 좋을 때는 페어웨어는 대로처럼 광활하게 보이고 마음이 느긋하며, 수족이 편안해 타구는 생각했던 곳으로 자유롭게 날려 보낸다는 것이다. 야구도 호조(好調) 때는 볼이 마치 배구공처럼 보이고, 농구의 골대 링망(ring 網)이 큰 통처럼 크게 보여 어디서 던져도 들어가지만, 불호조(不好調) 때는 그것이 작게 보여 '안 되겠구나'하는 느낌이 먼저 들면 실패하는 경우가 많다는 것이다. '넓게 보이기도 하고 좁게 보이기도 하고, 크게 보이고 작게도 보이기도 하는 것'은 시간이 길게도 느껴지고, 짧게도 느껴지는(주관적 시간) 것과 같은 것으로 자신의 컨디션의 좋고 나쁨에 따른 영향은 도저히 물리적 해석이 안 되지만 이것은 결과를 확실하게 지배한다.

예를 들면 국립경기장은 물리적으로는 어느 선수에 대해서도 일정한 크기의 것이지만 강한 선수에게는 좁게도 보이고 관중의 수도 적게 보이는 것이다. 반대로 약하고 자신이 없는 선수에게는 이상하게 경기장이 거대하게 보이며, 비록 몇 명의 관중이라도 너무 많은 것처럼 느껴진다. 이런 것을 심리학에서는 사회적 지각(社會的 知覺)이라고 부른다. 이와 같이 강자는 용기백배하고, 약자는 의기소침해 마음이 위축해 있기 때문에 싸우기 전부터 이미 승부는 결정되어 있는 것과 같다. 높이뛰기 선수는 컨디션이 나쁠 때 보이는 것이 경기장주변의 상황에 대해 다음과 같이 보고하였다.

① 바람도 없는 데 바(bar)가 흔들리고 있는 것처럼 보인다.
② 바가 직선이 아니고 상방으로 휘어 오른 것처럼 보인다.
③ 바가 이상하게 굵게 보이고 장해물이 가로막고 있는 것처럼 보여 마음 속에

저항이 생긴다.

④ 바의 폭이 좁게 보이며 지주(支柱)가 방해하듯 느껴진다.

⑤ 맞은편 관중의 움직임이 이상하게 눈에 띤다.

⑥ 카메라맨이나 임원들이 마음에 걸려 신경질이 난다.

⑦ 아나운서나 박수 등 관계없는 경기에 대해 관중의 떠드는 소리가 마음에 걸려 집중할 수가 없다.

⑧ 도움닫기까지의 시간이 아주 길게 느껴져 그 긴장으로 정신을 집중하지 못한 채 아무렇게나 도약해 버린다.

또한 세계는 물리적으로는 만인에 대해 똑같은 환경이지만 현실에 살고 있는 한 사람 한 사람에게는 다른 세계로서 비쳐지고 있다. 즉, 인간은 각각 다른 세계를 바라보면서 살고 있다. 사람을 지도하는 경우에 지도자가 선수도 자기와 같은 세계를 보고 있다고 생각하고 지도하면 실패한다. 그 사람이 어떠한 위치에 서서 그가 어떠한 세계를 보고 있는가를 알아차리지 않으면 안 된다. 그리고 그러한 세계를 보는 것은 개인의 성격·경험·지식·능력, 그때그때의 심신의 상태에 따라 달라진다.

3. 마음과 몸

1) 마음과 몸

과거 배면뛰기라는 기술이 없었던 시대의 어떤 대학에 2명의 높이뛰기 선수가 동시에 입학했다. A선수는 신장 182cm, 고교 때의 높이뛰기 기록은 180cm였으며, B선수는 신장 168cm로 높이뛰기 기록은 170cm이었다. A선수는 대단한 기대 속에 입학했고, B선수는 거의 기대하지도 않았다. 4년 후 A선수는 192cm 즉 입학 때의 기록을 12cm 향상시켰고, B선수는 208cm 즉 입학 때 기록을 무려 38cm 발전시켰다.

B선수는 괄목할 만한 성장을 보였다. 그는 향상 다음과 같이 자기암시를 걸었다.

① 1일 동안 잠을 안자고도 2m를 확실히 넘을 수 있다.

② 1일 동안 식사를 안 하고도 확실히 2m를 넘을 수 있다.
③ 언제 어느 때라도 항상 2m를 넘을 수 있다.
④ 어떠한 소란한 환경에서도 그것과 단절하고, 정신통일을 유지할 수 있다.
⑤ 바는 밑에서 올려보지 않고, 위에서 내려다본다.
⑥ 도움닫기 후 바의 바로 앞에서 힘차게 밟아 오른다.

요컨대, 2m란 일류의 하이 점퍼라면 눈을 감고라도 뛰어넘을 수 있지 않으면 안 되는 최저의 규준(規準)이라고 생각하기 때문이다. 그리고 신장차 40±5cm의 높이를 극복할 수 있는 선수라면 절대치는 어떻든지 간에 초일류선수라고 말해도 좋다. B선수의 신장 차는 40cm이며, 이런 비율이라면 A선수는 220cm까지 기록을 올릴 수 있는데 10cm의 신장차인 192cm에 멎었다. 여기에는 여러 가지 이유가 있었다. B선수는 이 경기 한 길로만 청춘을 걸었지만, A선수는 스포츠란 결국 스포츠에 불과하다는 생각을 가지고 있었다. "하이 점프에 청춘을 걸 작정이라면 배를 가를 각오로 해라"는 충고를 B선수는 진심으로 받아들였다.

A선수의 사고법은 스포츠의 본의(本意)라는 견지에서는 정당한 것이다. 스포츠는 배를 가를 각오로 하는 것은 아니기 때문이다. 그러나 배를 가를 각오로 하는 것이 중요하다. 본시 스포츠는 자유로운 것이기 때문에 어느 쪽 생각이 '좋다·나쁘다'고 말할 수 있는 것이 아니다. 다만 어떠한 기분으로 하느냐 하는 것이 결과를 상당히 다른 방향으로 이끌어간다고 할 수 있다. 한 때 올림픽에도 출장해서 장래가 촉망되던 여자수영선수가 "수영하는데 열정을 가질 수 없게 되었다"고 선언하고 깨끗이 은퇴해버린 사례가 있었다.

여기에는 인생에 있어서의 가치관의 문제가 투영되어 있다. 선수를 풀 사이드(pool side)까지 데리고 갈 수는 있다. 그러나 수영할 것인지 안할 것인지는 선수에게 달린 것이다. 지도의 한계가 여기에 있다. 지도가 단순하게 체력과 기술의 영역에 머물고 정신지도에 전연 미치지 않는다면 스포츠 동기화(動機化)가 결여되었다. 인간은 뭔가의 가치의식(價値意識)·목표의식(目標意識)에 뒷받침되지 않고서는 자기의 행동에 열정을 느끼지 못한다. 따라서 선수의 지도에 임해서 높은 견식(見識)과 넓은 시야(視野)를 바탕으로 한 동기부여(動機附與)가 필요하며, 거기에 감응(感應)하여 선수자신이 속으로부터 주체적으로 동기(動機)되지 않으면 좋은 효과를 얻지 못한다.

2) 기록향상의 요인

우리는 '달리는' 몸을 가지고 보다 빨리 달리고자 하는 욕구를 가지고 있음으로써 '달리기' 기록을 향상시켜 왔다. 그런데 사람보다 빨리 뛰는 동물은 많이 있다. 이것은 생체(生體)에 구비되어 있는 기능·자세·기술 등의 점에서 인간과 다르기 때문이다.

인간이 계통발생적으로 4족동물로부터 2족보행으로 변화했다는 자세상의 변천과정은 있었지만, 몸생김 그 자체는 변화하지 않았다. 따라서 인간의 주력(走力)은 최종적으로는 이 신체적 조건에 제한되어 있는 것은 틀림없다. 그러나 그 조건 안에서 지극히 조금씩이기는 하나 기록을 계속해서 향상시켜온 요인이 뭐냐고 묻는다면 그것은 '마음'이라고 대답할 수밖에 없다.

라이더(H. W. Ryder) 등은 과거 50년간 달리기경기에서의 기록을 조사, 인간이 달리는 속도는 아직 생리학적 한계에는 도달하지 않았으며, 도리어 기록의 향상을 억누르고 있는 것은 '마음'이라고 결론을 지었다. 그들의 연구에 따르면 "챔피온(champion)이 되고자, 하는 자가 뛰어넘어야 할 벽은 심리학적인 것이라는 결론이 나왔다.

즉, 한 번 기록을 만들고 그 기록을 깨뜨리려고 노력하는 경기자의 의욕이 다음의 기록을 만드는 결정요인이다"라는 평범하고 당연한 결론을 얻었다. 인간에 관한 것으로 심리적이 아닌 것은 한 가지도 없는 것이다. 기록상에서 인간의 능력으로서 100m의 기록은 10초가 한계라던 벽을 넘어 9초대가 나온 것이다. 그리고는 9초대가 어느 듯 상식처럼 되어버린 것이다. 그런데 어떤 기록이 한 사람의 영웅에 의하여 돌파될 때까지는 모든 선수가 그 기록 앞에서 제자리걸음을 하는 현상도 있다. 마치 그 기록은 넘어서는 안 될 터부(taboo)나 되는 것처럼 모두 침묵하고 있다. 이 현상을 집단적 금기현상이라고 한다. 그러나 누군가가 이 현상을 돌파하면 인간체내에 잠재해 있던 능력이 일제히 눈을 뜬다. 이것은 이상목표가 현실목표 즉, 가능성의 선까지 끌어올리는 것을 의미한다. 다시 말하면 '불가능'이라는 암시에 걸려 집단적 최면상태에 있던 자가 깊은 수면상태로부터 깨어난 것이다.

4. 얼어버림

1) 얼기 현상

스포츠의 장면은 전형적인 형식에 있어서의 스트레스를 가져오는 긴장장면이다. 긴장장면에 있어서 그 긴장수준에 맞는 정서적 흥분이 일어나는 것은 합목적(合目的: 목적에 맞음)인 적응현상으로 자연스러운 일이며 그 자체는 아무 문제가 없다. 문제는 정서적 흥분이 대뇌피질(大腦皮質)의 중추신경을 혼란에 빠트려 그 결과 신경지배가 흐트러져 통제실조(統制失調)가 일어나 본래의 능력을 발휘 못하게 하는 것이다. 이런 상태를 지칭하여 '얼었다(frozen)'고 한다. 경쟁의 항목에서 이미 언급했던 불펜에이스, 연습장에서만의 천하장사, 또는 단독달리기에서는 빠르지만 경쟁하면 지고 마는 선수 등에게서는 분명히 '얼었다'는 현상(現象)이 보인다. 얼어 버리면 협착화(狹窄化)와 확산화(擴散化)라는 두 가지의 현상이 일어난다.

① 협착화
선수 개인의 시야가 몹시 좁아져서 국면(局面)이 보이지 않는 것이다. 즉, 마음이 조그맣게 굳어져 버려서 안으로 틀여박혀 버리기 때문에 경기장에서의 움직임도 정지해 버리고 코치가 무슨 말을 하든 표면으로는 끄떡거려도 조언의 내용은 귀에 들어오지 않는 사태에 빠진다. 이것은 자기에게 집중하고 있는 것이 아니라, 오로지 조개처럼 껍질 속에 몸과 마음을 움츠리고 있는 것이 된다.

② 확산화
선수가 자신이 없는 것처럼 느껴지고, 주위의 상황만이 마음에 걸려 문자 그대로 마음이 흩어져 집중하지 못하는 현상이다. 즉 자기가 자기에 의하여 확실하게 관리되어 있지 않은 마음의 상태인 것이다. 이것은 이미 말한 것처럼 부조화 때의 높이뛰기선수의 눈에 비치는 바의 모양과도 같다.

컨디션이 좋지 않다는 의식은 '얼기(freezing)'의 원인이 된다. 이러한 의식은 징크스와도 결부되어 마이너스 암시로 작용한다. 즉, '안 되겠다'는 의식은 개인의 행동을 모두 지극히 합리적으로 그리고 확실하게 안 되는 방향으로 이끌어가는 것이다. 안 되는 것은 안 되겠다고 생각하니까 안 되는 것이다. '얼기'는 무대공포증(stage fright) 또는 대인공포증(anthrophbia)이라고도 일컬어진다. 세계적 바이얼리니스트로 불리는 야샤 하이페츠(Jascha Heifetz, 1901~1987)도 카네기 홀(Carnegie hall)의 무대에 설 때는 항상 스테이지 옆에서 출연을 기다릴 때 머리가 갑자기 아픈 듯 한 긴장이 생긴다고 했는데, 이것은 끝가지 낫는 일이 없었다고 술회하였다. 일본 대중의 만담가·화술의 대가라고 일컬어졌던 도쿠가와 무세이(德川夢聲, 1894~1971)도 연단에 오르기 전에는 역시 몸이 떨리고 숨쉬기가 어려울 정도로 긴장된다고 하였다. 초일류의 대가도 얼어 버리는 경우 자신이 이 긴장을 컨트롤하여 좋은 결과로 연결시키고 있는 것이다. 이처럼 협착화와 확산화는 정반대의 현상이며, 전자는 심신이 위축된 반면, 후자는 실감적으로 '발이 땅에 닿지 않고, 구름 위를 걷고 있는 기분'으로 이끌려 가는 허황한 현상이다.

선수 중 어떠한 때에 얼어 버리는지를 정리해 본다.
① 관중에 관한 것: 관중의 양과 질의 문제이다. 수(數)가 많으면 특수한 자극적 분위기가 생기고, 또 그 안에 특히 자기와 밀접한 관계가 있는 사람이 섞여 있는 것 같은 질(質)의 문제가 있다.
이 때문에 국내에서는 약하지만 해외에서는 의외로 힘을 발휘하는 선수가 있는데 그것은 청중을 의식할 필요가 없기 때문이다.
② 시합의 질에 관한 것: 지방에서 열리는 시합이냐, 단순한 연습을 위한 친선시합이냐, 또는 전통적 학교시합이냐, 일생의 운명을 건 올림픽예선 또는 본 시합이냐 등이다.
③ 승패의식에 관한 것: 어떻게 해서든지 이기고 싶다. 이기지 않으면 안 되겠다는 의식이 작용할 때 기대가 크고 책임이 무거운 경우 등이다.
④ 경쟁상대의 질에 관한 것: 상대가 너무 강적이라든가 다루기 어려운 상대일 때는 얼어 버린다.
⑤ 플레이에 자신이 없는 경우: 충분히 기술을 다루지 못할 때, 기술이 정연하

지 못한 경우, 또는 연습이 불충분하다는 의식이 있을 때 얼어 버린다.

2) 얼기 현상의 극복

사람이라면 누구나 중대한 국면(局面)에서 긴장 안하는 자가 없다. 긴장이 있으니까 능력을 발휘할 수 있는 것이다. 이것은 일반적으로는 정서가 불안정하고 신경질적이고 내향적인 사람이 얼어 버리기 쉽다. 그러나 이러한 성격을 가진 사람은 명인기질적인 데가 있어서 일단 심리적 장애를 극복하고 자신을 가지게 되면 전연 딴 사람처럼 침착하게 완전한 플레이를 하기도 한다. 자신(自信)이라고는 하나 이것은 상대적인 것이며, 상대가 바뀌면 곧 자신이 없어져 버리거나, 상대방에게 그대로 압도되어 버리는 경우도 있다. 또한 완벽하게 하려는 의식이 지나치게 강하면 흐트러지는 원인이 된다. 사람이 하는 일에 완전한 것이란 없다. 승패는 시운(時運)이라는 것도 있기 때문에 문제는 자기가 납득할 수 있는 과부족 없는 기술·힘의 발휘가 중요한 것이다.

또 자기만이 '얼고 있다'고 생각하면 잘못이다. 누구나 얼고 있는 경우가 많다. 선수가 아무렇지도 않은 듯한 얼굴을 하고 있더라도 내심은 긴장하고 있다. 상대는 눈길도 보내지 않는데 자기를 보고 있는 것처럼 생각되는 것은 과잉자의식(過剩自意識)이다. 이것이 또한 역으로 작용하여 자기가 이상하게 작고 약하다고 생각되기도 한다. 사람은 저마다 자기 자신의 일로 가득 차 있으며, 관중 또한 무책임한 존재인 것이다. 다른 사람은 생각처럼 자기에게 신경을 쓰지도 않는다. 여러 가지로 의식이나 사고법, 견해를 바꾸는 것으로 '얼어 버리기'를 막을 수는 있다.

체력과 기술의 트레이닝과 같이 일상심(日常心)의 트레이닝도 소홀히 하지 않는 것이 중요하다. 경기장에서는 신경성 빈뇨(神經性頻尿)라는 현상이 일어난다. 자꾸만 변소에 가고 싶어지는 것이 바로 그것이다. 그러나 방뇨할 때, "이 소변과 함께 불안한 마음이나 두려움이 모두 체외로 빠져 나간다. 방뇨가 끝나면 기분이 상쾌해져서 대단히 침착해진다"는 암시를 주므로 이것은 실제로 소변이 체외로 방출되고 있기 때문에 실재감이 수반하므로 이것을 이용하는 것이다.

5. 원정경기의 심리

약한 새라도 자기의 영역 안에 있으면 강해진다고 한다. 그것은 새가 자기의 영역에서 싸우고 있다는 지리(地利)의 면도 있는 것이겠지만, 다른 면으로는 정신적인 근거(根據)인 든든함 같은 것이 플러스가 되어 있다. 즉, 외부에서 침입(侵入)해온 새에게는 마치 타관 사람이 느끼는 열등감을 갖는다는 것이다. 이것은 생물학자의 해석이라는 점에서 재미있다. 인간도 자연의 소생이며 생물로서는 새와 같은 기반(基盤)에 있는 것이다. 따라서 새로운 환경에의 적응이라는 문제에 관해서는 전두엽을 작용시키기 이전에 시각을 중심으로 오감(五感)에 의한 미묘한 위화감 감수(違和感 感受)가 신체적 측면에서 일어나고 있는 것이다.

어디를 가던 지 잘 자고, 잘 먹고, 오관(五官)에 접촉되는 이향(異鄕)의 모든 것이 진기하고 즐거운 그런 사람은 문제가 없다. 그러나 잠자리가 바뀌면 좀처럼 잠들 수 없으며, 식욕이 돌연히 감퇴하고 심신이 변조(變調)되는 사람, 보는 것·듣는 것·접하는 것 모두가 이질적이고 편안치 않은 사람은 원정(遠征)할 때는 어쨌든 문제가 생기곤 한다. 선수는 홈그라운드(home ground)의 이점도 있지만 어떠한 이질의 환경 속에서도 똑같이 플레이할 수 있으며, 평소와 다름없는 역량을 발휘할 수 있도록 마음훈련을 게을리하지 말아야 할 것이다.

6. 지도자의 태도

리그 최강팀을 만들어 낸 유명한 구단의 야구감독이 최하위팀 감독으로 부임해 왔을 때, 팀 내에는 일제히 냉기가 돌 정도로 이상한 긴장감이 감돌았다. 지금까지 별로 대단한 플레이를 못했던 선수들은 체념이 교차하는 가운데 새로 부임한 감독에게 최후각오를 한 투수가 한 사람 있었다. 과거 2년간 1승도 못 올린 놀라운 기록의 소유자였다. 사표를 권고받기보다는 먼저 자진사퇴하는 편이 좋겠다고 결심하고 감독에게 그 뜻을 전했다. 감독은 투수의 얼굴을 유심히 바라보면서 "농담하지 말게, 자네에겐 앞으로 대활약을 기대해야겠다고 생각했던 참이야. 잘

못 생각하면 안 되네, 도대체 자네는 자네의 힘을 완전히 발휘 못하고 있지 않았나, 앞으로는 분발해서 어디 날 좀 도와주게나, 부탁하네"라고 말했다. 그 순간 이 투수는 머리끝에서 발끝까지 전류가 흐르고 이상한 감동을 느꼈으며, 투수의 마음 속에는 지금까지와는 다른 생명력이 샘솟기 시작하여 몸의 모든 세포가 소생한 것처럼 생생하게 작동하기 시작했다. 선수의 얼굴을 거의 바꾸지 않고 최약의 팀에서 최강의 팀으로 만든다는 것은 무엇인가? 그 감독은 프로야구 제일의 지장(智將)으로 일컬어지며 계산이 지나치게 치밀해서 인간성이 결핍되어 있다고도 했다. 그리고 그 투수에게 보여준 인간성도 심리학적으로는 비상하게 계산된 것이다. 밑져야 본전이기 때문이다. 감독의 말투는 바야흐로 인간심리의 핵심을 찌른 것이었으며, 선수를 하나도 바꾸지 않고 선수 개개인의 잠재력을 질적으로 바꾸어갔던 것이다.

'말' 자체가 객관적인 힘을 갖는 것이라면 누구나 그 말을 하면 같은 효과를 가져야 되는 셈이다. 그러나 사실은 그렇게 안 된다. 이 신임감독의 말 배후에는 의심할 수 없는 실적과 찬란한 영광에 감싸인 권위가 있었다. 이것은 심리학적으로는 '후광효과(後光效果: halo effect)'라고 한다. 권위 있는 감독의 말은 한 마디 한 마디가 신뢰되며, 그 때문에 선수들은 비상한 의미를 가지고 받아들이는 것이다. 그리고 이것은 절대적인 암시효과(暗示效果: intimation effect)를 가지게 된다. 만약 감독이 기술만을 문제로 하는 인물이라면 어떠한 것도 자기 마음대로 할 수 있는 입장에 있는 만큼 마음대로 선수교체를 했을 것이다.

어떤 올림픽선수는 그의 해외시합에서의 체험으로부터 지도자와 선수의 입장의 관계에 대해서 말하기를, 팀 리더가 외국의 유명선수나 임원들과 서로 어깨를 치며 담소하고 체육관 한 가운데를 당당히 활보할 수 있는 사람이라면 그를 따르는 선수들도 부지불식간에 체육관 한가운데를 걷게 된다고 한다. 이와는 반대로 팀 리더가 국제성이 없어 어딘가 불안스러운 표정으로 체육관의 구석을 힘없이 걷게 되면 선수들도 일제히 기분이 위축되어 왜 그런지 얼굴을 숙이며 체육관의 귀퉁이를 걸어 다니게 된다는 것이다. 팀을 인솔하는 사람은 외국어를 잘하고 국제성이 있는 사람이 적임자이다. 가령 말을 잘 못하더라도 성격적으로 개방적이고 강인한 사람이 해외에 나갔을 때는 믿음직스러운 존재가 된다. 그러나 선수를 진정으로 활약(活躍)시킬 수 있는 사람은 대담함과 섬세함을 겸비하고 엄격함을 지닌

3박자 인간으로서 따스한 마음을 가진 사람이다.

높이뛰기에서 1971년 미국의 맛더프(P. Matzdorf)라는 높이뛰기선수는 229cm를 뛰어넘었다. 공인으로서 1963년의 소련의 브루멜(Brumel)의 기록 228cm를 넘은 것이었다. 기록 면에서 1993년 쿠바의 하비에르 소토마요르(Javier Sotomayor, 1967~)가 스페인의 살라망카(Salamanca) 도시의 국제육상대회에서 2m 45cm를 작성하여 아직도 그의 기록을 깨지 못하고 있다. 그후 소토마요르는 1992년 스페인의 바르셀로나올림픽에서는 2m 39cm로 금메달을 획득하였고, 2000년 호주(오스트레일리아)의 시드니올림픽에 참가, 비바람이 내리치는 가운데 2m 32cm를 기록 은메달에 그쳤다. 그런데 이 맛더프선수의 도약자세는 무릎을 깊이 꺾어 구부린 개구리 뛰기처럼 보이는 지극히 '변칙 흔들기'인 배리 롤(vary roll)이었다. 이 기묘한 '개구리 뛰어넘기' 자세를 보고, 코치는 무릎을 펴는 것(소련의 부르멜 처럼 앞선 다리를 곧게 펴서 바를 넘어가듯이)이 좋지 않겠느냐고 충고하였다. 그러나 상당한 기간 이 뛰어넘기를 지켜보고 있던 코치는 마침내 그의 충고를 취소했다고 한다. 이것은 대단히 중요한 점이다. 맛더프 자신도 그때까지 여러 가지 높이뛰기방법을 시행한 결과 이러한 자신의 폼으로 낙착시킨 것이었다. 이것을 잘못 이해하면 선수가 코치의 말을 듣지 않는다거나, 코치가 자기생각을 강요한다는 등 상호불신이 생기고, 서로 마음이 개운치 않은 분위기가 생겨 부지불식간에 슬럼프에 빠져 버리게 된다.

가령 카운슬링(counseling)을 생각해 볼 때 스포츠의 경우 선수에 대해서 제일 잘 알고 있는 코치나 감독이 카운슬러로서는 제일 좋은 위치에 있다고 하는 사람이 있지만 그것은 반드시 그렇지는 않다. 카운슬러는 내방자(來訪者)를 전면적으로 받아들여 용인하는 변호사의 입장이 아니면 안 되는데 감독이나 코치는 선수에 대해서 잘 알고 있어서 일일이 지적하여 지나치게 지도하려 한다. 또한 선수가 감독이나 코치에 대해서 품고 있는 불만을 그 당사자에게 호소할 수도 없다. 즉, 감독이나 코치는 변호사와 검사의 역할을 겸해 가지고 있기 때문에 좋기도 나쁘기도 한 입장이다.

전미여자프로골프(1977년) 선수권에서 우승한 히구치 히사꼬(桶口久子)의 타법은 몸을 크게 움직이는 변칙타법(變則打法: sway 타법: 스윙할 때 상반신이 좌우 또는 상하로 움직이는 것)으로 미국에서는 크레이지 스윙(crazy swing: 미치광이

타법)이라고 일컬어졌다. '스윙에 버릇이 있는 자는 이길 수 없다'는 징크스가 있다는 미국에서 당당히 세계제일이 된 것이다. 그러나 그녀는 파워를 붙이기 위해 굳이 '미치광이타법'을 고안해 낸 것이다. 히구치 히사꼬 선수를 키워낸 코치 나카무라(中村寅吉)도 또한 왕년에 진묘(珍妙)한 타법으로 세계의 강호들을 차례로 물리치고 캐나다 컵에서 우승한 경력의 소유자였던 만큼 그 독자성을 인정함으로써 성공으로 이끌어갔다고 하겠다. '프로크루스테스의 베드'라는 그리스 신화가 있다. 프로크루스테스(Procrustes)는 고대 그리스 아티카(Attica)의 강도(强盜)로 "그는 길손을 잡아다 사람을 베드에 눕히고 사람이 침대 길이보다 길면 남은 부분을 잘라버리고, 짧으면 망치로 늘려서 베드의 길이와 같게 했다"는 이야기처럼 지도자들이 억지로 자기규준에 맞추려는 획일적 방법을 사용해서는 안 된다.

어떤 스포츠이든 간에 세상에서 가장 이상적인 폼과 방법은 오직 하나라고 생각된다. 이것은 두 가지 뜻이 있다. 하나는 만인에게 공통된다고 생각되는 계산에서 산출된 평균이론이다. 평균이론을 출발점으로 하여 개인을 위치시키면 대단한 혼란이 생긴다. 평균이론은 만인에게 공통되는 요소를 가지고 있으면서도 어느 개인에게 타당하지 않는 가공의 이론이다. 지도자가 억지로 이 원리에 선수를 때려 맞추려고 하면 프로크루스테스의 침대 위에 선수를 눕히는 결과가 된다.

또 한 가지 원리는 그 개인에 타당한 이상적인 폼이나 방법이 오직 하나가 있다는 의미이다. 개인은 각각 다른 체격·체질을 가지고 있으며, 다른 성격·생활 경력을 가지고 있다. 개인이란 평균적인 면에서 일탈(逸脫)했기 때문에 개인인 것이다. 무턱대고 숫자가 나열된 과학적(科學的) 분식(粉飾: 겉만 분장하고 꾸밈)에 현혹되어 눈앞에 살아있는 인간(개인)을 망각하고 평균이론에 맞추어 버리려 하면 선수지도에 반드시 실패를 유발시킨다.

어떤 한 사람의 선수가 경이적인 기록을 내기라도 하면 온 세계가 일제히 몰려든다. 1968년 멕시코시티올림픽에서 미국의 높이뛰기 선수인 포스베리(Dick Fosbury, 1947~)의 배면뛰기(fosbury flop)가 높이뛰기의 기록을 비약적으로 향상시킨 것과 같은 사실이 있다. 따라서 그러한 새로운 방법을 연구하여 맛더프처럼 세계의 흐름에 반항하여 완고(頑固)하리만치 배리 롤(vary roll)을 연습하여 성공하는 선수들도 있다는 것을 유념해야 한다.

제13장
운동과 스트레스

1. 스트레스 용어의 정의

'스트레스'란 대체 무슨 바이러스(virus)이기에 만병의 근원이라고 하는가? 흔히들 말하는 것처럼 '스트레스 받았다', '스트레스 쌓였다' 하는 것은 영어로 'Stress'이다. 처음 영어를 배울 때 'stress'는 '(음조의)강세'로 알았고, 보다 이해의 폭을 넓혀 '압박·강제·곤경·긴장'의 의미로 알게 되었다. 산업혁명 이후 더욱 복잡다단한 사회로 발전·변천되면서 인간은 신체적·정신적·감정적으로 바람직하지 못한 것들에 더 많이 직면하게 되었다. '스트레스'는 이전부터 있어왔던 더위·추위·배고픔·노역·피로 따위 원초적·생리적인 것과, 현대경쟁사회의 특징적인 고도의 긴장·불안·걱정·초조·갈등·분노 같은 것에 처해질 때, 인간의 '욕구에 대한 육체에 부과되는 신체적 반응현상'이라고 정의하였으며, 이는 질병의 원인을 제공한다는 것이다. '스트레스'의 어원은 14세기 이후 고(古)프랑스어의 '에스트레스(estrece)'는 'compressed(압착된·압박된·중압감)'의 뜻과, 라틴어 '스트릭투스(strictus)'는 '팽팽히 죄다'와 'narrowness(좁음·협소)'의 뜻에서 유래되었다고 한다.

노스웨스턴(North Western)대학의 심리학교수 허만(M. G. Hermann)은 그의 저서 『Testing a Model of Psychological Stress』에서 '스트레스의 개념을 자극·매개변수·자극반응의 연속체'로 분류하고 다음과 같이 설명하였다.

① 스트레스란 생체가 자극을 받으면 반드시 일반화된 반응이 일어난다고 말할 수 없다.

② 물리학에선 물체의 구조에 보이는 '찌그러진' 상태를 스트레스(stress)라

한다.

③ 생리학에선 유기체의 반응으로서 스트레스를 말한다.

④ 심리학에선 자극의 장면을 중심으로 해서 야기되는 반응으로서 S-R양자의 개적인 요인으로서 파악한다. 적정의 흥분은 대뇌의 활동수준을 높이고, 교감신경을 자극하여 신체를 활동하기 좋은 상태로 만든다. 그런데 스포츠 시합의 장면 등에서 과도의 긴장 때문에 정서적으로 너무 흥분하면 사고·추리·판단 등을 담당하는 중추(中樞: 대뇌피질)의 작용에 혼란이 생긴다. 그렇게 되면 대뇌작용의 하나인 신경지배도 흐트러져 자기 자신을 통제할 수 없고, 지적인 면뿐만 아니라 신체지배도 나빠지게 되며, 아무리 노력해도 평상시의 힘을 발휘할 수 없게 된다. 이와 같이 심신이 정상으로 작용하지 않으면 복잡한 장면에 잘 적응할 수 없게 되는데 이러한 긴장상태를 스트레스라 한다.

성공을 이끄는 노력의 심리상태는 실패→좌절, 성공→보상이라는 대입식으로 받아들이는 방법은 성격에 따라 다르다. 요구된 문제의 과제가 너무 낮거나 너무 높아도 스트레스를 느끼기 쉽다.

① 활동을 촉진하는 스트레스 → 더욱 분발하여 본 궤도에 오른다.

② 활동을 방해하는 스트레스 → 실수의 증가로 좌절감에 빠진다.

<표 13-1> 스트레스와 신체기관

신체의 기관	교감신경계 (분노·두려움 등, 스트레스 조건하의 활동)	부교감신경계 (안정·즐거움 등, 스트레스가 없고 마음이 평안한 상태)
심장(심박)	빠르고·크게 들림	박동이 뚜렷하고 느림
혈관(혈압)	수축→혈압상승	확대·이완→안정혈압
피부	하얗고 창백하다	빨개 져 표면으로 나온다
체모	입모(立毛) 상태	와모(臥毛) 상태
소화기(위)	소화정지·경감	소화를 촉진
발한	진땀·다량 분비한다	약간 촉진 된다
호흡	일시정지·불규칙(얕고 빠르다)	규칙적인 리듬(깊고 느리다)
구강	수액분비-정지	수액분비-촉진

20세기에 들어와서 인체생리학자들과 스트레스연구자들이 인간의 질병과 연계

시켜 실험과 연구를 계속하였다. 미국의 하버드 의대교수였던 신경생리학자인 캐넌(Walter Bradford Cannon, 1871~1945)이 『직무스트레스』(Job Stress, 1914), 『통증·허기·공포·분노 시 신체적 변화』(Bodily Changes in Pain, Hunger, Fear and Rage, 1915)라는 스트레스 저서를 필두로, 1932년 항상성(恒常性: 생체가 여러 가지 환경변화에 대응하여 원래의 생명현상을 유지하려는 성질이나 그런 현상)을 심리학용어로 소개하였고, 역경·고난·어려움에 직면하면 『투쟁 또는 도피반응』(Fight or Flight Response)이라는 이론과 실험결과를 발표하였다.

캐넌의 이런 스트레스의 생리학적 연구에 더하여, 1961년에 하버드 의대를 졸업한 심신의학자 헐버트 벤슨(Herbert Benson, 1935~)의 『이완반응』(Relaxation Response)이라는 저서를 통해 많은 연구 결과물이 나왔다.

우리 몸이 스트레스를 받으면 이를 대응해서 생체반응이 일어나는데, 생리작용으로 부신피질(副腎皮質)에서 호르몬이 분비된다. 이 원인규명은 스위스 생리학자 헤스(Walter Rudolf Hess, 1881~1973)가 1940년 뇌하수체(腦下垂體)의 실험 연구 성과로 1949년 노벨생리·의학상을 포르투갈인 에가스 모니즈(Aotonio Egas Moniz, 1874~1955)와 공동수상한 뒤 스트레스 연구가 더욱 본격화되었다.

이는 또 오스트리아-헝가리(Austria-Hungary)의 비엔나(Vienna) 태생의 캐나다(Canada)인 내분비 학자 한스 세일레(Hnas Hugo Bruno Selye, 1907~1982)가 1936년에 '스트레스'라는 용어를 생체에 적용하여, 언어적 개념과 이론을 제공하였다. 그의 저서 『Stress and Disease』(1955년), 『The Stress of Life』(1956년) 외 스트레스의 많은 임상실험·연구물(저서)을 통해 스트레스 해소·치유에 많은 업적을 가져왔다.

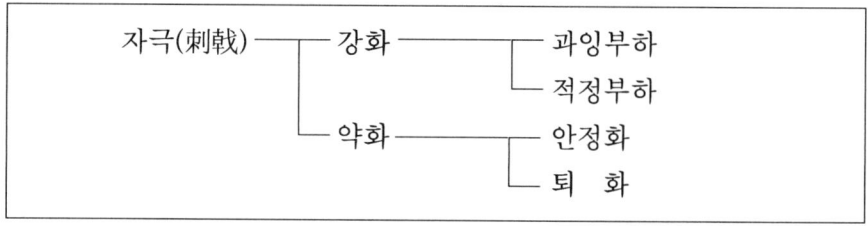

스트레스(stress)란 적응하기 어려운 생활환경이나 신체적 조건에 처해질 때 생기는 심리적·신체적 긴장상태를 말한다. 인간이 살아가는 과정에 크고 작은 스

트레스를 겪는다. 강력한 스트레스는 심리에 부정적인 영향을 주지만, 때로는 가벼운 스트레스는 삶에 도전정신을 길러 주기도 한다. 한스 세일레의 스트레스학설은 "외부로부터 가해진 압력·자극에 의한 심적 부담으로 생긴 부하이다"라고 하였다.

운동과 심리적 스트레스는 세일레의 실험에 의하면 쥐에게 물을 주지 않고 전기쇼크를 줄 때만 물을 주었다. 물을 먹고 싶어 하는 것과 쇼크를 받는 것과의 갈등을 일으킨다는 것이다. 스트레스를 견디기 위해서는 적정부하(適正負荷)가 필요하다는 것이다.

2. 스트레스의 생리적 현상

스트레스는 두통·만성피로·불면증·짜증·분노·걱정·불안·낙담·공포·초조감·무력감·소화불량·거식증(소화이상촉진)·어지럼증·복통·오심·고혈압·당뇨·탈모·시력감퇴·기억력감퇴·집중력저하·생리불순·성기능장애·기관지천식·관절염·졸도·심박부정맥·종양·각종 암 등의 온갖 질환의 요인을 제공한다. 그래서 '스트레스는 보이지 않는 사약'이라고도 말한다.

스트레스를 받으면 두개골(머리뼈) 안의 대뇌와 소뇌 사이의 간뇌 밑에 있는 돌기모양의 내분비샘인 뇌하수체 전두엽에서 일종의 신경하달 물질전류를 일으켜 부신피질(副腎皮質)을 자극하므로 우리 인체의 기능유지와 방어에 필요한 호르몬을 합성하고 분비물을 촉진·조정하는 역할을 한다.

부신피질은 부신(副腎: adrenal gland: 곁콩판)의 바깥층에 붙어있기 때문에 붙여진 이름이다. 또 이 부신은 신장(腎臟: 콩팥)의 좌우 윗부분 안쪽 부위에 반월형모양(왼쪽)과 삼각형모양(오른쪽)을 하고 있다. 부신피질은 부신 총량의 90% 정도이고, 10% 정도는 안쪽의 수질(髓質)로 되어 있다. 부신의 크기는 무게 4.5g, 너비 25mm, 길이 50mm, 두께 5mm 정도로 엄지손가락 반두께의 크기이지만 '우리 몸의 화학공장'이라 불릴 만큼 아주 중요한 구실을 담당하고 있다.

부신피질은 바깥쪽에서부터 사구층(絲毬層)·다발층(대상층: 帶狀層)·그물층(망상층: 網狀層)으로 구성되어 있으며, 사구층은 나트륨이온·염소이온의 농도유지에 관여하는 알도스테론(aldosterone)을 분비하고, 다발층·그물층은 뇌하수체(전두엽)에서 생성되는 부신피질자극 호르몬의 조절을 받아 성장호르몬의 일종인 코티솔(cortisol)과 남성호르몬인 안드로겐(androgen)을 분비한다.

코티솔은 건강에 직결되는 호르몬으로 당분·단백질 대사조절에 기능하고, 혈압유지·인슐린의 균형과 스트레스에 대응하여 부상 등의 항염작용과 강력한 항알레르기 작용을 함으로써 스트레스 조절호르몬이라고도 한다. 또 코티솔은 혈관을 수축하고 혈압을 유지하고, 혈액의 양도 조절하여 정상적인 생체기능을 유지하게 하며, 섭취된 음식물이 분해되어 간에 글리코겐 형태로 저장된 당분과 지방세포의 지방산을 혈액으로 보낸다.

또 분해된 아미노산은 간이나 운동으로 손상된 근섬유(筋纖維)로 이동해서 이를 복구시키며, 포도당·지방산으로 전환시켜 에너지화하는 체지방조직에도 관여한다. 코티솔 분비에 영향을 주는 요인으로 스트레스가 대표적이다.

코티솔의 과분비는 혈중 아미노산 수치를 증가시켜 근육형성에 지장을 주기도 한다. 과소분비 때는 기능감퇴인 에디슨병(Addison's disease: 체중감소·근육약화·피곤감·저혈압·피부흑전증 등)을 유발시키며, 과대분비 때는 비만·고혈압·천식·당뇨·골다공증·가슴 두근거림·발한·심한 두통·불안·메스꺼움·구토 등을 가져온다. 또 피부가 얇아지고 쉽게 멍이 들며, 전신에 힘이 쑥 빠지고(피곤감), 면역기능이 약화된다.

코티솔 과소분비 때는 약물치료를 받아야 하고, 아울러 균형 잡힌 식사와 식이요법, 충분한 휴식, 규칙적인 운동, 지방섭취의 양을 줄이고, 상승된 콜레스테롤과 혈당을 떨어뜨려야 한다.

3. 스트레스 생성요인과 단계

사람은 누구나 행복해지기를 원한다. 행복해지려면 행복의 조건을 만들어 주어야 한다. 스트레스를 받지 않는 환경을 조성하고, 이미 받은 스트레스를 해소하는 것도 행복해지는 조건이 된다. 세일레(Selye)는 인간이 받는 스트레스 요인을 ① 더위·추위·소음·태풍·지진 같은 자연환경변화의 물리적인 요인, ② 생존을 위한 산물인 노동에서의 피로·배고픔·갈증·질병 같은 생리적 요인, ③ 사회·학교·대인관계에서 야기되는 경쟁적 갈등, 삶의 불안·좌절 등의 심리적 요인을 들고 있다. 인간은 이러한 스트레스 요인을 차단하고 제거해 버리기 위해 연구·노력하고 있다. 여기에 과학의 발달로 위의 ①과 ②에 대해서 많은 기여를 했으나, ③의 심리적인 문제는 현대산업사회에서 더 많은 문제를 야기시키고 있다.

현대사회는 너무 급변해서 기성인들은 변화를 따라 잡지 못해서도 스트레스가 생긴다. 전신·전화에 이어 휴대폰이 등장했을 때의 그 편리함-단순히 통화만 주고 받던 것이 통신수단에 정보저장의 복합기능으로 복잡해지더니, 최근 들어 스마트폰의 출현으로 컴퓨터 기능까지 대행하므로 기성세대들에게는 운용하기가 여간 힘든 것이 아니다. 이렇듯 오늘을 사는 현대인에게는 인생·가족·직장·사회 환경에 적응하고, 자아를 방어하며, 욕구를 충족시키려는 과정에서 오는 혼란을 해결하는 심리적기제(心的機制: mental mechanism, 인간의 행동에 영향을 미치는 심리의 작용과 원리)인 의식적·무의식적 삶의 수행, 방어수단으로 생기는 심적 갈등을 피할 수 없다.

그러나 스트레스를 받는 자신들은 대개 스트레스의 원인이 무엇인지도 안다. 스트레스 원을 해소하거나 제거해 버리면 그만이고, 제거되지 않으면 포기하거나 철저히 무시하면 된다. 포기하거나 잊어버리는 것, 말로는 쉽지만 마음 한 구석에 불씨처럼 남아 있다가 타오르게 되면 심적 고통은 이루 말할 수 없다. 특히 오감을 통해 오는 유혹을 참지 못하고 범과(犯科: 犯過)하므로 영어의 몸(감옥에 갇힘)이 되기도 하지만 이것은 평생 후회로 남아 잠재적 스트레스로 작용하는 도덕적인 문제도 있다.

오늘날 같이 경쟁이 치열한 사회에서 야기되는 아동기·청소년기·청년기의 학업성취·취업·창업과 사업경영의 문제·실패와 실직은 물론, 노령과 질병, 이혼 등 가족의 해체 등으로 깊은 좌절감·소외감을 맛보게 한다. 더욱이 자살인구의 급증·범죄증가 등의 사회상은 마치 인간이 불행해지기 위해 상존하는 것 같은 착각이 든다.

스트레스를 우리말로 표현하면 심화(心火)·심화병(心火病: 울홧병)을 유발하는 심화증(心火症)이라고 할 수 있다. 만일 인간이 이런 저런 일로 스트레스를 전혀 받지 않는다면 인간이라고 할 수 없고, 또 살아 있다고도 할 수 없다. 세일레는

1946년 세계보건기구의 보고서에서 스트레스는 '생존 메커니즘(living mechanism)에 질병을 일으키는 요인을 제공하는 주요인자'라고 하였다. 생존을 위한 메커니즘이 없는 자는 살아남지도 못한다. 스트레스는 살아가고 있는 모든 인간에게는 그림자처럼 따라 다니는 마치 산자의 의무와 책임 같은 것임을 자각해야 한다.

스트레스를 받는 요인으로 배우자의 사망·이혼·자식이나 친지의 사망을 비롯, 시험의 낙방·실직·도난과 분실·아이의 끊임없는 칭얼거림·배고픔·소음(특히 층간소음)·자연재해·질병(암·백혈병·악성질환)·억압·역경·직업병·중노동·실망·인간차별·학대 등 여러 상황에서 유발된다.

스트레스를 받아서 진행되는 단계를 다음과 같이 분류하고 있다.

① 초기대응단계 : 스트레스에 대한 생체반응으로 아드레날린·코티졸 따위 각종 대응호르몬의 분비이다. 이때 심장박동이 빠르고 혈압이 상승되고 호흡이 빨라지고 체온상승으로 발한이 온다. 이어서 불만증상·예민증상·두통증상이 동반된다.

② 만성증상단계 : 몸 상태의 위험신호 발생상황에 직면하면서 그 반응으로 코티졸 분비물의 증가지속·근육의 감소·지방간의 증가·뼈의 약화·인체면역의 약화·피로감·체중증가·혈당의 불안정·식욕증가(탄수화물 섭취욕, 거시중)·비만·당뇨·인슐린감수성저하 등 2차성질환 악화를 초래한다.

③ 부신탈진단계 : 인체조직손상·회복능력저하·발병률상승·변비·설사·고혈압상승·만성피로증·우울증·생리불순·심장병·암·위장장애·피부질환·식욕저하·스트레스과민반응 등을 불러온다.

위의 1단계를 통과(경고)단계라고도 하며 스트레스를 회복하여 평정상태에 이르기도 한다. 2단계를 저항단계라고 하며 이때 생체에너지가 낭비되어 각종 생체기능이 저하된다. 3단계는 에너지 탈진단계라고도 하며 생체에너지 탈진으로 각종 질병이 심화된다.

4. 경기자의 스트레스 요인

많은 시합의 장면에 있어서 다른 경기자의 존재, 다수 관중의 존재로부터 과도의 정서적으로 긴장되면 경기의 수행이 곤란하기도 하고, 성적이 저하되기도 하는 심리적·신체적 현상을 관중효과(觀衆效果: audience effect), 무대공포(舞臺恐怖: stage fright)라고 말한다. 경기자의 스트레스 요인이란 많은 사람(관중)이 선수의 경기모습을 보고 있다는 상황 속에서는 스트레스를 예상하고 있기 때문에 스트레스 개념을 넓게 받아들일 수 있다.

정서적 스트레스가 긴장을 유발시키는 조건과 맞물려 신체와 마음과의 관계가 잘 조화되지 않는다. 과도한 정서적 긴장 때문에 심신이 정상적으로 작용하지 않게 되고, 복잡한 경기·시합 장면에 잘 적응할 수 없게 되는 상태에 이른다.

1) 외적 요인: 환경적 요소

(1) 관중의 수·질(경기자 본인과의 관계)
　① 열성관중-요구수준, 평가자-구경효과
　② 경쟁상대의 강함-정신적 스트레스
　③ 시합이 갖는 질-관중의 갈채와 질책
　④ 관중의 기대감-동질성
　⑤ 승패의 결과-장래의 방향제시

(2) 관중효과(audience effect)
선수는 관중의 야유나 극성스런 응원에 동요되어서는 안 된다. 개개의 동작적 주의보다 전체적 흐름에 폭넓은 관심을 갖는다.
　① 감정(불안)이 쏠리지 않도록 자율신경(훈련)을 강하게 한다.
　② 연습을 기술적으로 쌓아 자신을 갖는다.
　③ 감정을 통제하며 기분을 안정시킨다.
　④ 과거의 성공사례를 회상하여 이길 수 있다고 자기암시를 한다.

2) 내적 요인: 승패의 좌우

경기자가 긴장하는 원인은 관중의 분위기·경쟁상대·주위의 기대 등으로 흥분되었을 때이다. 그리고 자아·자신감·성격의 약함과 연습의 부족에서 온다.

(1) 긴장하기 쉬운 요인과 성격
   ① 비장감이 높음
   ② 승부욕(목표의식)이 강함
   ③ 긴장(스트레스)이 풀리지 않음
   ④ 걱정하는 성격이 강함
   ⑤ 사회적 경향이 부끄러움을 타는 내향적인 사람
   ⑥ 주관적 경향이 강한 사람
   ⑦ 신경질 경향이 강한 사람

(2) 경기자 본인의 요인
   ① 자기에 대한 태도: 기질·성질의 개발
   ② 신체적 컨디션의 조건: 질적 양성
   ③ 연습량과 자신: 기능향상
   ④ 시합경험: 경험으로 익숙해짐
   ⑤ 자기기대감-결과의 의식

(3) 경기자의 긴장
   ① 관중이 많을 때
   ② 특정인이 응원하고 있을 때(부모, 선생)
   ③ 이성(그녀, 그)이 응원하고 있을 때
   ④ 승패를 의식했을 때
   ⑤ 타인에게 인정받고 싶다는 것을 의식했을 때
   ⑥ 실수를 했을 때

3) 긴장을 유발시키는 인자

여기에서 인자(㘹子)란 생명현상에 있어서 어떤 작용이나 결과의 원인이 되는 요소로 다음과 같은 것들이 있다.
   ① 자율신경계의 긴장: 마음을 평온하게 가짐
   ② 심적 저하의 긴장: 주위의 산만함
   ③ 운동기능의 저조: 손발이 움직이지 않음
   ④ 불안감: 실패를 두려워함
   ⑤ 열등감: 상대가 강한 것 같음

※MAS(manifest anxiety scale: 현재성불안척도) - 인자테스트
   ① 많은 사람에게 압도되는 인자
   ② 자기가 하는 일에 만족할 수 없는 인자
   ③ 집단 속에 융합될 수 없는 인자
   ④ 타인에 의한 마음에 걸리는 인자
   ⑤ 긴장으로 기분이 좋지 않은 인자

4) 경기자 긴장의 징후(5가지 인자)

(1) 자율신경계의 긴장
   ① 목이 막힌 느낌이 든다.
   ② 침이 나오지 않는다.
   ③ 입안이 끈적끈적 달라붙는다.
   ④ 오줌이 빈번해진다.

(2) 심적 긴장의 고조(자아기능의 곤란)
   ① 주의를 집중할 수 없다(산만).
   ② 마치 구름 위를 떠가고 있는 것 같다.
   ③ 멍하니 아무것도 생각할 수 없게 된다.

(3) 불안감정의 고조
   ① 신경 쓸 일이 가득하다.

② 실수·실패를 일으킬 것 같이 불안하다.
③ 왠지 모르게 불안하다.
④ 안정을 취할 수 없다.

(4) 운동기능에 긴장
① 손발이 생각대로 움직이지 않는다.
② 불필요한 곳에 힘이 들어가 버린다.
③ 몸이 굳어 생각대로 움직이지 않는다.

(5) 열등감정의 고조
① 상대와의 실력 격차를 느낀다.
② 상대가 안정돼 보인다.
③ 상대의 능력이 자기보다 뛰어나 보인다.

5) 시합중의 컨디션 탈감법

탈감(脫感)이란 불안심리·감정 따위를 떨쳐 버리는 것을 말한다.

(1) 출전 전
① 코트에 들어가 점검해 본다.
② 자기의 위치를 확인해 둔다.

(2) 출전 때
① 준비운동으로 마음을 가다듬는다.
② 승패에 대해서 생각하지 않는다.
③ 동료와 서로 이야기한다.

(3) 출전 후
① 하나의 플레이에 집중한다.

② 심호흡을 한다.
③ 아랫배에 힘을 준다.
④ 큰 소리를 내며 동작한다.

(4) 시합에 임할 때의 부정적 컨디션 순위
① 1위 … 신체가 나른했다.
② 2위 … 빨리 시합을 끝내고 돌아가고 싶었다.
③ 3위 … 몸에서 힘이 빠져 버리는 느낌이 있었다.
④ 4위 … 입 안이 메말라 어떻게 할 수가 없었다.
⑤ 5위 … 시합 중 때때로 괴로운 실수를 생각했다.

(5) 시합에 임했을 때 부정적 느낌
① 연습부족을 느끼고 있었다.
② 시합 때부터 피로감이 있었다.
③ 시합 때 성적에 대한 주위로부터의 기대가 강했다.
④ 전날 밤의 수면이 부족하였다.
⑤ 그다지 시합할 마음이 없었다.
⑥ 기후가 자신에게 나쁜 상태였다.
⑦ 시합 때의 준비상태가 되어있지 않았다.

6) 자기이완법

① 최면이완법(self-relaxiation): 지도자가 최면상태를 만들어준다.
② 자율훈련법(self-control): 자기암시에 의하여 컨디션을 조정한다.
③ 체조·스트레칭: 자율신경계의 안정을 도모한다.
④ 호흡조정법-심호흡: 흡기(들숨)-호기(날숨)
⑤ 점진적 이완법: 신체의 긴장을 풀고, 평온한 마음 갖기

7) 긴장의 방지를 위한 코칭(%)

코치의 실태에 관한 조사보고	팀 호응도	개인 호응도
A. 긴장에 대한 코치 자신의 태도 　a. 잘 하라고 소리를 지른다. 　b. 최고라고 칭찬한다. 　c. 긴장하지 말라고 꾸짖는다. B. 긴장의 방지에 중점을 둔다. 　a. 웃음을 자아내는 이야기를 한다. 　b. 선수를 고무(鼓舞)시킨다. 　c. 낮 동안의 연습을 상기시킨다. C. 긴장의 극복에 중점을 둔다. 　a. 스트레칭·심호흡을 시킨다. 　b. 자부심을 느끼게 한다. 　c. 정신통일을 강조한다. D. 지도자의 실패 사례 　a. 정신면의 경시 　b. 정신면의 지나친 강조 　c. 지도자가 소극적 자세로 시합에 임함 E. 경기의 성공 사례 　a. 자신감을 갖도록 좋은 면을 강조한다. 　b. 구체적인 목표를 세운다. 　c. 코치와 선수 간 화합미팅을 한다.		

5. 스트레스 해소를 위한 실천

스트레스를 해소하기 위해서는 평소에 다음 열 가지 사항을 권고한다.

(1) 많이 웃는다

스트레스에 이보다 더 좋은 백신(vaccine)은 없다. 웃음은 암도 당뇨도 근육통도 류머티즘도 낫게 한다. 하하하하, 호호호호 억지웃음도 90% 이상효과를 얻는다. 특히 소리 내어 웃는 웃음은 심장·폐 기능을 튼튼히 한다. 그래서 '웃음은 만병통치약'이라 한다. 큰 웃음은 자기 안의 깊은 곳에 있는 어두움을 토해낸다.

(2) 긍정적으로 생각한다.

긍정은 자기 믿음이다. 인생만사가 믿음대로 되는 것이다. 이것이 긍정의 힘이다. '된다·할 수 있다' 긍정의 말은 실패를 두려워하지 않는 엄청난 에너지를 준다. 긍정은 건강한 마음과 꿈·비전·자아상을 키워주는 영양제이다.

(3) 평정심을 갖는다

마음의 평화는 행복을 가져다준다. 행복한 마음 구석에는 도사릴 스트레스 자리가 없다. '후'하고 다섯을 헤아리기까지 깊이 숨 쉰다. 명상·기도·음악 감상·그림그리기·붓글씨쓰기 등을 한다. 아무런 생각도 없는 무아지경(일탈)을 맛본다. 작은 것에도 고마워하는 감사생활을 한다. 감사는 마음에 기쁨을 주는 묘약이다.

(4) 매일 규칙적인 생활과 운동을 한다.

건강한 신체에 건전한 정신이 깃든다. 병으로 몸이 아프면 스트레스가 따라온다. 건강은 스트레스를 퇴치하는 힘의 원천이다. 아침 기상 전에 누운 자세에서 편한 방법으로 몸을 푼 뒤에 일어난다. 일어나서는 맨손체조를 한다. 학업 중 쉬는 시간, 직장의 근무 중에 목·허리·팔다리 운동이나 스트레칭을 자주한다. 걷기·자전거타기·줄넘기 등 가벼운 운동을 생활화한다.

(5) 몸을 청결히 한다.

몸의 때와 땀은 기분을 나쁘게 하여 스트레스를 유발시킨다. 운동 후에는 꼭 샤워를 해서 신축된 근육을 이완시켜주며, 혈액순환을 원활히 하고 상쾌한 마음이 되게 한다. 몸·입안·음부 등에서 냄새가 나면 타인에게 불쾌감을 준다. 자주 목욕을 하고 의복도 깨끗하게 입는다. 손발톱 청결·머리손질 등도 물론이다. 또 몸을 깨끗이 하므로 건전한 정신이 깃들어지고 좋은 예절도 길러진다.

(6) 충분한 수면을 취한다.

잠이 보약이라는 말이 있다. 하루 성인은 7~8시간 수면을 취해야 신체적·정신적인 건강을 유지할 수 있다. 베개에 머리를 대는 순간 잠드는 훈련(버릇)을 한다. 불면증은 스트레스 유발 제일의 원인이다. 생체리듬을 조절해서 잠들 때는 모든 생각을 끊고 그저 푹 자는 것이다. 낮 동안에는 '5분 수면법'을 개발해서 앉은 자리에서 졸아본다. 특히 정신노동자에게는 필수적인 두뇌정화요법이다.

(7) 즐거운 대화를 한다

대화 시 좌중을 웃게 하는 유머스런 말, 진실을 담은 정성스런 말, 남에게 예의 바른 말, 위로·격려·용기를 주는 말들을 늘 지혜롭게 준비하고 훈련하여 실제 대화에서 사용한다. 남의 이야기를 경청하고, 유익한 지식과 정보를 얻으면 감사와 칭찬의 말을 해준다. 부부·자녀·어른들 가족 간의 친근한 대화는 가족의 끈끈한 유대와 사랑과 신뢰를 쌓아준다. 남에게 부정적인 말이나 비난하는 말 대신 긍정적이며 나의 솔직한 희망을 말해준다. 한 마디 말로 천냥 빚을 갚는다는 속담도 있다. 상처 주는 말은 비수보다 더 날카롭다.

(8) 규칙적인 식생활을 한다.

사실 우리의 삶은 음식으로 유지된다. 밥이 보약이다. 과식·편식·미식을 즐기지 않는다. 음식물은 천천히 오래 씹어서 먹는다. 음식물을 골고루 섭취하며, 아침은 든든히 먹지만 저녁은 소식(小食)을 한다. 비타민C와 비타민E는 스트레스면역 영양소이다. 밤 9시 이후에는 음식물 섭취를 삼간다. 꼭 9시 이전에 이를 닦는 방법도 좋다. 담배와 술을 마시거나 피우지 않는다.

(9) 마음을 비운다.

욕심은 사리판단을 그르치며 조급한 마음을 갖게 한다. 과욕은 스트레스 제공의 일등공신이다. 공부·일에 자기 능력에 맞는 목표를 정하고 꾸준히 실천한다. 욕심은 버리되 꿈(信念)은 버리지 말아야 한다. 좋은 취미를 가지는 것은 자신의 품격과 자존감(自尊感: self-esteem)을 높여 준다. 용서하는 자가 된다. 용서(용납)는 관용에서 온다. 용서하지 못하는 사람은 이기주의자로 다혈질·신경질적 성격을 키우게 해서 건강에 절대적으로 해롭다. 단순하게 사는 법을 배운다. 물건을 함부로 구매하지 않는다. 많이 가지면 가진 만큼 더 많은 신경을 쓰게 된다.

(10) 남을 사랑으로 대한다.

사랑은 헌신이다. 마치 빛을 주고 따뜻한 열을 뿜어주는 태양과 같다(태양의 표면은 6,000°C이고, 내부는 1,500만°C이다). 엄청난 에너지원이다. 사랑 또한 엄청난 에너지원이다. 사랑은 남을 아끼고 정성과 힘을 다하여 섬기는 것이다. 사랑(좋아)해서 하는 일은 재미와 집중력을 길러준다. 창의성을 발휘케 하며 업무수행 능력을 높여준다. 사랑은 시기하지 않으며 겸손하며 온유하며 베푸는 삶을 가져다준다. 사랑을 주는 것으로 행복한 마음을 갖게 하며, 병을 이기는 묘약을 얻게 한다. 사랑만큼 스트레스를 치유하는 묘약도 없다.

제14장
스포츠와 최면

"개선해야 할 것은 세상뿐만 아니라 새로운 인간이다. 이런 인간은 어디에서 나타나는가? 그것은 결코 외부로부터 찾을 수 없다. 친구여! 그것을 자네 자신에게서 찾아내야 할 것임을 알게." 프랑스의 소설가·비평가 앙드레 지드(Andre Gide, 1869~1951)의 이 말은 세계가 외부에 있는 것이 아니고, 내부 즉 자기 마음 속에 있다는 것을 말하고 있다. 인간의 마음을 변화시키지 않는 한 결코 새로운 세상·세계는 전개되지 않는다.

소수의 기술적 성장을 위한 고민, 슬럼프의 문제, 스포츠 실제장면에 있어서의 능력발휘에 곤란을 느끼는 불펜 에이스, 흥분하여 얼어 버리기 쉽고 흐트러지기 쉬운 환상(幻想)의 선수를 현실(現實)의 명선수로 만들기 위해서는 어떻게 하면 좋으냐 하는 실제적 수법을 지도자가 몸으로 터득하여 응용한다는 것은 너무나 절실한 문제이다.

여기에 유효한 수단으로서 암시(暗示)나 최면법(催眠法)의 문제가 대두된다. 이 장에서는 '심리적 컨디셔닝(mental conditioning)'의 방법으로서, 또한 지도의 실제적 기술로서의 최면에 대해서의 올바른 지식을 갖도록 하는 데 있다.

1. 스포츠의 장과 최면

스포츠의 장면(場面)에 최면술을 이용하는 것은 사도(邪道)가 아니냐는 의문을 던진 사람들이 있었다. 스포츠의 장은 그것이 질적으로 고도한 경쟁장면이라면 그럴수록 심신적(心身的) 양면에 강렬한 스트레스(stress)를 가져오게 되는데, 그러한 경우 심신적 장애나 곤란을 극복하기 위해 최면과 같은 수단에 의존해서는 안 된다는 의견을 나타낸 것으로 생각된다.

그러나 독일의 심리전문의(心理專門醫) 이디스 제이콥슨(Edith Jacobson, 1897~1978)의 점진적 이완법(漸進的弛緩法: progressive relaxation)이 이미 토쿄올림픽 때 사격선수의 트레이닝의 일환으로 채택되어 있었다. 이 방법은 자율훈련법(自律訓練法; autogenic training)의 일종으로 여기에 암시(暗示: suggestion)를 해가는 자기최면법(自己催眠法: self hypnotism), 즉 최면술이며, 이완법(弛緩法)이므로 일반적인 반대는 없었다.

1970년대에 시술자가 '스포츠와 최면'이라는 주제를 가지고 실제로 선수를 지도했을 때는 호기심과 의심을 가진 분위기에 둘러싸여 있었다. 그러나 이제는 체육협회가 정식으로 이 주제를 채택하는 시대에 있다.

1) 최면과 도핑

최면(催眠: hypnosis)은 '잠이 오게 하는 것'을 말하나, 시술자가 의도적 암시(暗示)를 걸어 잠이 든 것도 아니고 깨어있는 것도 아닌 상태에서 마음을 치유하거나, 정신세계에 작용하여 운동능력을 키우는 심령과학(心靈科學)의 한 분야라고 말할 수 있다. 스포츠에 있어서 최면이 일종의 도핑처럼 고려되는 경향이 있기 때문에 무엇보다도 누구라도 인정하는 개념정리가 필요하다.

스포츠에 있어서 트레이닝 방법의 최면술을 도표로 정리하면 표 <14-1>과 같다.

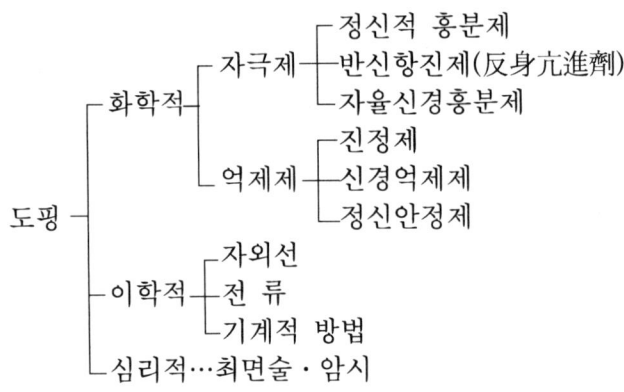

<표 14-1> 도핑학설

로마올림픽 때 덴마크(Denmark)의 사이클(cycle) 팀의 약물투여에 의한 사고가 발생한 이래 도핑문제가 표면에 나타나 관심꺼리가 되었다. 그 사건으로 하여 IOC는 도핑의 정의를 규정하고, 또한 도핑의 구체적 리스트를 제출했는데 그 정의란 다음과 같다. "도핑(doping)이란 어떤 특정한 경기자, 또는 경기단체가 약물·인위적 요법, 또는 다른 특별한 방법에 의하여 경기에 임해서 생체의 체력적 또는 심리적 능력을 바꾸기 위해 행하는 불법적인 처치이다"라고 되어 있다.

오늘날 각국에서도 도핑위원회가 조직되어 그 독자적인 정의를 규정하였다. 즉 "경기에 임하여 의학적 처치를 필요로 하지 않는 경기자에게 그 경기력에 영향을 주기 위해 행하는 건강상 유해한 모든 인위적 처치를 도핑이라 한다"고 했으며, 그 리스트(list)에는 약물을 구체적으로 들고 있다.

유럽위원회는 동경올림픽에 앞서서 개최된 체력의학회(體力醫學會)에서 도핑에 관한 문제를 제출하여 국제적인 관심을 불러일으켰다. "도핑은 경기자의 생체(生體)에 대해 이물질을 투여한다든가, 생리적인 물질이더라도 이상량(異常量)을 투여한다든가, 또는 부자연스러운 방법으로 투여함으로써 그 목적이 경기에 있어서 인위적으로, 또는 부정하게 그 능력을 높이는 것을 의도하는 경우를 말한다"라고 하였다.

도핑물질로서 아드레날린(adrenalin)·알콜(alcohol)·암페타민(amphetamine)·캠퍼(camphor)·코카인(cocaine)·디키탈리스(digitalis)·루비날(rubenal)·스트리키닌(strychinine)·프로카인(procaine)·바르비탈(barbital)·최면제·각종 호르몬·혈관확장제 등을 들고 있다. 다시 말하면 도핑에 대한 규정은 개인이 자연적인 힘을 발휘하여 경쟁하는 것이 스포츠이므로 승패를 위하여 건강을 대상으로 한 즉효성물질(卽效性物質)이나 그와 유사한 기타의 처치에 의한 일시적인 힘의 발휘는 스포츠의 목적·본의에 어긋나는 의도이다.

2) 자기계발과 자기최면

앞에 있었던 <표 14-1>에서 기이(奇異)하게 느껴진 것은 심리적 도핑으로서 '최면술·암시'가 들어있다는 일이다.

이 이면(裏面)에는 '최면술(催眠術)=마술(魔術)'이라는 잘못된 인식이 잠재하고 있는 것이 아닌가 생각된다. 최면법은 기괴한 방법으로 인간의 혼을 빼앗아 버리는 마술이 아니다. 특수한 경우를 제외하고는 최면은 일반적으로 생각되고 있는 것처럼 올마이티(almighty: 전능한·비상한)는 아니다. 하물며 암시는 테크닉 상 몇 가지로 분류되지만 임상적·교육적 지도의 장에서 의도적·의식적으로 또는 무의식적으로 상당히 빈번하게 사용되고 있다.

"You can lead a horse to the water, but you can not make him drink it(말을 물가에까지 데려갈 수는 있지만 물을 마시게 할 수는 없다.)" 이 영어의 속담을 다른 각도에서 독일어로 말한다면, "Dein schicksal ruht in deiner eigen Brust(그대의 운명은 그대 자신의 흉중에 있도다)"라는 독일어의 격언이 된 쉴러(Johann Christoph Friedrich von Schiller, 1759~1805)의 말이기도 하다.

이것은 교육을 하는 측의 마음의 자세를 지적하고 있다. 환경이나 조건을 제아무리 잘 마련해줘도 그것을 행할지는 본인 자신의 의지에 달려있다. 따라서 교육의 효과가 가장 잘 나타나는 것은 교육의 내용이 본인의 자기설득(自己說得)과 자기암시(自己暗示)가 되었을 때이다.

지도자로부터의 설득이 자기설득의 형태로, 지도자로부터의 암시가 자기암시의 형태로 바꾸어지는 것이 필요하다. 그러므로 교육에는 두 가지 방식이 존재한다.

① 의식수준에서 행하는 방식(자기 설득적 방법): 주로 이성(理性)에 의한 교육
② 무의식수준에서 행하는 방식(자기 암시적 방법): 무의식수준에서 동기유발에 의한 암시의 법칙을 능률적으로 활용하는 자기훈련방식·자기최면법을 사용하는 교육

최면의 본질은 결국은 자기최면(自己催眠)이다. 이것을 동양의 선(禪)적으로 말한다면 조신(調身)·조식(調息)·조심(調心)의 정적(靜的)·내적(內的) 이완(弛緩; relaxation)과, 집중(集中; concentration)에 의한 자아각성(自我覺醒)·자기획득(自己獲得), 즉 자기계발의 방법이다.

따라서 최면은 결코 '인위적으로 부정하게 그 능력을 높일 것을 의도'하는 것이 아니며, '생체의 체력적 또는 생리적 능력을 바꾸기 위한 불법의 처치'도 아니다. 하물며 '건강상 유해한 모든 인위적 처치' 속에 포함되는 아무런 성질도 가지고 있지 않다. 도리어 최면이 목표하는 바는 인간의 심적(心的) 영역으로부터 자발적

으로 심신의 건강을 획득하게 하고, 건강을 기반으로 하여 잠재적으로 능력을 발휘시키는데 있다.

도핑(doping)은 인체(人體)에 직접적으로 영향을 미치므로 금지약물이 되지만, 최면(催眠)은 내부적으로 자아를 분리하여 자신과 자신의 현상을 주고받음으로 심신의 안정과 집중을 도모하는 방법이라는 인식을 지도자가 확고하게 가지고 있지 않으면 안 된다.

2. 최면의 의의와 학설

1) 최면의 의의와 개념

"최면(催眠)이란 의도적인 암시에 의해 인위적 행위로 반쯤 잠든 상태이다. 자기의 잠재의식에 대해 보다 직접적으로 작용할 수 있는 상태로 유도하기 위한 암시의 기술이며, 인간의 마음과 행동을 지배하기 위한 정형적(定型的)인 한 가지 방법이다."

"최면이란 인위적으로 기억된 상태로 여러 가지 점에서 수면(睡眠)과 유사하나 수면과는 구별되며, 피암시성(被暗示性)의 상승 및 평소와는 다른 특수한 의식성이 특징이며, 그 결과 각성(覺醒)에 비하여 운동이나 지각(知覺)·기억(記憶)·사고(思考) 등의 이상성(異常性)이 한층 용이(容易)하게 일으켜질 수 있는 상태를 지칭한다."

위의 두 가지 정의에서 명백한 것은 전자는 최면으로 인도하기 위한 최면기술을 지칭하고, 후자는 그 기법에 의하여 유도된 최면상태에 대해 설명하고 있다는 점이다.

히프노티즘(hypnotism: 최면술)이라는 말은 영국의 의사 브레이드(James Braid, 1795~1860)가 만든 용어로 그리스어 히프노(hypno: 잠, hypnos: 잠의 신)에서 유래되었지만 이것은 상당히 애매하게 사용되었다. 전술한 것처럼 최면의 기법을 지칭하기도 하고, 최면상태를 말하기도 했다. 또는 최면의 이론·심령과학 의미로 쓰이기도 했다.

최면에 관한 역사는 원시사회의 샤먼(Shaman)들에 의해 치유행위나 종교의식에서 사용되었으며, BC 10세기 그리스 조각에서도 볼 수 있고, 이집트에서도 행해졌다. 유럽에서는 히프노티즘(hypotism)이라는 용어가 오늘날도 일반적으로 사용되고 있으며, 미국 임상실험최면학회에서는 최면을 공식으로 'hypnotism'이라고 부르기로 결정하였다. '최면을 건다'고 할 때는 최면기법(催眠技法)을 사용하여 사람을 최면상태로 인도하는 것을 의미하며, '최면에 걸렸다'고 하면 시술자에 의해 그러한 상태로 유도된 것을 의미한다. 마찬가지로 최면은 남이 유도하기도 하고, 자기 스스로가 자기를 유도하기도 한다는 것임을 유념해야 한다.

최면현상이 생기는 원인·과정·의미에 대해서는 많은 사람이 서로 다른 측면에서 여러 가지를 말하고 있으나 그들의 견해는 그들 입장에 따라 각각 다르다.

그러나 대별하면 신체를 기초로 하는 것, 정신을 기초로 하는 것, 그리고 심신 양쪽에 관한 것 등 3개의 영역으로 분류된다. 다시 말하면 생리학설(生理學說)·심리학설(心理學說), 그리고 정신신체학설(精神身體學說)이다. 또한 "최면이란 불가사의한 것이다"라고 하면 최면현상(催眠現象)을 주로 지칭하며, 말(주문) 외에 그러한 기법이나 그것을 사용하는 사람에의 경이(驚異)의 뜻도 포함되어 있다.

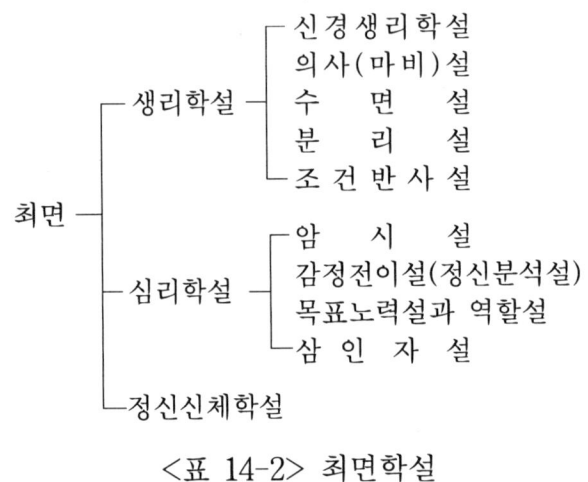

<표 14-2> 최면학설

2) 최면의 생리학설

신경생리학설(神經生理學說)에 속한 여러 이론이 주장하는 바로는 최면의 과정은 대뇌피질(大腦皮質)과 그 인접영역에서의 생리학적 변화와 관련된다는 것이다.

(1) 의사설

의사설(擬死說)은 강력한 적과 만났을 때의 작은 동물, 가령 뱀에게 노려 보여진 개구리가 공포 때문에 전혀 움직일 수 없게 된 채 삼켜져 버리는 것 같은 트랜스(trance: 몽환(蒙幻) 상태와 흡사하며, 또한 방어기제(防禦機制: defence mechanism))로서 마음 속에 억압된 감정의 응어리나 상처를 언어나 행동을 통해 강박관념에서 벗어나는 그리스어 카타르시스(Katharsis: 정화·배설, catharsis)에 근거하고 있다.

최면은 엄밀하게는 각성상태(覺醒狀態)에 있기 때문에 가사(假死: Scyncope)·마비(麻痺: paralysis)의 상태도 아니며 생물학적 반사적(反射的) 감각요소가 있는 상태이다.

(2) 수면설

수면설(睡眠說)은 주로 러시아 학자들이 주장하는 설로 파블로프(Ivan P. Pavlov, 1849~1936, 1904년 노벨생리의학상 수상)는 대뇌금지효과(大腦禁止效果)의 확산이라는 점에서 최면과 수면은 비슷하며, 최면은 부분적 수면이라고 했다. 그러나 수면(睡眠)과 같은 원리로 설명하면, 최면 중의 능동적·종합적 행동을 설명하는 것이 불가능하다고 비판을 받는다. 그러나 이것도 크게 보면 최면의 기본적 요인을 이루고 있다고 생각할 수가 있다. 러시아 학회에서는 최면은 자연수면과 각성(覺醒)과의 중간상태라고 주장했다.

(3) 분리설

분리설(分離說)은 프랑스의 심리학자·신경학자인 쟈네(P. Janet, 1859~1947)가 주장한 것으로 히스테리(Hysterie)와 마찬가지로 최면은 당초의 인격에서 분리된 제2차적 의식의 발생이라고 했다. 최면에 '분리'라는 개념이 도입된 것은 최면 중의 행동에 '의식적인 것, 목적적인 자동반사적인 것'이 있어서 양자 사이에는 의식적인 연락이 아니라, 나아가 최면에는 차라리 후자 쪽이 우세하다는 것이 관찰되었다.

(4) 조건반사설

러시아의 이반 파블로프와 블라디미르 베흐테레프(Vladimir M. Bekhterev, 1857~1927)는 말(언어)이 육체·정신 어느 쪽의 자극에도 조건부여가 가능하며, 그에 의하여 기질적 반응까지도 일으킬 수 있다고 지적했다. 또한 제이콥슨의 근육의 동작전류(動作電流)를 사용한 실험에 어떤 운동을 생각하면 그것에 수반하는 특정의 동작전류의 형이 나타난다는 사실을 밝혔는데, 그것이 최면의 조건반사설(條件反射說)을 지지하는 근거가 되었다. 그렇기는 하나 최면에 있어서는 동기부여라든가 역동적인 여러 문제, 특히 최면관계가 성립되는 복잡하고도 신비한 역할을 설명할 수 없다고 비판받는다.

3) 최면의 심리학설

(1) 암시설

암시설(暗示說)은 헐(Clark L. Hull, 1884~1952)이나 웰즈(W. R. Wells) 등의 주장인데 각각 최면(催眠)과 각성(覺醒)의 차는 단순하게 정도의 차에 불과하다고 하는 사고이다. 즉 최면은 피암시성(被暗示性)의 항진(亢進) 상태에서 피암시성의 성질에 대해서도 물론 피암시성의 항진이 왜 최면이라는 특수한 자아의 상태를 생기게 하는 지에 대해서도 설명이 곤란하다는 것이다.

(2) 감정설

감정설(感情說) 또는 정신분석설(精神分析說)의 주장은 대체적으로 최면자와 피최면자, 특히 후자(피최면자)가 전자에 대한 사랑과 두려움에 바탕을 하는 맹목적인 신뢰와 절대적인 복종이라는 피최면자(被催眠者)의 유아적 태도를 재현한 것이라고 설명한다. 즉, 사람이 최면에 걸리는 것은 감정전이(感情轉移)가 일어나기 때문이라고 한다. 프로이드(Sigmund Freud, 1856~1939)도 사랑과 최면의 유사성을 논하고, 우월자(優越者)가 있을 때 느끼는 무력감은 최면 중에 생기는 '수동적인 기학성(嗜虐性, masochisms: 피학증)'과 마찬가지라고 주장했다. 이 설은 피암시성의 점진적인 항진이나, 최면 중의 기억이나 학습기능의 촉진이나 언어암시에 의한 생리적 변화의 메커니즘(mechanism)을 충분히 설명 못한다고 비판받는다.

(3) 목표노력설과 역할설

목표노력설(目標努力說)과 역할설(役割說)은 최면자가 주는 암시에 대해서 취하는 피최면자의 적극적 행동을 주장한다. 화이트(R. W. White)는 최면행동을 최면자가 설정한 목표를 피최면자가 그 뜻을 받들어 거기에 도달하려고 노력하는 과정이라고 설명한다.

사아빈(Theodore R. Sarbin, 1911~2005)은 이 설을 더 한층 적극적으로 해석하여 역할설을 주장했다. 즉, "최면이라는 것은 역할설정(role-enactment)이라는 일반적인 사회심리학적 행동의 특수한 하나의 형태이다"고 말했다. 이것은 상당히 넓게 받아들여지고 있는 설이지만, 역시 근저(根底)에 조건부여나 학습이론을 포함하지 않고서는 이해가 곤란하다고 비판을 받는다.

(4) 삼인자설

삼인자설(三因子說)은 안드레 바이젠호퍼(Andre M. Weitzenhoffer, 1921~2004)의 『최면의 일반기술, 1957』 이론에서 최면의 피암시성을 등작용(等作用: 암시를 되풀이 하여 피암시성이 높아지는 것), 이작용(異作用: 어떤 종류의 피암시성 항진의 결과가 범화:汎化하여 다른 종류의 피암시성도 항진시키는 일) 및 분리원리(分離原理)의 3개의 인자로 설명하였다. 등작용과 이작용의 원리만으로는 얕은 최면단계 밖에는 설명할 수 없기 때문에 깊은 최면에 대해서는 분리원리(分離原理)로 설명하였다.

그 분리라고 하는 것은 의식성(意識性)이 수축하는 것으로 감각적 및 신경적 사상의 대부분이 의식성의 분리이며, 이것은 말에 의하여 야기(惹起)되는 대뇌중추(大腦中樞)의 활동양식에 의존한다는 것이다. 이 설은 의식의 변화에 주목한 점은 진보되어 있지만 거기에 도달하기까지의 최면관계나 동기주기(動機週期)의 고찰이 불충분하며, 역할설 등과의 관계도 분명치 않다고 비판하였다. 그러나 최면이론이 앞으로 취해야 할 절충설의 방향을 시사하는 점에서 흥미 있는 이론이라고 할 수 있다.

그런데 최면을 단순히 동기부여나 최면자와 피최면자와의 인간관계를 정신분석적으로 아무리 논의해봐도 최면으로 인하여 야기되는 심리학적 제 현상에 대해서는 설명하지 못하고 있다. 이것은 생리학적 이론만으로 논의해도 같은 결과가 된다. 트랜스(trance: 몽환:夢幻)상태라는 것은 심리학적 또는 생리학적 어느 한 쪽의 이론만으로는 독립적으로는 다 설명할 수 없다. 즉, 심신양면이 일체가 된 복잡한 정신신체적(精神身體的) 반응이라고 보지 않으면 안 되는 현상이다.

3. 최면을 이용한 실험

최면에 관한 또는 최면을 이용한 실험은 여러 가지가 있지만 여기서는 특히 스포츠에 관계하는 두 가지의 실험을 제시한다. 그중 하나는 '최면(催眠)과 근력(筋力)'이며, 또 다른 하나는 '자율훈련법(自律訓練法: ATM; Autogenic training method)에 의한 올림픽선수 훈련의 시행'이라는 실험이다. 전자는 능력발휘의 기초적 연구였으며, 후자는 그 응용적 연구였다.

1) 최면과 근력

미국의 스포츠 생리학자인 아서 스타인하우스(Arthur H. Steinhaus, 1897~1970)가 최면암시에 의한 근력발휘와 효과에 대해 실험한 것이다. 10명의 수영선수의 피험자 중 최면유도(催眠誘導)가 가능하고 반응양식(反應樣式)도 대체로 동일했던 6명의 선수에 대해 실험이 행해졌다. 근력측정(筋力測定)은 오른팔의 굴곡근을 케이블 장력계(cable tensometer)로 측정했다.

첫 번째로 시술자가 피험자에게 전방 20m의 거리에 있는 전기시계를 바라보고 눈을 감은 후에도 시계가 보이며 그것이 점차로 멀어져간다고 암시한다. 10~15분후 피험자가 최면 상태에 있는지 아닌지를 확인하기 위해 '왼팔이 점차로 긴장을 높이고 조금씩 상승한다'고 암시하고, 고도의 긴장이 발현(發現)하는 것을 확인한 후, 다시 이완암시(弛緩暗示)를 주고 그 반응을 확인한 후 실험이 시작되었다. 즉 '손들기' 반응이 일어난 것이므로 운동지배의 단계(잔최면: 殘催眠)로 유도되었음을 알 수 있다. 여기서의 암시는 "당신의 팔 힘은 점차로 강해져서 모든 자기기록을 갱신할 수 있는 상태에 있으며, 또한 그처럼 커다란 근력을 내어도 아무런 장해도 일어나지 않습니다"는 것이었다. 그리고 1분간 1회의 비율로 5회의 근력측정을 한 결과 근력이 현저하게 증대하였다는 것이다. 이에 계속해서 "하나·둘·셋하고 수를 세면 눈이 떠지지만 그 후 5회의 시행에서는 대단히 근력이 약해져서 힘을 내려고 하면 근육은 통증을 느낄 것이다. 그러나 그 후 5회의 시행에서 또 다시 강한 힘이 나오게 되고, 그 후에 또 다시 깊은 최면에 들어갈 것이다."

두 번째의 최면 중 다음과 같이 암시를 준다. "당신은 이번에 눈을 뜨면 훌륭한 기분이 된다. 이때 5회 때의 힘을 내시오."

자율훈련법(自律訓練法: atuogenic training method)은 독일의 슐츠(Johannes H. Schultz, 1884~1970) 박사에 의해 체계화된 자기최면법(自己催眠法: self-induced hypnotism)이다.

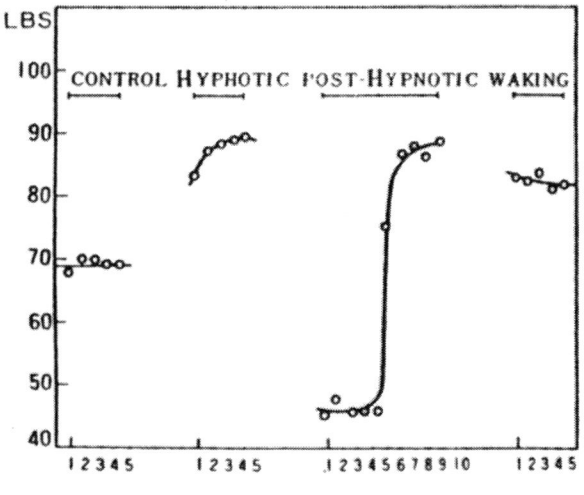

<그림 14-1> 자기최면법 실험결과

피험자는 눈을 뜨고 5회의 근력발휘를 했다. <그림 14-1>에서 'control은 대조시'를, 'hypnotic은 최면 중'을, 'post-hypnotic은 후최면암시'를, 그리고 'waking은 평소의 각성(覺醒)상태'로 돌아가고 나서의 근력을 각각 비교한 것이다.

결과는 최대근력은 최면암시로 원래의 근력에서 평균 8.30kg, 후최면암시로 7.02kg의 증대를 보였고, '근력이 약해진다'는 암시로 대조시보다 평균 9.06kg의 저하를 나타냈다. 이들 경우의 증감은 1% 수준으로 차(差)가 인지되었으며, 완전히 최면이 되었을 때도 대조시에 비하여 5.84kg의 증가로 2% 수준의 차가 인지되었었다.

이들 최면실험을 포함한 일련의 실험결과로서는 다음과 같이 결론지었다.

① 전완굴근력을 장력계(cable tensometer)로 측정하니까 여러 종류의 항목에 있어서 최대근력 발휘의 효과순서는 a. 최면암시, b. 소리지르기, c. 암페타민(amphetamine, 교감신경계를 흥분시키는 약물)의 순서가 되며, 알콜이나 아드레날린의 효과는 적었다.

② 근력증대의 원인은 기계적(機械的) 탈제지(脫制止: disinhibition)로 이해할 수 있다. 그때까지의 생활의 역사에 의하여 형성된 대뇌의 내제지(內制止: inner restraint)가 약물에 의해 유도된 흥분에 의해 제지되는가, 또는 마취약 등에 의한 순수한 화학적 원인에 의하여, 또는 소리(音)나 최면과 같은 의미의 외제지(外制止: outer restraint)에 의하여 제지되어 탈제지가 생긴다고 생각된다. 여기에서 외제지(外制止)란 자극자체에 의하여 일어나는 운동이 새로이 주어지는 다른 큰 자극에 의해서 억제되는 일로 이반 파블로프(Pavlov)가 사용한 용어이다.

③ 이들의 견해는 모든 수의적(隨意的)인 전력을 내는 작업에 있어서 그 작업성적을 결정하는 것이 심리적 인자(因子)에 의한다는 생각을 지지하였다. 이 심리적 인자는 여러 가지 조건에 따라 쉽게 변화하는 것이기 때문에 체력의 측정이나 경기에 커다란 의미를 가지게 된다.

도핑첵크(doping check)에서 검출되는 약물이나 화학물질 등 보다도 최면암시가 가장 효과적이었다는 것은 아이러니컬하다. 이것은 자율훈련(自律訓練) 등에 의하여 내부적 자기암시로 최종적으로 발휘되는 것이며, 또한 이것은 도핑체크도 필요 없는 가장 유효한 방법인 것이다.

2) 자율훈련(AT)법에 의한 선수훈련

이것은 일본에 있었던 실험으로 최면의학심리학회(催眠醫學心理學會)의 학습프로그램에 기재된 대로 훈련을 실시하기로 하였다. 당사자는 올림픽 선수가 되고 싶다는 열망을 가지고 있었지만 예선에 탈락된 여자체조선수를 최면에 의하여 올림픽 선수로까지 키워내기 위해 실험적인 훈련이었다. AT법(Autogenic Training method)인 자기최면법으로 앞에서 말한 것처럼 다른 사람을 대상으로 최면을 사용하여 훈련시키는 것이다.

스포츠 의학자 아서 스타인하우스(Arthur Steinhaus) 실험은 최면암시의 효과를 실험실에서 케이블 장력계로 계측하는 것이므로 정적인 형태로 지극히 분명하게 나타난다. 그러나 체조처럼 심(心)·기(技)·호흡(氣)이 미묘하게 얽힌 복잡한 경기에 있어서 더욱이 중대한 시합을 갖게 되는 일상적 생활의 역동적(力動的: dynamic)인 흐름 속에서 훈련해가는 경우, 최면훈련은 과연 어떠한 효과를 나타내는 것일까 하는 것이 이 실험이다.

좀 더 부연하자면 체력이나 기술을 가하는 일 없이 주로 정신적 측면만의 조작에 의하여 스포츠의 성적이나 기록을 향상시키는 것이 가능한가, 어떤가 하는 심리학적 연구가 이 실험목적이었다. 결과는 최면훈련이 경기력향상에 효과적이었음을 알 수 있었다.

나가다 카즈오(長田一臣, 1925~)의 『스포츠와 체면』에서 훌륭히 설명되었다. 앞에서 언급한 피험자는 선수로서 가능성이 없다고 판정되고 본인도 그렇게 생각하고 있었는데 생각을 바꿈으로써 두 번씩이나 일본의 올림픽 대표로 출전하였다.

최면을 이용하는 이유는 최면유도(催眠誘導)가 간단할 뿐만 아니라, 거기에 주어진 암시에 의하여 잠재능력을 발현하고, 사물을 보는 법·사고방식·살아가는 방법에 변화를 주는데 있다. 마음이 변화하면 행동도 변화되고, 인생을 살아가는 태도가 변화하면 연습태도 또한 변화된다. 그것이 성적이나 기록의 변화에도 연결되어진다.

4. 정신훈련이 의미하는 것

1) 알파(α)파와 베타(β)파

우리들을 둘러싸고 있는 환경과 사회는 우리들을 끝없는 스트레스(stress) 상태로 몰아넣는다. '인간'은 인간에게 다시 없이 친하고 그리운 존재이며, 서로 손을 잡고 살아가야 할 이웃들이다. 그러나 우리가 경쟁해야 할 상대도 또한 인간임이 틀림없다. 인간이란 인간에게 참으로 지겹고도 그리운 모순적 존재인 것이다. 이 세상에 태어난 이상, 개인에 있어서의 최대의 관심사는 사회에 어떻게 적응하고 어떻게 자기를 지켜 가는가에 있다. 우리가 애써서 살아가더라도 결국 당면하는 종국적 대상은 '죽음(dying)'이다. 그러므로 격렬하게 살아간다는 것은 격렬하게 죽음에 다가간다는 것이 된다. 그래서 우리들 '심신(心身)의 보금자리'인 뇌 속에는 인생이 끝날 때까지 차겁고 거친 바람이 불어치고 있다.

사람의 뇌 속에는 여러 가지 뇌파가 나오는데 깨어있는 낮 동안에는 우리에게 스트레스(stress)를 주는 베타(β)파가 나온다. 그래서 오래전부터 "알파파를 늘리자"는 말이 유행하기 시작했다. 알파(α)파는 밤에 잠자는 동안에 나오며, 낮에도 사랑을 느낄 때 나온다. 또 알파파는 행복한 마음을 갖게 하고 질병을 이기는 면역체를 분비한다. 우리들의 심장이나 근육이나 뇌수(腦髓)로부터 미약한 전기가 발생하고 있기 때문에 심전도(心電圖)·근전도(筋電圖)·뇌전도(腦電圖)에 기록된다. 뇌의 신경세포는 독특한 모양의 규칙적인 전기충격을 일으킨다. 이것을 뇌전도(electroencephalo- graphy: EEG)라 하며, 뇌파(腦波: brainwave)라고 칭하고 있다.

1929년 독일인 신경정신과 의사인 한스 베르거(Hans Berger, 1873~1941)가 뇌파를 측정하여 기록하는 뇌파계를 만들었다. 세포가 흥분하면 전기가 발생하게 된다. 뇌의 경우도 그 활동으로 전류가 생겨 일정한 리듬의 전위변동(電位變動)이 생긴다. 이것은 자동상태에서도 항상 생겨서 뇌파의 변화가 일어난다. 이것을 유도하고 증폭시켜 기록한 것이 이른바 뇌전도(EEG)이다. 뇌파의 일반적 종류로서는 델타(δ)파, 알파(α)파, 그리고 베타(β)파가 있다. 이것은 파(波)의 주파기(周波期)로부터 분류된 명칭이다. 감마(γ)파는 일반적으로는 사용되지 않는다.

정상인의 뇌파변동에 영향을 주는 인자로 열거되는 것은 우선 ①의식상태 ②정신긴장 등이 있으며, ③눈 ④기초대사 ⑤계통순환의 변화, 또는 ⑥혈액개선의 변화 등에 있다. 그런데 "알파파를 늘리자"고 제창되고 있는 조건으로서는 우선 성인(成人)일 것, 그 다음에 안정시(安定時)라야 할 것, 눈을 감은 상태일 것, 그리고 각성상태라야 한다. 꼭 정상인이라야 한다는 것이 전제조건이다.

그런데 알파파는 눈을 뜨면 감소 또는 소실되어 버린다. 눈은 감고 있어도 광

자극을 주면 자극 후 0.5초로부터 수초에 걸쳐 소실 내지는 억제되는 것을 볼 수 있다. 이것은 소리를 낸다든가, 아픈 자극을 주어도 마찬가지로 억제된다. 즉, 알파파(α波)라는 것은 정상적인 사회생활을 영위하고 있는 성인이 아무 생각도 안 하고 마음 편안한 상태로 외부로부터 아무런 자극도 받지 않으므로 생기지만, 한 번 무슨 생각을 하고 눈을 뜨기만 하면 즉시 이것이 억제되고 빠른 파장으로 나타난다.

우리들이 생활하는 현실사회는 소리·빛, 그리고 잡다한 정보의 소용돌이가 사람들을 서로 움직이며, 복잡기괴한 사회기구가 신경을 마멸시키고 있다. 내적으로는 "투쟁이냐 도주냐(fight or flight)"하는 삶의 현실에 직면하며 악전고투하는 가운데 어느 듯 정년(停年)이라는 인생의 카타스트로피(catastrophe: 파국:破局)가 찾아온다. 한 순간이라도 한가로움을 허락하지 않는 우리들의 인생이란 결국 '베타파의 공기' 속에 살아가고 있는 것이다. 그래서 "알파파를 늘리자"고 하는 이유가 바로 여기에 있다.

2) 스포츠와 마음의 트레이닝

눈을 감고 마음을 편안히 가지고 있으면 알파파(α波)는 얻을 수 있지만 눈을 뜨고 뭔가 생각을 한다든가 하면 홀연히 베타파(β波)가 엄습한다. 눈을 감고 뭔가 생각하고만 있으면 인생을 살 수 없게 되는 베타파 인생이라는 것을 부정할 수 없다. 그러나 선(禪) 등의 수련(修練)으로 높은 경지에 도달한 사람은 좌선 중에 눈을 떠도 깨끗한 알파파가 출현하는 사실도 있다. "알파파를 늘려라"는 것은 선(禪)의 경지에 조금이라도 접근하여, 불안이나 스트레스가 많은 사회를 이겨나가자는 뜻이다.

과긴장(過緊張) 상태에서 경쟁하여야 할 스포츠맨이 이러한 경지에 도달하면 확실히 스포츠 능력을 발휘하는데 유리하다. 옛날 운동선수가 기술면에서 슬럼프에 빠지면 더욱 강인한 정신훈련을 위해 폭포수를 맞으며 자기수양한 일들은 잘 알려진 사실이다. 스님이 깊은 산 속에서 오랫동안 참선을 거쳐 높은 경지에 도달했더라도 속세에 내려와 우리들과 같은 직업을 가지게 되면 얼마나 수도결과를 발휘할 수 있느냐 하는 것도 미지수이다.

선(禪)은 구년면벽(九年面壁)이란 말이 있듯이 달마대사(達磨大師) 같은 스님도 높은 경지에 오르는데 면벽좌선 9년이라는 기간을 보냈다. 이에 비해 스포츠맨의 경기수명은 매우 짧은 편이다. 그러므로 과학적으로 처방된 최면법(催眠法)이나 자율훈련법(自律訓練法)을 사용함으로써 단기간에 높은 수준에 도달할 수 있는 방법을 도입하는 것이 지극히 필요하고 당연한 일이다.

제15장
최상의 운동수행과 코칭

1. 선수의 경기행동과 코칭

 운동환경에서 선수의 경기행동은 다양한 형태로 나타나며 이유도 여러 가지이다. 불안으로 인한 경기력감소, 통제력상실, 실패에 대한 두려움, 각성조절(覺醒調節)의 실패, 주의력상실로 인한 지각능력감소 등이다. 따라서 코치는 스포츠 환경에서 일어나는 경기력 방해요소 및 방해행동을 탐지하여 적절한 시기에 선수에게 피드백을 제공하고 행동교정을 위한 코칭을 할 필요가 있다.
 먼저 선수에게 연습에서 경기력에 방해를 주는 요소 및 원인을 사전에 고려함으로써 문제발생을 방지할 수 있다는 것이다. 선수의 올바른 행동을 유지하고 문제행동을 제거하기 위해선 다양한 심리적 처방이 필요하다. 예를 들면, 강화를 사용하는 것이다.

1) 강화와 경기행동 유지하기

 정적강화(正的強化: positive reinforcement: 긍정적 강화)는 행동 뒤에 칭찬·보상·금전·격려 등 강화물을 즉각적으로 제시하여 그 행동의 빈도를 증가시키는 일이다. 예를 들어, 특정시합에서 우수한 기량을 발휘했다면 코치는 선수의 기량이 반복될 수 있도록 정적인 강화방법을 사용하는 것이다. 선수가 어떤 상황에서 즉각적으로 정적 강화물을 받으면, 그 선수는 유사한 다음 상황에 접하게 될 때 그와 같은 방식으로 행동하게 될 가능성이 높아진다.
 선수들이 보상이라는 상식적인 개념을 알기는 하지만 매일 매일의 일상생활 속에서 정적강화가 얼마나 많은 영향을 미치는지를 이해하고 있는 선수는 많지 않다. 정적강화의 원리는 그것을 잘 알지 못하는 사람에게도 효과를 보인다. 정적강화원리를 잘 모르는 사람들은 자신도 모르는 사이에 바람직하지 않은 행동을 강화하기도 한다. 따라서 코치는 바람직한 경기행동을 지속적으로 유지시키기 위해 정적강화를 사용할 필요가 있다.

부적강화(否的强化: negative reinforcement: 부정적 강화)는 바람직하지 못한 자극 또는 혐오자극을 제거함으로써 효과를 본다는 의미이다. 예를 들면, 선수가 특정상황에서 실수를 하면 그 상황이 무엇인지를 파악하여 문제가 되는 것을 제거시켜주는 것이다. 부적강화는 도피조건형성 상황이라고 하는데 일상생활에서 매우 흔하게 나타난다. 밝은 불빛이 있으면 우리는 눈을 감거나 찡그림으로써 빛을 피하는 것이다. 날씨가 매우 추우면 옷을 더 입음으로써 추위를 피한다. 너무 더울 때에는 선풍기나 에어컨을 작동시킴으로써 더위를 피한다. 밖에서 도로를 보수하는 소음이 들리면 창문을 닫음으로써 소음을 피하게 되는 것이다.

벌은 어떤 행동 뒤에 즉각적으로 제시되어 그 행동의 빈도를 감소시킨다. 벌이 선수에게 특정상황에서 특정행동에 대한 벌칙으로 작용하면, 벌은 다른 상황에서 다른 행동을 감소시키는 데 도움이 된다. 어떤 상황 뒤에 곧바로 벌칙을 받게 되면 그 선수는 다음에 유사한 상황에 접하게 될 때 똑같은 행동을 반복할 가능성이 적어진다는 것이다. 정적강화처럼 벌도 일생동안의 학습에 영향을 미친다. 다음에 강화를 위한 벌칙의 유형을 들어본다.

(1) 신체적인 벌칙

신체적인 벌칙은 통증이나 다른 불편감을 유발시키는 방법이다. 신체적 벌칙은 혐오자극·혐오적 벌칙 혹은 혐오제(嫌惡劑)라고도 불리워진다. 때리기·꼬집기·시끄럽거나 귀에 거슬리는 소리 등으로 벌을 줄 수 있다. 혐오적인 벌칙의 적용은 코치나 선수 모두에게 유쾌하지 않은 것인데, 그럼에도 불구하고 어떤 사례에서는 그 절차로부터 큰 이득을 얻기도 한다. 신체적 벌칙을 사용할 때 코치가 분명하게 기억해야 될 것은 그 사건에 대한 벌칙만 주어야 되지 감정이 개입된 인간적인 벌칙은 어떤 일이 있어도 피해야 한다는 것이다. 즉 선수를 인격적으로 대해야 한다는 것이다.

(2) 책망

책망은 부적절한 행동에 이어지는 강한 부정적 언어자극이다. 우리나라에서 현실적으로 코치가 책망을 사용하지 않는 코치가 없을 것이다. 책망에서 대표적인 것이 "욕"이다. 사례를 볼 때 입에 담지못할 욕을 입에 달고 사는 코치들이 많은 것도 사실이다. 코치는 선수가 자기를 어떻게 평가하고 보는지를 스스로 알아둘 필요가 있다. 책망이 분풀이 식으로 되어서는 안 되며 신체적 벌칙과 같이 코치의 감정이 실리면 안 된다.

(3) 타임아웃

타임아웃은 특정한 행동 뒤에 강화가 많은 상황에서 적은 상황으로 이동하는 것이다. 선수가 문제행동을 계속해서 유발시킬 때 강화물을 얻을 수 있는 기회를 제외시키는 것이다. 예를 들면, 잠깐 동안(약 5분 정도) 강화가 있는 상황에서 제외시키는 것이다. 핸드볼 경기를 보면 5분간 퇴장이 있는데 이것이 전형적인 타임아웃이다. 외국에서는 어린 선수를 가르칠 때 많은 코치들이 타임아웃을 사용한다. 타임아웃은 길지 않아야 하며 의자에 앉히거나 타임아웃 구역을 사용하면 좋다. 예를 들면, 선수가 문제행동을 했을 때 코치는 그 선수를 피자 파티에서 몇 분간 제외시키는 것이다.

(4) 반응대가

반응대가는 특정한 행동 뒤에 특수한 강화물을 제거하는 것이다. 일상생활에서 반응대가의 예는 도서관연체료·교통위반딱지 등이다. 선수가 문제행동을 일으킬 때 휴가시간 또는 외출시간을 다른 선수보다 약간 짧게 주면 대가반응이 되는 것이다. 반응대가는 선수가 소유하고 있는 강화물을 바람직하지 않은 반응 뒤에 회수하는 것이다.

2) 선수의 성격특성에 따른 코칭

스포츠 경기 상황적인 면에서 볼 때 남들보다 특별히 뛰어난 기량을 보이는 선수를 평할 때 흔히 '선천적으로 타고난 선수'라는 말을 하게 된다. 이러한 평가의 내면에는 어느 한 종목을 수행하는 데 적합한 체력과 조건이 우수함은 물론, 그 종목을 수행하는데 특별히 요구되는 성격의 특성을 지니고 있다고 볼 수 있다. 예를 들어, 몸싸움이 격렬한 격투기종목 선수의 경우는 모험심·인내력·투지력이 평범한 선수들보다 강할 것이고, 양궁·사격·야구투수의 경우는 침착성·집중력이 평범한 선수들에 비해 우수할 것이다. 만일 코치가 팀 구성원들의 각기 다른 성격특성을 알고 있다면 선수들을 좀 더 쉽게 다룰 수 있을 것이다.

같은 종목이나 같은 특성을 지닌 운동을 하는 선수라 할지라도 우수선수는 평범한 선수에 비하여 어떤 다른 성격의 특성을 가지고 있는 것으로 나타났다. 여러 연구 중에서 우수한 선수와 평범한 선수의 성격특성을 밝혀 낼 수 있는 모건(W.P. Morgan)의 정신건강모형과 빙상프로파일이다. 모건의 정신건강 모형에서 불안·긴장·우울·분노·피로·혼란·노이로제 등의 특성은 우수선수가 평범한 선수에 비해 낮은데 반해 활동성이나 외향성 등에서는 높은 경향을 보인다. 또한 빙상형프로파일에서도 활동성을 제외한 긴장·우울·분노·피로·혼란 등의 특성에서 비우수선수에 비하여 우수선수가 낮은 경향을 보이고 있으나 활동성에서만은 높은 경향을 보이고 있다.

<표 15-1> 모건의 정신건강 모형

성격기본속성	비우수 선수			우수 선수		
	낮음	중간	높음	낮음	중간	높음
상태불안			●	●		
특성불안			●	●		
긴장			●	●		
우울			●	●		
분노			●	●		
활동성	●					●
피로			●	●		
혼란			●	●		
외향성	●					●
노이로제 증상			●	●		

이러한 결과는 우수한 선수들이 평범한 선수들과는 다른 성격특성을 보이고 있으며, 특히 활동성과 외향성과 같은 적극적인 면에서는 높은 성향을 나타내고 경기력 발휘에 저해가 되는 불안·긴장·우울·혼란·분노·노이로제 증상과 같은 소극적이거나 부정적인 측면에는 낮은 성향을 공통적으로 나타낸 것이다. 따라서 코치가 모건의 빙상프로파일을 사용하면 선수를 지도하는데 많은 도움을 받을 것이다.

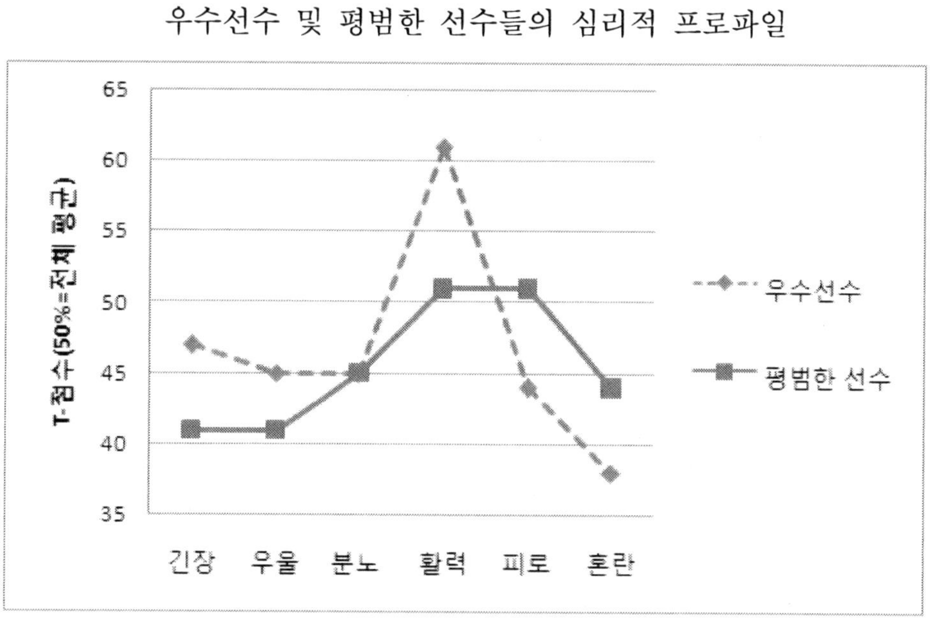

우수선수 및 평범한 선수들의 심리적 프로파일

<그림 15-1> 모건의 정신건강 모형

3) 경기에 영향을 미치는 각성과 스트레스

선수의 경기력을 저해하는 요인 중 가장 중요한 것이 각성조절실패이다. 종합적인 마음의 상태로 최고의 긴장에서 최저 이완상태를 각성(覺醒: awakening)이라고 한다. 선수는 시합시 중정도 이상의 각성이 필요하다. 각성상태가 너무 높으면 근육이 긴장되어 신체통제력에 문제가 발생되고 너무 이완되면 경기준비에 부정적인 영향을 미칠 수 있다. 따라서 선수는 스스로 자신의 각성수준을 적절하게 관리하는 방법을 익혀 두어야 한다. 선수와 코치는 각성·스트레스·긴장의 관계를 보다 더 구체적으로 알아둘 필요가 있다.

○ 각성

각성이란 깨어있는 상태에서 인간의 심리적이고 생리적인 상태를 말한다. 한마디로 조정경기에 앞서 처해있는 자신의 심리적이고 생리적인 상태를 말하는 것이다. 각성상태는 나쁘고 좋다는 개념이 아니다. 어떻게 경기종목에 맞는 각성상태를 유지하느냐가 중요하다. 로또에서 당첨이 되는 경우든 죽게 되는 경우든 같은 각성상태라는 뜻이다.

○ 긴장

경기행동과 관련하여 걱정·염려·우려 등과 같은 부정적인 감정을 말하는 것이다. 긴장에는 상태긴장·인지적 긴장·신체적 긴장·특성긴장 등이 있다.

① 상태긴장은 현재 직면하고 있는 시합상황이 긴장을 유발시키는 지각된 긴장으로 일시적이며 날씨와 같이 변화무쌍하다. 예를 들면, 지금하고 있는 시합의 승패에 따라 연봉 또는 대학입학 여부가 결정된다면 시합이 중요도가 상태긴장의 원인이 되는 것이다.

② 인지적 긴장은 부정적인 생각 또는 걱정의 정도를 말하는 것이다. 예를 들면, "나는 저 선수를 이길 수 없을 거야"라고 생각한다면 시합이전에 이미 인지적으로 긴장하고 있다는 뜻이다.

③ 신체적 긴장은 말 그대로 신체적인 긴장을 말하는 것이다. 상태긴장 및 인지적 긴장을 하게 되면 자동적으로 신체적 긴장이 동반된다.

④ 특성긴장은 개성의 일종으로 태생적이며 개인의 행동에 영향을 미치는 행동적 경향이며 성향이다.

특성불안은 비위협적인 것을 위협적으로 받아들이는 개인의 성향이다.

스트레스는 선수가 느끼는 모든 심리적 부담을 스트레스로 정의할 수 있다. 경기력을 저해하는 가장 큰 요인은 스트레스이다. 따라서 코치는 선수의 스트레스 수준을 면밀히 조사·기록하여 스트레스에 대처해야 한다.

(1) 스트레스 5단계

① 시합 환경적 요구-신체적이며 심리적 단계이다.
② 지각요구-선수가 사건이나 시합을 스트레스로 지각하는 단계이다.

③ 스트레스 반응-심리적 반응 및 신체적 반응이 일어나는 단계이다.
④ 행동결과-경기력을 떨어뜨리는 단계이다.
⑤ 처방 요구-대처방안이 요구되는 단계이다

스트레스는 위에 진술한 5단계를 거쳐 진행된다. 만약 코치가 선수의 행동을 매일 기록하고 관찰한다면 선수의 스트레스를 1단계에서부터 잡을 수 있을 것이다. 스트레스는 경기력을 떨어뜨리는 주범이라고 앞서 진술한 바 있다. 따라서 코치는 선수에게 스트레스에 대처하는 방법을 제시할 수 있어야 한다.

(2) 스트레스 대처하기

스트레스는 선수들이 경기에 대한 불안, 실패에 대한 두려움, 또는 직면한 상황에 적절하게 대처를 하지 못할 때 경험한다. 훈련이든 경기상황이든 스트레스가 쌓이게 되면 경기수행에 부정적인 영향을 미친다는 것을 선수자신이 너무나도 잘 알고 있다. 코치는 선수들을 세밀하게 관찰하다가 선수가 스트레스를 받고 있거나 받을 가능성이 보이면 즉시 해결하도록 노력해야 한다. 또한 선수는 평소 자신이 어떤 상황일 때 스트레스를 잘 받는지 체크해둘 필요가 있고, 어쩔 수 없이 그 상황에 직면하게 된다면 의연하게 대처하도록 해야 한다.

※ 스트레스를 피하는 방법
① 규칙적으로 운동을 하라. 운동은 흥분을 조장하는 아드레날린의 생성을 억제시키고 성취감과 통제성을 길러준다.
② 건강한 음식을 먹어라. 식생활에서 충분한 미네랄과 비타민을 섭취하도록 하라. 운동선수에게 권하고 싶은 바람직한 식사는 하루에 다섯 끼를 먹는 것이다. 이때 식사는 신선한 채소와 과일을 포함하고 있어야 한다.
③ 충분한 잠을 자라. 인간이 충분한 휴식을 취하기 위해선 최소 6시간 최대 10시간이다. 충분한 잠은 보약이며 수행향상을 위한 지름길이라는 것을 명심한다.
④ 분명하게 생각하는 것을 배우고 현실적인 목표와 목적을 가져라. 문제가 생기면 그날 풀고, 풀리지 않은 문제를 가지고 끙끙대지 말라. 자기가 풀 수 없는 문제는 남의 도움을 받아도 풀 수 없다. 자기에게 생긴 문제를 풀 수 없다고 판

단하면 가능한 한 빨리 포기하고 대안을 찾아야 한다.

⑤ 만약 공황상태의 스트레스, 또는 긴장이 시작되면 한 번에 모든 것을 해결할 생각을 하지 말고 나누어서 차근차근 하나씩 해결하라. 한 번에 스트레스를 날릴 생각을 하면 이것이 오히려 스트레스가 된다. 최악의 상태라고 상상해 보라. 십중팔구 다음 번에 오는 스트레스는 현재보다 분명히 약할 것이다.

⑥ '아니'라고 말 할 수 있는 힘을 길러라. 사람들은 싫어하면서도 마지못해, 어쩔 수 없이 하는 경우가 많다. 싫으면 싫다고 말해라. 이것이 스트레스를 받지 않는 지름길이다. 주변사람들이 자기에 대해 이런 저런 말을 하면 직접적으로 그렇게 말하지 말라고 이야기하는 것이다.

⑦ 당신은 인간이다. 고로 실수는 필연적이며 피할 수 없다는 것을 분명히 기억하라. 가끔 완벽을 추구하는 사람들을 볼 수 있다. 완벽이라는 것은 존재하지 않는다. 완벽을 추구하면 추구하는 만큼 스트레스를 받는다. 실수를 통해 배운다는 생각을 하면 실수에서 비롯되는 스트레스를 받지 않는다. 실수를 기회로 삼으면 실수해도 웃을 수 있는 힘이 생긴다.

⑧ 긍정적인 사고를 가져라. 긍정적인 사고를 가지면 스트레스가 붙을 곳이 없다. 매사에 부정적인 사람은 항상 스트레스를 달고 산다. 즐겁게 웃으면서 상황을 맞이하면 부정적인 스트레스가 긍정적인 스트레스로 바뀐다.

⑨ 휴식을 가져라. 살아가면서 어떤 일을 할 때 일을 해야 되기 때문에 하는 것이 아니라, 이것이 내 삶에 중요하기 때문에 하는 것이라고 생각하라. 생각을 하면 생각하는 대로 된다. 당신은 가끔 당당히 쉴 자격이 있는 사람이다. 인간이 기계가 아닌 이상 어떻게 매일 훈련과 일만 하고 살 수 있는가. 즐기는 것은 죄가 아니다. 휴식 자체를 즐기는 것이다.

⑩ 당신의 약점과 장점을 받아들이고, 어떤 방식으로든 자신을 사랑하고 좋아해라. 만약 자신이 자신을 좋아하지 않으면 당신은 남을 사랑할 수 없다. 또한 당신은 타인을 절대로 변화시킬 수 없다는 것을 알라. 자신만이 자신을 변화시킬 수 있다.

⑪ 신체적 이완기술을 배워라. 점진적 이완법, 자율훈련 등을 배워 신체를 이완시키는 것이다.

(3) 근육 스트레스 이완기술

잘 알고 있지만 모든 운동은 먼저 "몸 풀기"를 하고, 이어서 "가벼운 숨쉬기"를 하면서 시작해야 한다. 워밍업 동작을 시작하기 전에 근육이완 프로그램을 활용하고, 또한 최적의 각성상태에 도달하기 위해 워밍업을 실시하는 것이 바람직하다. 근육이완 기술이 평범한 것 같지만 실제로 쉽지만은 않다. 다음의 예시와 같이 해보면 긴장을 푸는데 많은 도움을 받을 수 있다.

a) 몸풀기 실천방법
① 복장을 헐겁게 하고 신발을 벗는다.
② 머리에 베개를 베고 바닥에 눕는다(침대 또는 마루).
③ 등이 평평하도록 누워서 발은 30~45cm 정도 벌리고 팔은 옆구리에 붙인 상태로 눕는다.
④ 머리부터 발끝까지 몸을 축 늘어뜨린다.
⑤ 어깨뼈를 약간 평평한 상태로 둔다.
⑥ 발을 흔들어 준다.
⑦ 다리가 안정되게 자리를 잡아 준다.
⑧ 팔을 부드럽게 털어 주면서 바닥에 손등을 굴린다.
⑨ 머리를 이리 저리로 굴려 준다.

b) 신체부위별 몸풀기운동
① 다리

바닥에서 15~25cm 정도 왼쪽 다리를 들어 올려 근육이 수축되게 한다. 발가락을 머리 방향으로 가볍게 구부린다. 근육이 떨린다고 느끼기 시작할 때까지 10초 또는 그 이상으로 할 수 있는 만큼 이런 긴장상태의 자세를 유지한다. 그리고 나서 "긴장을 풀자"라고 자신에게 말한다. 이때 다리 근육의 수축을 멈추고 바닥에 내려 놓는다. "내 다리에서 긴장이 빠져 나가는 것을 느낄 수 있어… 다리가 편안해지고, 따듯하고, 무거워지면서… 완전히 긴장이 풀린 거야"라고 말하면서 10초 정도 다리가 쉬도록 한다.

- 왼쪽다리에 대해서도 '수축-이완-휴식'의 순서를 실시한다.
- 오른쪽 다리에 대해서도 '수축-이완-휴식'을 실시한다.

② 엉덩이와 허벅지

할 수 있는 만큼 강하게 엉덩이와 허벅지의 근육을 조여주어라. 풀어주어야 할 때까지 10초 이상 가능한 오래 이 동작을 유지한다. 그러고 나서 스스로에게 "이제 풀어주자"라고 말하면서 풀어준다. 10초 정도 멈추었다가 근육에서 긴장이 빠져나가면서 느껴지는 근육이완에 집중한다.

- 이 운동을 반복한다.

③ 복부

복부근육에 대해 숨을 쉬고 긴장을 멈추었다가 "풀어주자"라고 말하면서 이완시킨다. 같은 절차를 몇 번 반복한다.

④ 등과 목

척추를 활처럼 구부리고 미저골에서 목 부위까지 모든 근육을 조여준다. 그러고 나서 "풀어주자"라고 스스로에게 말하면서 동작을 마친다.

- 이 운동을 반복한다.

⑤ 팔과 어깨

운동하는 사람의 몸 위에 막대기가 있어서 그것을 잡고 일어날 수 있다고 상상한다. 손바닥을 위로 하여 가슴 위로 두 팔을 들어 올린다. 상상 속의 막대기를 붙잡고 가능한 세게 주먹을 꼭 쥔다. 팔과 어깨의 근육을 수축시킨다. 가능한 단단히 어깨를 구부린다. 되도록 오래 이 자세를 유지한 후 "풀어주자"라고 말한다. 긴장이 빠져 나가도록 하면서 따듯하고 편안한 느낌을 받아들이면서 10초 정도 휴식을 취한다.

- 이 운동을 반복한다.

⑥ 턱

어금니를 꽉 물고 턱 근육을 조여준다. "풀어주자"라고 속으로 말하며 근육을 풀어준다.

- 이 운동을 반복한다.

⑦ 안면

강하게 얼굴을 찌푸리며 안면근육을 조여준다. "풀어주자"라고 말한다. 쉬면서 근육이완의 느낌에 집중한다.

- 이 운동을 반복한다.

⑧ 눈

천정의 한 점을 응시하며 집중한다. 머리는 움직이지 말고 가능한 멀리 눈을 오른쪽으로 굴린다. 그리고 나서 중앙으로, 다시 왼쪽으로, 다시 중앙으로 눈을 굴린다.

- 손바닥에 열기가 느껴질 때까지 양손바닥을 비벼 준후, 손바닥으로 감은 눈을 덮어 준다. 손의 열기가 눈을 따듯하게 되도록 한다. 이 동작을 몇 번 되풀이하면서 양쪽 눈을 번갈아 실시한다.

⑨ 몸 전체

발을 오므리고 주먹을 쥔다. 어깨를 끌어 올린다. 턱과 안면을 조인다. 이제 발꿈치에서 머리 뒷부분까지 온몸을 가능한 많이 활처럼 구부리고 동시에 몸 전체의 근육을 수축시킨다. 몸이 떨리는 것을 느낄 때까지 가능한 오래 이 자세를 유지한다. 그리고 나서 "풀어주자-모두 끝까지 풀자-할 수 있는 만큼…"라고 말한다.

- 누워서 긴장이 빠져나가는 것을 느껴 본다.

⑩ 전체적으로 긴장풀기

눈을 감는다. 위의 운동에서처럼 '주의'가 다리에서 얼굴까지 천천히 몸의 각 부분에 퍼져 나가도록 한다. 만일 몸의 어느 부분에 긴장이 남아 있으면 그것을 팽팽하게 조여준다. 긴장감이 몸에서 빠져 나가는 것을 느껴본다. 그러나 어느 정도 남아 있더라도 걱정할 필요는 없다. 눈을 감고 나머지 10분간의 운동시간에 이완된 상태를 유지한다. 매우 즐겁고 평화로운 장소를 생각한다. 부드러운 산들바람이 앞뒤로 불어주는 평화로운 호수에서 보트를 타고 떠있는 것을 상상해 본다. 바꾸어서, 공기보다 가볍고 중력이 없는 우주에 떠있다고 상상한다. 즐겁고 고요한 느낌에 주의를 기울인다. 스스로에게 "나는 지금 편해… 다리·엉덩이·허벅지·배 모두 다 편해. 팔등·어깨·턱·얼굴·눈도 편해. 모든 긴장감이 사라졌어"라고 말한다.

근육이완 상태에 초점을 맞춘다. 이제 이런 노력의 결과로 얻은 근육이완에 초점을 맞춰 본다. 자신에게 '내가 달리고 있을 때, 근육의 움직임에 방해하는 긴장을 느끼기 시작하면, 그 근육에게 "풀어줘"라고 말할 수 있을 거야, "풀어줘"라고 말하면 지금 내가 느끼고 있는 근육이완의 느낌을 불러오고, "근육에 생긴 긴장감을 풀어줄 거야"라고 말해 본다.

(3) 퍼포먼스 프로파일링

만약 선수가 2,000미터 레이스의 끝을 향해 갈수록 스피드의 부족을 보인다면 코치는 이것을 관찰하고 이 상황에 역점을 두는 훈련 프로그램을 계획해야 한다. 마찬가지로, '주의(caution)' 등과 같은 심리적 요인이 문제가 된다면 이를 해결하기 위한 중재전략이 마련되어야 한다. 일반적으로 스피드가 부족한 경우는 직접적으로 관찰될 수 있는 일이지만, 반면 심리적 요소는 종종 숨겨져 있다는 것을 알아야 한다.

이러한 문제를 해결하고자 하는 코치들은 선수의 마음 속에서 어떤 일이 일어나고 있는지 관찰을 통해 파악할 필요가 있다. 선수들은 종종 문제가 있어도 숨기고 사실대로 말하지 않기 때문에 코치가 적극적으로 선수들의 일에 개입할 필요가 있다. 그 예가 퍼포먼스 프로파일링(performance profiling)이다. 다음은 퍼포먼스 프로파일링 실천방법을 열거한다.

a) 목표
퍼포먼스 프로파일링을 하는 것은 다음의 세 가지 주요 목적 때문이다.
① 적절한 중재전략을 사용해 선수의 수행을 극대화시키기 위해
② 선수의 동기와 프로그램에의 고수를 최대화하기 위해
③ 시간 흐름에 따른 변화를 모니터하기 위해

b) 과정
퍼포먼스 프로파일링은 네 가지 단계로 구성된다.
- 1단계 - 코치는 퍼포먼스 프로파일링 과정을 개설한다.
- 2단계 - 선수는 운동종목에서 한 엘리트 선수의 특징을 확인한다.
- 3단계 - 선수는 중요도(예 경기·연습·목표)와 자기평가의 기준으로 각각의 순위를 매긴다.

・4간계 - 선수와 코치는 결과를 분석하고 한 방향의 의견일치를 본다.

① 1단계
첫 단계는 코치가 선수에게 퍼포먼스 프로파일링의 개념, 훈련방향, 계획 및 방침을 소개하는 것이다. 이 과정은 상호신뢰를 통해 도움을 주고받을 수 있다. 이 때 무엇보다도 중요한 것은 선수로부터 얻어지는 정보는 엄격히 기밀로 유지해야 한다. 코치들은 프로파일링에는 옳고 그른 것이 없으며, 오직 정직한 평가만이 더 생산적인 결과를 가져올 수 있다는 것을 강조하고 납득시켜야 한다. 또한 코치는 이 과정이 경기준비와 관련된 감정조정에 초점을 둘 것이라는 것을 설명할 필요가 있다.

② 2단계
선수는 적극적으로 프로파일링에 참여하고, 다음 질문을 주고받을 수 있어야 한다.
・네 생각에 엘리트 선수의 근본적인 자질 또는 특징은 무엇인가?
・중요하다고 생각되는 선수의 자질 또는 특징을 기술하도록 약 5~10분을 준다.
만약 선수가 이것을 어려워하면 코치는 재촉할 수도 있지만, 어떤 특징을 선택하는 지는 선수가 결정한다. 코치는 선수가 수행에 필요한 심리적 요인들을 나열하도록 도와주어야 한다. 이와 같은 과정은 심리적인 것 외에 기술적 능력, 또는 힘・속도・민첩성・균형 등과 같은 신체적 자질에도 적용될 수 있다. 이 단계에서 선수는 15~20 개의 특징을 밝히도록 노력한다.

③ 3단계
3단계에서는 선수가 밝힌 특성들에 대해 각각의 순위를 매기는 것이다.
・0(전혀 중요하지 않음)부터 10(극도로 중요)까지의 척도에서 선수는 그들의 특정 스포츠/종목에서 엘리트 선수로서의 자질의 중요도를 매긴다.
・선수는 똑같은 0-10 척도로 최근 자신에 대한 자각을 평가하는데 사용한다.
그리고 나서 '불일치'정도를 확인하기 위해 계산을 해보는 것이다. 불일치가 높으면 훈련이나 다른 중재를 통해 해결해야 한다.

④ 4단계

다음 표는 선수의 퍼포먼스 프로파일링을 위한 계산의 예를 보여주고 있다.

선수에게 밝혀진 특징	선수 생각 중요도	선수의 자기평가	불일치도
자신감	10	8	20
집중	9	6	36
통제	10	7	30
책임	9	8	18
실수 후의 재집중	9	5	45
즐김	8	8	16

위의 표를 볼 때 이 선수는 실수 후의 재집중과 집중이 우선적으로 해결되어야 한다는 것을 보여준다. 이 선수에 대한 해결책은 선수의 선호도에 따라 자신과의 대화 또는 빠른 세트 반복과 같은 중재 전략을 통해 해결할 수 있다.

4주에서 8주마다 프로파일링 과정을 재평가하는 것이 좋다.

c) 대안적 접근
① 코치는 퍼포먼스 프로파일링 과정을 개설한다.
② 선수는 일련의 특징을 스스로 밝힌다.
③ 선수는 수행의 특징을 밝히고 평가한다(자기평가).
④ 코치는 각각의 특징을 기준으로 그 선수를 평가한다.
⑤ 선수와 코치는 결과를 분석하고 한 방향으로 의견일치를 본다.
⑥ 코치·선수 관계는 목표가 공유되고 이러한 방향으로 동의되었을 때 유대가 훨씬 더 강해진다.

d) 프로파일링의 장점
① 퍼포먼스 프로파일링은 다음을 통해 코치가 선수를 더 잘 이해하도록 돕는다.

② 자각된 강점과 약점
③ 엘리트 수행에 대한 코치와 선수의 비전을 명확히 하고, 차이점을 아는 것
④ 수행에 대한 선수와 코치의 평가의 불일치를 강조
⑤ 모니터링 수단을 제공

e) 결론

퍼포먼스 프로파일링은 특정한 정신적·신체적·기술적 훈련 프로그램의 설계를 돕는데 특히 유용한 도구이다. 이것은 선수의 참여동기를 유발하고 고안된 어떠한 중재전략에의 고수를 촉진하는 중요한 힘이 된다. 또한 대화를 촉진하고 자각된 불일치를 해결함으로써 코치-선수의 관계를 활성화시켜준다. 게다가, 프로파일은 어떠한 중재의 효과와 진보나 퇴행을 평가할 수 있는 모니터링 장치로도 사용될 수 있다.

2. 코칭의 주요내용

스포츠 심리학적 측면의 코칭 주내용은 선수들이 심리적으로 무장하여 어떠한 상황에 닥치더라도 흔들리지 않도록 정신적 무장과 교육을 시키는 것에 초점을 두어야 한다. 이를 위해선 우선적으로 자신감·대화법·불안 및 스트레스 다스리기·목표설정 등이 중요하다. 따라서 코치나 선수들은 심리가 경기력에 어떠한 영향을 미치며 기본적으로 스포츠 심리학에 대한 이해가 필요하다.

1) 스포츠심리의 이해

힘이 세고 기술이 좋다고 운동을 잘 할 수 있는 것은 아니다. 무엇이 중요한가? 심리적인 측면에서 본다면 운동에서 제일 중요한 것은 선수의 심리상태와 자기조절능력이다. 연습할 때는 잘 하는데 시합 때는 자기 기량을 발휘 못하는 경우가 많다. 이와 같은 문제를 어떻게 설명할 수 있는가? 운동의 최종발현은 인지와 심리에서 시작되어 근육으로 끝나는 것이다. 이것은 근육 또는 기술의 문제가

인지와 심리로부터 시작된다는 것을 의미한다. 따라서 자기의 기술을 정상적으로 발현시키기 위해서는 선수자신 스스로 자기에 대한 문제(인지 및 심리적)를 깊이 인식하고 있어야 한다. 선수들에게 운동 및 스포츠에서 심리가 무엇이며 얼마나 중요한지 물어보면 대부분 "대단히 중요하다"라고 말을 하지만, 실제 심리가 어떻게 중요하고 스포츠심리가 무엇인지 물어보면 대답을 못하는 경우가 허다하다. 경험적으로 볼 때 선수들이 말하는 스포츠심리란 단순이 이미지 트레이닝 정도로 알고 있는 것이 전부라고 해도 과언이 아닐 것이다.

스포츠심리란 무엇인가? 교과서에 나오는 판에 박힌 정의가 아니라 스포츠심리란 "연습으로 훈련된 당신을 시합에서 훈련된 그대로의 모습으로 이끌고 가도록 하는 방법을 가르치는 것"이 스포츠심리이다. 스포츠심리학의 목표는 정신력·자신감·심상·목표설정·응집력·스트레스·불안·긴장·각성·동기 등을 증가시키거나 감소시켜 최적상태에서 운동수행을 할 수 있게끔 도와주는 것이다. 따라서 선수들이 스포츠 심리학에 대한 본질을 충분히 이해한다면 자신의 수행을 최대화시키는데 많은 도움을 받을 것이다. 예를 들어 환자가 아플 때 병의 원인을 찾아야 병을 낫게 하듯 선수도 시합상황에서 문제가 발생했다면 문제의 원인과 해결책이 있어야 문제를 해결할 수 있는 것이다. 선수 스스로 자신의 문제점을 파악하고 해결책을 가지고 있다면 적어도 심리적 문제 때문에 경기를 망치는 일은 없을 것이다.

2) 스포츠심리학 속으로 들어가기

경쟁상황에서 선수들의 증가된 스트레스는 운동수행에 신체적 혹은 정신적으로 부정적인 방식으로 영향을 미칠 수 있다. 선수들은 시합상황에 따라 긴장하고, 심박수 증가가 일어나고 또 식은땀을 흘릴 수도 있다. 이와 같은 심리적 상황 때문에 발생하는 문제에 대처하지 못하면 실패에 대한 두려움이 생겨 주어진 과제에 대해 집중하기가 어렵다. 지도자들은 이러한 이유 때문에 스포츠심리학 분야, 특히 경쟁불안에 관심을 가져왔으며, 운동선수들이 경쟁상황에서 최적의 수행을 제어하고 유지할 수 있는 기술에 관심을 가지고 있다. 이러한 기술들은 선수들이 시합 중 혹은 훈련 중에 긍정적인 방식으로 주의를 집중하게 해주거나 이완하게 할 수 있다. 스포츠심리학은 시합에서 승리하기 위한 운동선수들의 또 다른 무기라 할 수 있다.

(1) 4C를 기억하라

집중(Concentration), 자신감(Confidence), 제어(Control), 몰입(Commitment)은 일반적으로 대부분의 스포츠에 있어서 성공적인 수행을 위해 중요한 정신적 자질로 여겨진다.

- 집중 - 주의를 유지하는 능력
- 자신감 - 자신의 능력에 대한 믿음
- 제어 - 어떠한 방해에도 불구하고 정서적인 제어를 유지하는 능력
- 몰입 - 목표에 지속적으로 매진하는 능력

이완·집중, 그리고 심상기술은 운동선수들이 4C를 달성할 수 있도록 도움을 줄 수 있다.

① C1 : 집중

이것은 주어진 과제에 집중하기 위한 정신적 특성(능력 또는 자질)이다. 만약 운동선수가 집중이 부족하다면, 운동기술을 효과적이고 능률적으로 발휘하지 못한다. 어떤 일에 집중할 때 아무렇게나 집중해서 안 된다. 집중을 하는 방법에 따라 집중의 질이 달라진다. 인간이 한 가지 사물에 집중할 수 있는 능력을 시간으로 따지면 약 5초 정도이다. 오랫동안 집중할 수 있을 것 같은데 사실상 그렇지 않다. "마음이 콩밭에 가 있다"는 속담을 생각하면 집중을 잘 이해할 수 있을 것이다. 예를 들어, 친구를 만나 서로 이야기를 하면서도 딴 생각을 하는 자기를 발견한 경험이 있을 것이다. 다음의 주의집중의 형태로 집중을 해 본다.

- 주의의 폭으로 - 많거나 적은 수의 자극에 집중한다.
- 주의의 방향으로 - 내적자극(느낌) 혹은 외적자극(노력)에 집중한다.

집중에 대한 요구는 스포츠 종목에 따라 다르다:
- 지속적인 집중 - 조정·장거리달리기·사이클링·테니스·스쿼시
- 짧은 기간 동안의 집중 - 크리켓·골프·사격

· 강한 집중 - 단거리경기·봅슬레이·스키
· 일반적인 집중방해 요소: 불안·실수·피로·날씨, 매스컴·코치·매니저·상대선수·부정적 생각 등.

집중을 향상시키기 위한 전략들은 매우 개인적이다. 집중을 유지하기 위한 하나의 방법은 각 세션(session: 회기)이나 시합에 대한 과정목표(process goals)를 설정하는 것이다. 이러한 목표에 대해 선수들은 자신만의 "자극단어"를 사용할 수 있다. 자극단어는 선수가 목표에 대해 강하게 재집중하도록 한다. 예를 들어, 조정경기에서 선수가 힘차게 노를 젓을 때 호흡·손·발로 나누어 집중하는 것이다. 이렇게 나누어 집중하면 전체적으로 몸을 생각하는 것보다 훨씬 집중이 잘되며 또 효과적이다. 집중도 전략이며 무기다. 자극단어를 만들어 집중하는 연습을 한다.

② C2 : 자신감

자신감은 자신의 능력과 목표를 비교한 결과로 생겨난다. 만약 어떤 선수가 그의 목표를 달성할 수 있다고 믿는다면 그 선수는 자신감을 가지고 있는 것이다. 당신은 오직 당신이 믿는 것만을 성취할 것이다. 운동선수가 자신감을 가지고 있다면, 그들은 상황이 계획대로 돌아가지 않을지라도 열정과 긍정적인 생각을 유지하고, 성공이나 실패에 대한 자신의 책임을 받아들인다.

자신감을 향상시키기 위해 선수들은 심상을 사용할 수 있다:
· 이전의 훌륭했던 수행장면과 느낌을 상기하기 위해 그것을 시각화한다.
· 다양한 시나리오를 상상하고, 어떻게 상황에 대처할 것인지 생각한다.

③ C3 : 제어

자신이 느끼고 있는 어떤 감정을 확인하고, 감정에 대한 원인에 대해 이해할 수 있으면 정서적으로 자신을 제어할 수 있다. 또한 역경에 직면했을 때, 정서적인 감정의 제어와 긍정적인 마인드를 유지하는 능력은 성공적인 수행에 필수적이다. 반면 저조한 수행과 관련된 두 가지 정서는 불안과 분노이다.

불안은 두 가지 유형으로 나타나는데, 신체적 측면(초조·발한·메스꺼움·화장실 찾기)과 정신적 측면(걱정·부정적 생각·혼란·집중의 겹핍)이 있다.

선수가 분노(성냄·화)의 감정을 느끼면 주의를 빼앗기게 된다. 성을 내면 수행해야 할 과제에 대한 집중을 못하게 되고, 수행은 저조하게 된다. 또한 자신의 능력에 대한 자신감도 잃게 된다. "분노는 실패로 이르는 길이다"라는 문구를 잊지 않는 것이다. 성나고 분노가 치밀어 오르면 억제하기 어렵지만 고도의 자제력을 통해 제어해야만 좋은 경기결과를 얻을 수 있다.

프랑스의 세계적인 축구 선수인 지네딘 지단(Zinedine Zidane)이 경기도중 이탈리아의 마르코 마테라치(Marco Materazzi)가 욕을 했다는 이유로 가슴팍에 헤딩을 해 퇴장당한 일도 자제력을 잃었기 때문이다.

④ C4 : 몰입

스포츠 수행의 결과는 선수가 목표를 달성하기 위해 수년에 걸쳐서 얼마나 자기를 헌신하였는가에 따라 달라진다. 선수는 자신의 종목을 실시할 때 자신의 종목만 생각해야 된다. 그러나 휴식을 취할 때는 자신의 종목을 절대로 생각하지 말아야 한다. 완전한 휴식은 몰입을 증가시킨다. 몰입을 잘하지 못하는 경우는 아래와 같은 일이 생겼을 때이다. 그러므로 몰입이 잘되지 않을 때는 원인이 무엇인지 꼭 알아차릴 필요가 있다.

몰입은 다음 항목에 의해 훼손될 수 있다.
· 훈련 프로그램에 충분히 참여하지 않았을 때
· 훈련 프로그램의 목적을 이해하지 못했을 때
· 부상을 당했을 때
· 흥미가 부족할 때
· 수행 혹은 경쟁에 대해 불안했을 때
· 훈련이 지루해졌을 때
· 코치가 선수를 팀으로써 대하지 않을 때
· 다른 선수들이 방해했을 때

목표설정은 행동가치를 고양시키며 목표에 대한 주인정신을 배양시킨다. 따라서 선수들은 목표가 설정되면 목표를 달성하기 위해 매진하게 된다. 많은 사람들(코치·의료지원팀·매니저·친구 등)은 특히 선수가 병이나 부상을 당했을 때, 혹은 저조한 수행시기 동안에 적절한 지원과 긍정적인 피드백을 통하여 선수가 몰입할 수 있도록 기여해야 한다.

(2) 성공적인 정서상태

아래 항목은 성공적인 수행과 관련해서 경험하는 정서상태이다. 경기를 잘 하기 위해선 무엇보다도 정서가 안정되어 있어야 한다. 정서가 안정되어 있지 않은 상태에서 경기를 치루거나 연습을 하면 공염불이 되기 쉽다. 연습이나 시합 전, 또는 시합 중 안정된 정서를 유지하도록 노력해야 한다.

① 뛰어나다 : 자신의 훌륭한 수행(기술·능력)을 증명할 기회라고 생각하고, 나는 어느 누구라도 이길 수 있다고 느낀다.
② 평온함과 깨어있는 상태다 : 신경이 곤두서 있었지만 사실 내 느낌은 아주 편안한 상태다. 나는 내가 떨린다는 것을 느끼고 받아들이고 있었지만, 언제라도 시작할 준비가 되어있었다.
③ 긴장되나 흥분하지 않는다 : 약간 긴장은 되지만 시합을 치를 준비가 되어 있다.
④ 자신만만하다 : 나는 이전에 경험한 모든 최고의 수행과 성공적이었던 훈련을 기억한다.

(3) 심리기술과 조정수행

운동경기의 몇 퍼센트가 심리적인 문제일까? 연습 또는 시합에서 선수들이 저지른 실수의 몇 퍼센트가 심리적인 실수일까? 당신은 연습시간 중에서 어느 정도 심리적 연습에 할애하는가? 이러한 문제들에 대한 당신의 답은 자신의 종목에서 심리적 접근을 향상시킬 것인지 아닌지를 결정하는데 도움을 줄 것이다. 당신의 몸은 뇌의 정보입력 없이는 근육을 하나도 움직일 수 없다. 이런 측면에서 본다면 모든 스포츠 수행은 100% 심리적 작용이라고 말할 수도 있다. 부정적인 감정 상태, 긴장·두려움·낮은 집중력·불안·고통, 또는 외부적 방해물은 수행을 방해한다. 엘리트 선수들은 이와 같은 사실을 이미 잘 알고 있다. 그러므로 많은 선수들은 최적 수행을 위해 필요한 정신적 기술을 개발하고 지속적으로 연습한다.

수행을 완성하기 위해선 정신적·신체적·전술적 요소를 고려해야 한다. 정신적 기술은 조정수행을 위한 세 가지 원소 중 하나이다. 전술적 요소는 기술 및 레이스 전략을 포함하고 있으며, 정신적 기술은 심리적인 도구로써 선수들이 그들의 운동기술 학습, 훈련 또는 수행을 향상시키기 위해 사용된다. 이러한 심리적 기술이 신체적 기술을 대체할 수는 없지만 침체되거나 압박감을 느끼는 시합상황에서 집중을 유지시키고, 역경을 이겨내고, 긴장과 불안을 조절하고, 자신감을 유지할 수 있는 능력을 증가시켜 준다.

3) 정신력과 최대수행

선수자신의 기량을 최대한으로 발휘하기 위해선 여러 가지 심리적 요인을 충족시켜야 한다. 예를 들면 정신력이라고 하면 흔히 속된 말로 "악이나 깡으로"를 이야기하는데 이것은 정신력과 아무런 상관이 없다. 정신력이란 일시적으로 각성을 향상시켜 어떤 상황에 대처하는 것이 아니라, 여러 가지 심리적 요인 즉 목표설정·자신감·동기유발·자기통제력 등과 같은 변수를 개인의 성향에 맞게 조절하는 능력을 정신력이라고 한다. 선수가 최대수행을 성취하기 위해선 자신의 정신력을 점검하는 것이 우선순위이다. 따라서 이 항목에서는 정신력 향상을 위한 방법으로 목표설정을 논하고자 한다.

(1) 목표설정

이번 시즌에 당신의 임무는 무엇인가? 성공을 거두기 위한 당신의 비전은 무엇인가? 오늘의 미션을 성취하기 위해 무엇을 실시할 예정인가? 이와 같은 질문은 개인의 목표설정과 관련이 있다. 연구에 의하면 정상급 선수들은 일반선수들에 비해 비교적 목표설정이 잘 되어 있는 것으로 나타났다. 목표설정은 개인을 목표점으로 유도하여 끌고가는 견인차 역할을 한다. 따라서 정신력의 시작은 목표설정에서부터라는 것을 명심해야 한다. 목표성정에서 가장 중요한 것은 당신 스스로 납득할 수 있고 받아들일 수 있는 목표를 설정하는 것이다. 시즌 동안에 당신이 어떻게 수행하든, 당신의 수행에 대해 누가 뭐라고 하든, 당신이 가치있다고 판단되고 스스로 수긍할 수 있는 목표를 설정하라.

a) 결과목표와 과정목표

① 결과목표 : 결과목표는 결과에 초점을 맞추는 목표이다. 조정경주에서 이기거나 지역 또는 국가대항 예선을 통과하고 본선에 오르는 목표를 세우는 것은 결과목표이다. 이러한 결과목표는 당신의 동기유발을 유도하는 동시에 안내하지만 늘 당신의 통제 하에 있다고 생각해서는 안 된다.

② 과정목표 : 과정목표는 구체적인 수행상황에 대해 초점을 맞추는 행동목표이다. 과정목표는 날마다 또는 매주 초점을 맞추는 것으로 정신적 게임의 가장 중요한 부분이 된다.

b) 목표설정의 장점제공

① 목표는 방향을 알려 준다.
② 목표는 피드백을 제공한다.
③ 목표는 동기를 유발시키고 기간 목적을 제공한다.

c) 목표설정을 위한 타임구성

① 장기간 목표 : 시즌이나 1년 동안에 할 일을 커버할 한 개 또는 두 개 정도의 장기목표이다.
② 중기간 목표 : 시즌 전 1주, 한 달을 커버할 수 있는 목표설정이다.
③ 단기간 목표 : 2-4일 정도를 커버할 수 있는 분명하고, 구체적이며 행동지향적인 목표설정이다.
④ 매일목표 : 비전을 성취하기 위해 오늘은 무엇을 할 것인가? 지금 무엇을 해야 하는가?

d) 수행을 위한 7가지 스마트(SMARTER) 목표설정

목표를 설정할 때 스마트를 기억하고 사용한다.
· S – Specific – 구체적일 것
· M – Measurable –측정가능할 것
· A – Action-oriented –행동지향적일 것
· R – Realistic –현실적일 것

· T - Timely -때와 시기가 적절할 것
· E - Exciting -신바람이 날 것
· R - Recorded -기록할 것.

① S : 무엇이 일어나기를 원하는지 정확하게 기술하는 것이다. 노를 빨리 젓기 위한 과정목표가 무엇이며, 또 무엇을 해야 하는가? 예: 이완되고 편안한 느낌으로 출발선으로 움직여 보자는 목표는 그냥 최선을 다하자고 말하는 것보다 아주 구체적이다.

② M : 자신이나 타인의 목표를 객관적으로 측정할 수 있도록 한다. 예를 들어 10단계 척도를 만들어 자신의 긴장수준을 측정할 수 있다.

③ A : 행동으로 나타낸다. 예를 들어, 출발선상에서 긴장을 하고 있다면, 심호흡 또는 자신과의 대화를 통해 안정시키는 것이다.

④ R : 자신의 능력과 도전수준을 고려하는 것이다. 너무 쉬운 목표는 동기를 저하시키고 너무 어려운 목표는 당신을 실망시킨다. 약간은 어렵지만 실현가능한 목표를 설정하라.

⑤ T : 당신의 현재 상황에 관련되는 목표를 설정하라. 예를 들어, 만약 당신이 5월에 국가대표가 되는 목표를 설정했다면 '중기·단기·매일'의 목표가 당신을 목적지로 인도한다는 것을 명심하라.

⑥ E : 당신에게 의미가 있는 목표를 설정하라. 결과에 관계없이 당신의 수행에 대해 만족하고 즐거움으로 흥분을 느낄 수 있는 목표를 설정해야 한다.

⑦ R : 목표는 당신을 위한 측정기이다. 기록하고 평가하고 그리고 필요할 때 수정하고 되새겨야 한다.

(2) 목표설정 연습 1: 목표와 기술
a) 이번 시즌에서 당신의 장기목표가 한 가지가 있다면 무엇인가?
a.
b) 이 목표를 성취하기에 필요한 당신의 능력, 또는 기술은 무엇인가?
a.
b.

c) 능력과 기술을 개발하기 위해서 지금부터 시즌이 끝날 때까지 무엇을 할 것인가?

a.

b.

d) 능력과 기술을 개발하기 위해서 이번 주에 무엇을 할 것인가?

a.

b.

e) 능력과 기술을 개발하기 위해서 다음 연습은 어떻게 할 것인가?

a.

b.

(3) 목표설정 연습 2: 결과목표와 과정목표

a) 먼저 결과목표를 설정한다. 다가오는 경기를 하나 선택해서 실현가능한 결과목표(예: 점수획득·시간단축)를 선택하는 것이다. 구체적으로 기술하라.

a.

b.

b) 과정목표로 이동한다. 이 목표를 성취하기 위해서 주어진 기회를 어떻게 극대화시킬 것인가? 세 가지이상 적어보아라(예: 스트로크 카운트·페이싱·충분한 잠)

a. 나는................할 것이다.

b. 나는................할 것이다.

c. 나는................할 것이다.

c) 훈련에서 과정목표를 설정한다. 예를 들어, 만약 시합에서 과정목표가 구체적인 스트로크 비율을 유지하는 것이라면 연습에서도 구체적인 스트로크 비율에 초점을 맞추고 연습해야 한다.

a. 훈련에서, 나는........할 것이다.

b. 훈련에서, 나는........할 것이다.

(4) 목표설정 연습 3: 자신의 종목 경기를 위한 목표설정

a. 이름:
b. 경기날짜:
c. 경기명:
d. 이벤트:
e. 목표시간:
f. 목표를 달성하기 위해 필요한 기술:
g. 목표를 달성하기 위해 연습에서 내가 할 일:

(5) 목표설정 연습 4: 꿈의 실현

선수로서 당신의 꿈은 무엇인가? 꿈을 실현시키기 위해 오늘 할 수 있는 4가지를 써보아라.

a.
b.
c.
d.

(6) 목표설정 연습 5: 매일의 목표설정 카드기록
a) 오늘의 목표는
a.
b.
b) 목표를 이루기 위해 신체적으로 무엇이 필요한가?
a.
b.
c) 목표를 이루기 위해 정신적으로 무엇이 필요한가?
a.
b.

(7) 목표설정 연습 6: 팀, 집단 그리고 개인 목표
a. 목표:

b. 이름:

c. 날짜:

d. 집단:

a) 팀 목표는 무엇인가?

a.

b.

c.

b) 집단목표: 우리가 팀 목표를 위해 무엇을 할 수 있는가?

a.

b.

c.

c) 개인목표: 내가 팀과 집단을 위해 어떤 일을 할 것인가?

a.

b.

c.

(8) 훈련일지 쓰기

중요한 목표를 쓰고 현실화시키는 것이다. 목표를 지속적으로 추적하는데 유용한 방법이 곧 훈련일지를 쓰는 것이다. 자기가 진행하고 있는 일을 스스로 끝까지 추적하는 것이다.

a) 훈련 전 신체훈련 일지

a.

b.

b) 훈련 전 정신훈련 일지

a.

b.

c) 훈련 후 평가

a. 신체훈련 목표 - 성취여부:

b. 신체훈련 목표 - 계속해야 될 일:

c. 정신훈련 목표 - 성취여부:
d. 정신훈련 목표 - 계속해야 될 일:
d) 평가
a. 목표를 성취하기 위한 전략은:
b. 목표를 성취하는데 어려웠던 점:
c. 나의 느낌은:
d. 코치나 동료의 충고는:

4) 자신감 갖기

자신감은 신념의 마력으로 자기가 원하는 것을 성취하는데 많은 도움을 준다. 특히 운동선수에게 자신감은 성공을 위한 필수요소이다. 시합 전 선수가 자신감을 가지면 잠재력이 발휘되어 최고수행을 성취하는데 도움을 주는 반면 자신감이 없고 불안하면 경기를 망치거나 자기가 원하는 수행을 할 수 없다.

(1) 자신감이란 무엇인가?

자신감이란 주어진 과제에 대처하거나 처리할 수 있는 느낌에 대한 확신이다. 이 확신은 능력에 대한 절대적인 믿음으로 특징지어진다. 당신 주변에서 믿음이나 자신감이 굳건해 어떠한 역경이나 실패에도 굴하지 않는 사람을 본적이 있을 것이다. 이러한 사람들의 자신감은 스쿼시 공처럼 탄력성이 있다고 말할 수 있다. 스쿼시 공은 더 세게 충격을 주면 더 빠르게 튕겨져 나온다. 이와 마찬가지로 운동선수는 자신감으로 자신을 무장할 필요가 있다.

그러나 자신감이 아닌 오만·과신·편견은 오히려 경기를 망치는 요인이 될 수 있다는 것을 명심할 필요가 있다. 스포츠에서 성공은 자신의 강인한 능력에 대한 믿음에 달려있다. 만약 선수가 기술적·신체적·전술적인 관점에서 경쟁을 위한 준비가 잘 되어있다면, 성공을 결정하는 요소가 될 것이다. 자신감을 결정하는 가장 중요한 요소 중 하나는 주어진 과제를 실행할 수 있다는 자신의 능력에 대한 믿음이다.

(2) 여섯 가지 자신감 자원

특별한 경기상황에서 개인이 느끼는 자신감은 일반적으로 다음의 여섯 가지 요소로부터 유래된다(그림 15-2).

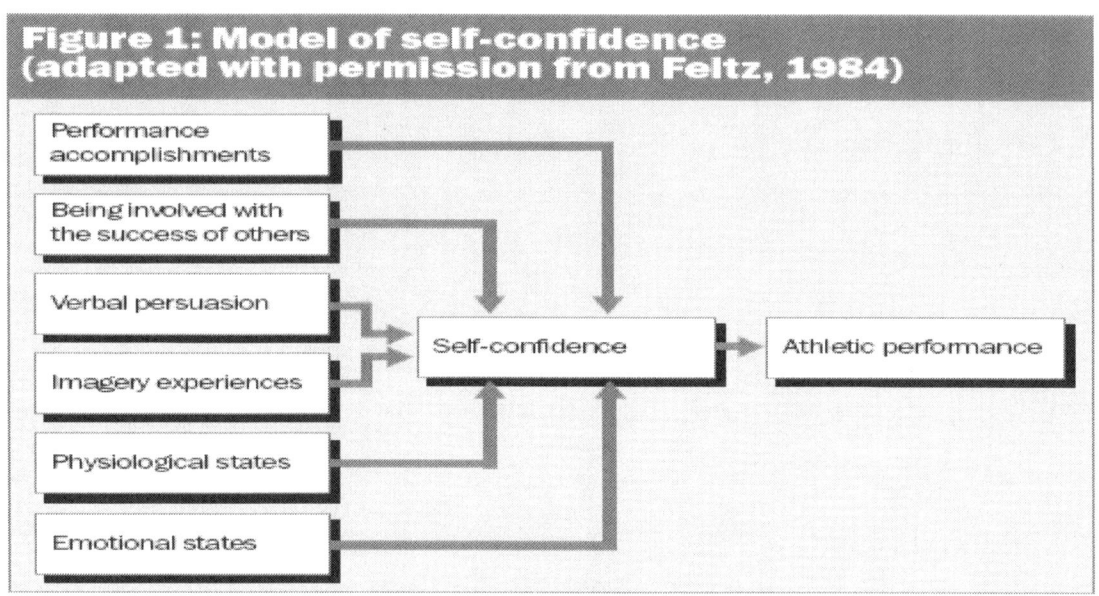

<그림 15-2> 자신감의 수행과정

① 수행성취

수행성취는 스포츠 자신감에서 가장 강력한 공헌자이다. 선수가 어떤 기술을 성공적으로 수행했을 때는 자신감이 발현되고 다음에는 좀 더 어려운 기술에 도전하고자 하는 의지가 생긴다. 운동기술학습은 한 단계를 완전히 배우고 난 다음 단계로 점차적으로 진행되어 가는 계열적 과제로 구성되어 있다. 성공이 자신감을 낳는 반면 계속적인 실패는 자신감을 저해시킨다. 당신과 밀접하게 관련되어 있는 동료 선수가 당신의 실력이나 능력에 근접하다고 믿는다면 동료선수의 성공 역시 당신의 자신감을 향상시킨다. 이것은 "네가 할 수 있다면 나도 할 수 있다"는 반응을 촉발시킨다. 당신이 한국에서 최고 조정선수가 된다면 나도 한국에서 최고 조정선수가 될 수 있다는 자심감이다.

② 언어적 설득

언어적 설득은 태도·행동·자신감을 변화시키고자 하는 것이다. 코치가 시합에서 "너는 어떤 선수보다 뛰어난 키잡이야(또는 선수야)"라고 말했다면 그대로 믿고 "나는 그런 선수다"라고 믿는 것이다. 코치의 말을 믿고 계속해서 "나는 뛰어난 선수다"라고 되새기면 자신의 뇌는 자기가 그런 줄 알고 각인되어 버린다. 삼년고개 이야기를 알고 있을 것이다. 삼년고개에서 넘어진 할아버지가 삼년밖에 살지 못한다는 속설에 시름시름 앓고 있다가 삼년고개에서 다시 넘어지면 넘어지는 만큼 산다는 이야기를 듣고 걱정을 털어버린 이야기이다. 부정적이지만 않다면 당신은 훌륭한 선수가 된다는 것을 명심해라. 무하마드 알리(Muhammad Ali)는 항상 자신이 특별하다고 믿었다. 그 덕분에 그는 실제로 특별한 사람이 되었다. "당신도 특별한 선수이다"라는 것을 잊지 말아야 한다.

③ 심상경험

자신의 마음 속에 성공적으로 수행하는 모습을 다양한 감각이미지로 재창조하거나 그려보는 것을 심상경험이라고 한다. 마음으로 그려보면 실제로 그렇게 얻을 수 있다는 것을 명심하자. "What you see is what you get". 을 한번 쯤 외어보자. 예를 들어 내가 활을 잡으면 백발백중 10점 만점을 쏜다고 생각하는 것이다. 생각은 곧 실제와 같아진다.

④ 신체상태

근육긴장·떨림·울렁증 등과 같은 신체적 상태는 자신감을 떨어뜨릴 수 있다. 스트레스 관리를 위해 호흡·사고정지 등과 같은 중재전략을 사용하고, 경쟁과 관련된 신체감각에 수행을 촉진시키기 위한 요인으로 받아들일 필요가 있다. 몸이 긴장으로 인해 떨리면 자신감이 저하될 수도 있다는 것을 명심하는 것이다. 따라서 신체적 증상이 나타나면 중재전략을 사용해 자신감을 유지하거나 향상시키도록 노력해야 한다.

⑤ 감정상태

감정상태는 자신감의 마지막 원천이며, 경쟁에서 흥분·긴장을 동반한 감정을 어떻게 통제하는가와 관련되어 있다. 때때로 자신도 모르게 자신을 의심하는 경우가 생긴다. 그렇기 때문에 생각과 감정을 통제하는 것이 대단히 중요하다. 시합에서 감정을 통제하지 못한 예로, 권투시합에서 미국의 마이크 타이슨(Mike Tyson)이 홀리필드(Evarlder Holyfield)의 귀를 물어뜯은 경우가 그 예이다. 감정을 통제하지 못하면 기술이 마음대로 발현되지 않아 경기를 제대로 풀어나갈 수 없다는 것을 명심하라.

(3) 자신감을 향상시키기 위한 다섯 가지 연습

① 연습 1 : 편안한 상태와 걱정이 되는 상태

자신의 안정감을 유지하기 위해서는 무엇이 당신을 요동시키는지 정확하게 알고 있어야 한다.

  a. 조정경기에서 자신감이 충만했던 때는 언제 어떤 상황이었었는지 구체적으로 적어보아라.

  b. 조정경기에서 최악의 자신감으로 경기를 망쳤던 경우는 어떤 상황이었는지 적어보아라.

② 연습 2: 당신의 탁월한 소질의 확신

  a. 마음의 눈으로 당신이 뛰어나다는 것을 알아차린다. 성공이 자신의 능력과 자신감에서 나온다는 것을 마음의 눈으로 보고 항상 그렇게 생각한다.

  b. 자신을 의심하지 않는다. 타인과 자신을 비교하지 말고 자기자신이 최고의 실력자라는 것을 의심하지 않는다.

③ 연습 3: 긍정적인 자기와의 대화

긍정적인 자기와의 대화는 성취할 수 있다는 긍정적인 믿음·태도·능력·기술을 소유했다는 것을 확인시켜준다. 경기 전에 자신과 속삭인다. 이것이 힘이며 성공의 문으로 들어가는 열쇠라는 것을 명심한다. 다음의 유명한 선수들이 사용했던 자기대화 내용이다.

  a. 권투선수: 내 주먹은 강철이다. <조지포먼>

  b. 농구선수: 자유투가 나 자신이며 내가 바스켓이다. <어빙>

  c. 미식축구: 어느 누구라도 미사일을 피할 수 없다. 나는 미사일의 왕이다. <심슨>

d. 유도선수: 나는 황소처럼 강하다. <스즈키>
e. (   )선수: 내 손의 힘은 2만 마력의 힘을 가진 기차다. <바로 자신>

④ 연습 4: 상대방 약점 이용하기

세상에 완벽하고 완전한 사람은 없다. 상대선수의 약점을 집요하게 파고들어 그 약점을 이용한다. 예를 들어, 격투기에서 상대방의 안면이 약하다면 안면을 집중적으로 공격하는 것이다. 조정과 같은 팀 경기에서는 언론을 이용하는 방법도 있고, 실제 경기에서 상대방의 마음을 거슬리게 하는 방법도 있다.

⑤ 연습 5: 음악 또는 소리의 힘 이용하기

음악이 자신감을 향상시킨다는 연구결과가 있다. 시합을 하기 전에 영감을 주는 오페라 곡, 또는 강렬한 음악 등을 사용할 필요가 있다. 예를 들면,
a. 나는 내가 날 수 있다는 것을 믿어요
   (I believe I can fly by R. Kelly (62bpm),
b. 최고(The best by Tina Turner (104bpm)
c. 금(Gold by Spandau Ballet (143bpm) 등이다.

각성상태가 낮다면 높은 템포음악(110bpm이상)을 듣고, 긴장이 심하면 낮은 템포(110bpm 이하)의 음악을 듣는다. 경기 바로 직전에는 130bpm 이상의 음악을 듣는 것이 좋다.

3. 코칭 시 심리적 원리

1) 코칭의 원리

코칭이란 목표를 성취하거나 특별한 기술을 개발시키기 위해 집단이나 개인을 훈련시키며, 또 가르치고 안내하는 것을 말한다. 코칭은 단순히 남을 가르치는 직업이 아니다. 코칭은 한 마디로 과학과 기술이다. 코치는 자신의 과거경험을 답습하는 것이 아니라 경험을 토대로 전문기술·개념기술·행정 및 경영기술을 통합

하고 학습하여 자신만의 독특한 인간관계 관리기술을 구사하는 것이다. 이를 실현시키기 위해선 우선적으로 코칭분야에 대한 해박한 지식이 있어야 한다. 코칭의 심리적 원리는 효과적인 심리코칭기술을 바탕으로 스포츠 자신감을 향상시켜 운동수행 향상을 꾀하는 것이다.

(1) 코칭은 기술인가 과학인가?
① 과학적 측면

많은 학자들이 코치를 지원하기 위해 운동선수들을 대상으로 여러 가지 실험을 해 왔으며, 이에 대한 풍부한 과학적 데이터 정보가 많이 있다. 따라서 코치는 각 분야 즉 영양·생체역학·심리학·생리학·의학 등에서 연구된 내용물을 이해하고, 코칭 시 이를 응용해 볼 필요가 있다. 예를 들면, 최대수행을 달성하기 위해, 운동학습 및 심리학적으로 선수의 정보처리능력이나 인지처리능력을 검사해 상황에 맞는 연습방법을 제공하는 것이다. 이와 같은 방법은 단순히 코치가 자신의 과거경험을 바탕으로 코칭하는 것보다 훨씬 체계적이고 과학적인 방법이 될 수 있다.

② 기술적 측면

코치는 그 자료를 과학적 데이터로 분석하고 선수를 발전시키는 데 도움이 될 수 있도록 코칭프로그램 및 훈련프로그램을 만들어야 한다. 프로그램을 만들 때, 해당 스포츠 종목·선수특성·코치경험이 잘 아울러져야 바람직한 운영프로그램이 개발된다. 프로그램을 만들 때 코치의 과거경험이 지배적이면 문제의 소지가 있다는 것을 잊지 말아야 한다. 과학에 대한 이해는 훈련의 기초이다. 무엇보다도 선수가 잠재력을 잘 발휘할 수 있도록 해야 한다. 기술이란 과학을 이해하고, 그리고 그것을 응용하는 것이다.

(2) 효과적인 행동적 코칭

일반적으로 효과적인 행동적 코칭이란 우선 행동을 개선하고 유지할 목적으로 행동심리학의 원리를 일관되게 적용하는 것을 말한다.

첫째는 정확한 측정이 가능한 구체적 행동과 결과의 관점에서 목표를 확인하고 그 측정에 근거하여 구체적인 코칭 기능의 효과성을 평가한다.

둘째는 실험적 연구를 통하여 효과성이 규명된 행동수정 절차를 사용하도록 코치들에게 독려한다.

셋째는 새로운 행동의 개발과 변화된 행동의 유지와의 차이를 인지하고 이를 달성할 긍정적 절차를 제시한다.

넷째는 선수들에게 자신의 운동수행을 기록하고 도표화하게 하며 자신의 과거 운동수행 능력에 도전하고 그것을 더욱 향상시키기 위해 노력하도록 한다.

(3) 심리적 기술 훈련 시 코칭

어떤 선수는 연습 때보다 시합에서 오히려 더 좋은 기량을 발휘하는 반면에 어떤 선수는 연습에서는 자신의 기량을 제대로 발휘하지 못한다. 따라서 체력·기술·전술 이외에도 자신의 심리적 상태를 적합하게 스스로 조정할 수 있는 심리적 기술을 습득해야 한다. 여기서는 심리적 기술의 평가와 지도에 관한 내용을 살펴본다.

① 심리적 기술의 평가

선수들이 시합에서 자신의 경기력을 최대로 발휘하는데 필요한 기술들을 어느 정도 구사할 수 있는가를 평가하고 선수들에게 어떠한 심리적 기술을 가르쳐야 하는지를 파악하는데 있으며, 코치와 선수가 심리적 기술을 습득하는 방법과 실제에 적용하는 방법 등을 교육시키는데 중요한 길잡이가 된다.

② 심리적 기술의 지도

심리적 기술훈련은 시합에서 자신의 심리상태를 이상적 수행상태로 조정할 수 있는 심리조정방안을 습득하는 체계적 과정이다.

(4) 코칭 절차

코칭 절차는 다음의 세 가지 요소를 포함한다.
① 계획 – 선수가 목표를 달성할 수 있도록 장단기 훈련프로그램의 개발
② 실행 – 훈련프로그램의 전달
③ 평가 – 프로그램·선수의 발전·코칭에 대한 평가

계획·실행·평가에는 다음의 요소를 바탕으로 실전적인 코칭 기법을 발전시킬 필요가 있다. 올바른 코칭을 하기 위해선 코치는 다음과 같은 영역에 관심을 가지고 프로그램을 개발해야 한다.

(5) 코칭 실적을 평가하는 방법
① 선수들과 효율적인 의사소통을 하는 방법
② 경기시 적용될 수 있는 안전문제에 대한 자문
③ 과도한 훈련의 원인과 증상 숙지
④ 선수의 부상을 방지하는 방법
⑤ 새로운 기술을 개발하도록 선수도와주기
⑥ 효율적인 동작의 토대가 되는 생체역학원리의 연구실험
⑦ 훈련 진척사항을 점검하기
⑧ 예상성적을 평가하고 테스트할 수 있는 능력 개발
⑨ 영양섭취에 대한 자문
⑩ 선수의 에너지 시스템 개발
⑪ 선수와 종목에 적합한 체력의 구성요소 개발
⑫ 휴식·시각화 및 심리기술훈련에 대한 자문제공
⑬ 선수의 경쟁불안 방지를 위한 대책마련
⑭ 선수의 경쟁결과 분석
⑮ 선수 훈련 및 코치의 성적 분석·성과 분석
⑯ 분명하고 효율적인 지침·설명·시범 제공
⑰ 분명하고 효율적인 관찰·분석의 피드백 제공
⑱ 선수가 알고 있는 것과 할 수 있는 것의 숙지

(6) 코치가 기억해 두어야 할 사항
좋은 코치가 되기 위해선 스포츠에 대한 전문적이고 기술적인 지식 외에 준비성을 갖추고 있어야 한다. 당신이 만약 코치라면 자신에게 "나는 준비 된 코치인가? 모든 예기치 못한 일에 대해 대비하고 있는가? 자신이 지도할 선수를 거의 완벽하게 파악하고 있는가? 나는 운동을 떠나서도 선수로부터 존경을 받을 자신

이 있는가?"라고 물어본다.

① 지도자로서의 코치: 우수성과 완벽함을 예단하지 않는다. 선수들에게 영향을 주기 전에 선수들을 이해한다. 신뢰를 창출하고 존경을 이끌어낸다. 동기를 부여하고 고무시킨다.

② 선수들과 소통: 메시지를 간단명료하게 한다. 당신이 소통하려고 하는 메시지와 동일한 메시지를 당신의 선수가 받고 있는지 확인한다. 당신의 어조와 신체 언어를 기억한다. 당신의 몸동작·말 한 마디가 가르침이라는 것을 명심해야 한다. 선수들의 선호하는 사고방식이 무엇인지 간파한다-시각적인가·청각적인가·신체감각적인가? 당신이 전달하려고 하는 것을 이루기 위해서는 대화가 최선이라는 것을 기억한다.

③ 선수들의 동작법 이해: 선수들이 어떻게 코치받기를 원하는지 생각한다. 선수들이 얼마나 잘 이해하고 있는지 살펴본다. 선수들의 목표를 알고 있는가? 무엇이 선수들로 하여금 목표를 성취하게 하고 또 방해하는지 알고 있는가? 선수를 무엇으로 어떻게 도와 줄 수 있는지 알고 있는가? 당신의 코칭에 대해 선수들로부터 얼마나 자주 피드백을 받는지 생각해 보았는가? 선수들이 당신의 코칭에 대해 아무런 반응이 없다는 것은 즉시 전략을 수정하는 일이다.

④ 선수들이 배우고 싶은 방법의 이해: 선수들이 선호하는 배움의 방법이 무엇인지를 이해한다. 당신이 선호하는 코칭 스타일이, 다른 배움의 스타일을 가진 선수들에게 어떻게 받아들여질 것인지 살펴본다. 다른 배움의 스타일을 가진 선수들을 당신의 방법 안으로 끌어들인다. 만약 당신이 당신의 선수들을 이해시키지 못한다면, 그것은 방법의 문제이지 정보가 잘못된 것은 아니라는 것을 명심한다.

⑤ 미디어 활용: 저널리스트들은 주로 잘 팔리는 이야기를 찾고 있다는 것을 기억하는 것이다. 당신이 이해시키고 싶은 것을 이해하고 그것을 이야기로 만드는 것이다. 선수들은 종종 신문지상이나 방송매체에 나오게 된다. 코치는 미디어

를 이용해 선수의 자신감·동기유발 등을 증장시킬 수 있다.

(7) 코칭의 철학

프랭크 레이놀즈(Frank Reynolds)는 모든 코치들에게 공식적인 코칭철학 선언이 왜 필수적인지를 설명하였다. 스포츠에서 코치의 철학이란, 코치가 그의 임무에 관련된 여러 가지 문제나 요인에 대해 무엇을·왜·어떻게 라는 기본적인 문제에 대한 해답을 얻는데 코치의 태도를 집약한 것이다. 만약 당신이 코치라면 아마도 당신의 경험·지식·가치·의견·신념을 근거로 코칭할 것이다. 이렇게 하면 가치자체가 바로 철학이 되고, 당신은 무의식적으로 가치와 신념에 바탕을 두고 코칭을 하는 것이 된다.

문제는 핵심가치와 코칭방법이 무엇인지를 이해하는 것이다. 충분히 숙고된 코칭 철학은 코치의 코칭을 여러 측면을 명쾌하게 해주고, 코치를 받는 선수들에게 일관성 있고 긍정적인 메시지를 제공한다. 코칭에 대한 효과는 신뢰를 바탕으로 했을 때 획득된다. 코치와 선수들 간의 연대는 보다 높은 수준으로 나아가야 한다. 이것을 감안한다면, 자기 개인의 코칭철학을 형성하고 숙고하는 데 시간을 들이는 사람이 현명한 코치이다.

(8) 코칭 스타일 및 방법

브라이언 그라소(Brian Grasso)는 다양한 코칭 스타일에 대해 검토하였다. 선수 한 명을 개발할 때 과학적으로 유효한 측정방법·근력훈련·유연성운동에 대한 코치의 이해에만 전적으로 의존하는 것은 아니다. 사실 성공적인 코치란, 임상적인 연구를 통해 제공된 과학적 정보를 단순히 읽고 소화하는 사람이라기보다는 어린 선수들을 잘 가르치고 정보를 잘 전달하는 사람일 것이다.

북미의 코치나 트레이너에게 흔한 여러 가지 코칭 스타일이 있다. 이것의 한 예는 '명령형 코치'일 것이다. 명령형 코치는 선수가 지시의 순종적 접수자라고 생각한다. '주어진 지시와 제공된 정보'가 오직 한 방향(코치로부터 선수에게로)으로만 움직인다. 이러한 습관을 보여주는 코치는 코칭의 성공여부는 코치가 가르치고 시범을 보여준 대로 그 선수가 얼마나 잘 재생산을 하는지에 달려있다고 믿는다. 또한 선수들이 실제 어떻게 배우는가와 관련된 다양한 오해가 있다.

① 거울: 많은 코치들은 선수가 단지 코치의 행동과 특성을 재현함을 통하여 배울 것이라고 믿는다. 이 예에서 선수들은 그들의 재현이라는 점에 있어서 코치나 트레이너가 관계에 있어 가장 중요한 인물이다.

② 빈 통: 많은 코치들은 선수들의 머리가 코치나 트레이너가 제공하는 정보들로 가득 채워진다고 믿는 오류를 범한다.

③ 스폰지: '빈 통' 개념과 아주 유사하게, 종종 코치와 트레이너는 그들이 정보를 전달하면 선수는 그것을 남김없이 빨아들일 것이라고 추측한다.

불행하게도 최적의 배움은 이러한 방식 중 어느 방식으로도 일어나지 않는다. 어리석은 코치는 자신이 가르치는 모든 것을 여과 없이 선수들이 받아들이고 있다고 착각하는 있는 코치이다.

(9) 효과적인 코칭을 위해 요구되는 3가지 기술
a) 능력 및 기술
① 전문적 기술(technical skill)
② 개념적 기술(conceptual skill)
③ 인간관계 기술(interpersonal skill)

b) 코칭의 3원칙
① 코칭은 말에 있는 것이 아니라, 지도와 촉진에 있다.
이것은 나(코치), 너(선수), 우리(같이)에서 너·우리·나(순서 대로)로 관계를 재조명하는 것을 의미하고, 그 안에서 선수들이 이슈(필요 또는 문제) 해결방안을 가지고 있다. 코칭의 기본원칙은 책임을 지는 것이다.

② 코칭은 가르침보다 더 부담이 된다.
코칭은 당신에게 높은 집중과 각별한 듣기·관찰 기술, 신체언어를 올바르게 해석하는 능력을 요구한다. 도전적인(대결은 아닌) 질문을 받는 기꺼움, 지원·자

문을 제공할 수 있는 능력, 스스로를 위해 배우는 집요함, 선수를 위한다면 무엇이든지 거부할 수 있는 자세, 반복을 싫증내지 않음, 인내·시간 등을 요구한다.

③ 코치는 완전한 자기 코치이어야 한다.
당신은 코칭 시간이 끝나면 스스로 결과를 확인하고·분석하고·스스로 평가하고·배워야 한다. 피드백을 발전의 기회로서 받아들여야 한다. 다른 사람의 행동을 변화시키는 것보다는 자기를 변화시켜야 된다는 것을 명심하는 일이다.

c) 코칭의 원리
코칭의 원리는 코칭철학의 가치와 코칭의 주요 목표인 승리하는 팀 만들기, 선수들이 운동에 재미를 가지도록 도와주기, 선수들로 하여금 신체적·심리적·사회적 기술을 개발하도록 동기부여하기 등으로 나누어진다. 코칭원리는 ① 행동의 원리, ② 가르침의 원리, ③ 신체훈련의 원리, ④ 관리의 원리 등으로 나누어 설명할 필요가 있다.

① 행동의 원리(Principles of Movement): 선수들과 소통하고 동기를 부여하는 법뿐만 아니라, 선수들 간의 문제행동을 긍정적 교육의 접근방식을 통해 관리하는 법에 대해 설명할 수 있어야 한다.

② 가르침의 원리(Principles of Teaching): 코칭 시 게임 접근방식에 대해 소개를 하고, 이 새로운 접근방식을 기술적이고 전술적인 기술로 통합시키는 방법에 대해 상술한다. 코치들은 각각의 연습과 전체 시즌을 위한 훈련계획을 개발하는 방법에 대해 알게 될 것이다.

③ 신체훈련 원리(Principles of Physical Training): 훈련의 기초·에너지(힘)의 균형훈련·근육균형훈련·영양·약물금지 등에 대한 새로운 5개의 항을 포함한다. 코치들은 보다 나은 스포츠 실력을 위한 훈련 프로그램을 개발하고, 그들의 선수들의 건강과 안전을 확실하게 하는 법에 대해 배우게 된다.

④ 관리의 원리(Principles of Management): 팀과 관계, 위험 관리에 대해 강조를 하는 굳건한 코칭의 기초를 구축하기 위해 필요한, 대인간의 관리적인 기초에 대해 다룬다. 동료 코치·관리자·상사·의료진·부모·방송매체와 함께 일하는 것에 대한 유용한 자문이 포함되어 있다.

d) 스포츠 코칭의 포인트
① 스포츠의 근원은 즐거움에 있다.
② 스포츠의 진수는 탁월함에 있다.
③ 스포츠의 최고의 맛은 승리이다.
④ 스포츠의 매력은 꿈과 희망이다.
⑤ 스포츠의 매력은 쾌감이다.
⑥ 스포츠의 상징은 동작이다.
⑦ 스포츠의 특징은 졸업이 없다는 것이다.
⑧ 스포츠기술의 기본은 바디밸런스와 리듬이다.
⑨ 스포츠에서 중요한 사항은 보는 힘과 느끼는 힘이다.
⑩ 스포츠의 최종목표는 미(美)이다.

2) 코칭 커뮤니케이션의 원칙 및 원리

경기에서 승리는 코치가 전략을 잘 짜거나 경기기술지도를 잘 하는 것뿐만 아니라, 선수들과 얼마나 능률적으로 의사소통할 수 있느냐에 달려 있다. 중요한 것은 지도자가 무엇을 아느냐가 아니라 얼마나 선수와 다른 스텝들과 의사소통을 잘 하느냐 하는 것이다. 의사소통의 실패는 가끔 코치와 선수 간에 발생하는 문제의 근원이 되기도 한다. 이를 7가지로 구분해 본다.

(1) 명확성의 원칙
피전달자가 전달내용을 쉽고 정확하게 이해할 수 있게끔 명확하고 평이한 언어를 사용하여야 한다.

(2) 일관성의 원칙

전달내용의 전후가 모순되거나 불일치해서는 안 되고, 또 1차명령이나 지시가 2차의 그것과 상호모순되어서는 안 된다.

(3) 적기적시의 원칙

커뮤니케이션은 그것을 통하여 모든 기능이 수행되는 것이므로 활동의 신속한 처리를 위해서도 적기에 의사전달이 이루어져야만 한다.

(4) 적량성의 원칙

전달내용이 그 양에 있어서나 세부적인 목적에 따라 적당하여야 하며 너무 많거나 또는 세분화되어 있거나 반대로 지나치게 간략하게 요약되어 있으면 피전달의 이해도를 감퇴시킨다.

(5) 배포성의 원칙

조직전체를 통해서 필요한 모든 경로에 적절히 배분됨으로써 기능을 원만하게 수행시킨다. 즉, 전달내용이 중간에서 차단되거나 증발될 때 관리에 혼선이 온다.

(6) 적응상의 원칙

피전달자가 구체적인 상황에 따라 재량적 행동을 취할 수 있게끔 융통성과 신축성을 띠어야 한다.

(7) 수용성의 원칙

커뮤니케이션의 최종목표는 수용성으로서 그것은 피전달자가 전달내용에 대하여 타당성을 인정하고 여기에 대한 적극적인 반응을 나타내야 한다는 것이다.

3) 선수의 심리훈련 방법

많은 선수들은 일상적으로 심상훈련을 한 부분으로 생각하고 있다. 하지만 심상(心象: image)을 어떤 방법으로 어떻게 시행해야 소기의 목적을 달성할 수 있는지에 대해서 잘 모르고 있는 것이 사실이다. 따라서 여기에서는 시합상황 또는 시합 전 루틴(routine: 특정한 일을 실행하기 위한 일련의 프로그램)에서 심상을 효과적으로 할 수 있는 방법과 그 예를 제시하고자 한다.

심상은 운동선수들이 특별한 상황이나 운동활동을 신체적 움직임 없이 마음 속으로 그려보는 것을 말한다. 심상을 할 때는 시각·청각·감각·촉각·후각 등을 사용하여 실제 운동수행을 하는 것처럼 해야 효과를 볼 수 있다. 여기에서는 심상의 이론적인 면을 다루는 것을 배제하고 심상의 실제적 사용 및 효과에 대해 논하기로 한다.

(1) 무엇을 위해 심상을 사용하는가?

① 심상은 성공을 경험하고 맛보기 위해 사용된다: 높은 수준의 기술을 구사하고 갈망하는 결과를 경험하고 맛볼 수 있다.

② 심상은 동기를 유발시키기 위해 사용된다: 시즌 '전·중·후'의 목표에 대한 심상을 하면 목표를 분명하게 떠올릴 수 있는 동시에 훈련강도를 높이는데 기여한다.

③ 심상은 완벽한 기술을 구사하는데 사용된다: 심상은 기술을 세밀화하고 학습을 향상시키는데 사용된다. 최고의 운동선수들은 기본적으로 그들이 완벽한 기술, 프로그램, 루틴을 구사하는 것을 "보고, 느낀다".

④ 심상은 수행할 과제에 친숙해지기 위해 사용된다: 심상은 경쟁자·조정장소·볼거리·관중·미디어 등을 익숙하게 만든다.

⑤ 심상은 수행단계를 설정하기 위해 사용된다: 심상은 훌륭한 수행을 위한 정신적 준비단계로 사용될 뿐만 아니라 부정적인 생각을 차단하여 경기에 대한 긍정적 사고를 길러준다.

⑥ 심상은 재집중하기 위해 사용된다: 연습을 할 때 운동감이 느슨해지면 과거 경기했을 때를 생각하라. 그러면 곧바로 느슨한 생각이 사라진다.

(2) 심상을 어떻게 사용하면 좋은가?

전설적인 골퍼(golfer) 잭 니클라우스(Jack W. Nicklaus)는 골프를 하기 전에 항상 심상을 사용했다. 그가 말한 이야기를 보면 다음과 같다. "나는 연습에서 조차 예리하고 집중된 상을 그리기 전에는 공을 쳐 본 적이 없다. 이것은 꼭 한편의 영화를 보는 것과 같다". 조정선수도 마찬가지이다 경기나 연습을 하기 전에 실제로 경기를 하는 것처럼 전체과정을 예리하고 세밀하게 심상으로 연습해 보는 것이다.

이렇게 예리하고 섬세하고 세밀하게 심상을 하면 기억에 쉽게 각인되기 때문에 실제시합에 많이 도움이 된다. 단지 시간 때우기 식으로 심상을 하면 아무런 효과를 보지 못하는 것은 심상이 기억에 남지 않기 때문이다. 심상을 할 때 실제연습이나 시합장면과 같이 신체를 움직이거나 손발의 감각을 사용하면 더욱 효과적이다.

(3) 언제 심상을 하면 좋은가?

심상은 연습 전·중·후, 아침에 일어났을 때, 잠자기 전 등 언제든지 해도 좋다. 하지만 잠자기 전에 지나치게 심상훈련을 하면 수면을 방해하는 경우도 있으니 잠자기 전 심상은 가볍게 하는 것이 좋다. 시합 도중에 가상 및 현실을 직시하면서 동시에 심상을 행하는 것도 좋다. 시합직전에는 정교한 심상이 시합에 도움을 준다는 것을 명심한다.

(4) 어떻게 하면 집중을 유지할 수 있는가?

당신은 가끔 선수들이 화나서 심판에게 대들고, 물건을 집어 던지고 고함을 지르는 경우를 보았을 것이다. 문제는 선수가 자기의 실수나 경기결과와 같은 과거에 집착하는데 있다. 이것은 백해무익한 짓이다. 시합에 임한 선수는 냉정해야 하고 미래의 관점에 포인트를 맞추어야 한다. 화가 나서 물건을 던지고 고함을 지른다고 해서 문제가 해결되는 것이 아니다.

젊은 선수들은 경험이 없고 실패에 대한 두려움이 크기 때문에 사건에 대해 냉정하게 대처하고 자신을 절도있게 통제하지 못하는 경우가 많다. 스포츠 심리학에는 이와 같은 부정적인 태도에 빠지는 것을 방지하기 위한 방법으로 "유형파괴 루틴"을 사용하는 경우가 있다. 유형파괴자는 관용구(慣用句: idiom)로 마음속으로 고함을 지르거나 약간의 신체적 충격(손목에 고무 밴드로 충격을 주는 것)을 가하는 것을 뜻한다.

코치는 선수를 재집중시키기 위해 훈련이나 시합 때 "유형파괴"를 사용할 수 있다. 어린 선수들에겐 유형파괴 접근이 좋지 않을 수 있지만 이러한 접근이 구체화되면 임무를 수행하는데 도움을 줄 수 있다. 특히 젊은 선수들은 그들이 우상처럼 여기는 롤 모델 선수나 마스코트(mascot)를 가지고 있는 경우가 많다. 롤 모델 선수를 가지고 있는 조정선수들은 경기나 시합을 할 때 항상 그의 행동을 흉내내고 또 그 선수처럼 되기를 바란다.

따라서 롤 모델선수를 가지면 집중하는데 도움을 줄 수 있다. 여기에서 주목할 것은 자기의 롤 모델이 반드시 운동선수일 필요는 없다는 것이다. 만약 자기가 좋아하는 사람이 가수라면 가수가 관중 앞에서 멋지게 공연하듯이 자신도 멋지게 공연하는 것처럼 운동을 한다고 생각하면 된다. 집중력을 키우는 특별한 방법이 있는 것이 아니라 이처럼 생활 속에서 얼마든지 집중력을 키우는 훈련을 할 수 있다는 것을 명심한다.

(5) 심상의 이점에는 어떤 것들이 있는가?

a) 심상의 유용성
① 심상을 하면 자신감이 생긴다.
② 실제경기 전 새로운 상황에 직면하는 문제점에 대처할 수 있는 능력과 경기전략을 개발하는데 도움을 준다.
③ 운동기술에 집중할 수 있는 능력을 배양한다.
④ 그날의 전략을 되새기고 정신적 준비를 하는데 도움을 준다.
⑤ 동기유발을 일으키게 한다.
⑥ 경기스트레스를 해소하는데 도움을 준다.
⑦ 경기 두려움을 없애는데 도움을 준다.

b) 심상 더하기 이완훈련의 유용성
① 휴식·회복을 증강시킨다.
② 스트레스로 경직된 근육을 이완시키는데 도움을 준다.
③ 정신적 육체적 상태를 확립시켜 긍정적 심상을 유발시킨다.
④ 경기에 임하기전 적정수준의 각성상태를 유지시킨다.

(6) 심상은 어떻게 하는가?

심상이 효과적이기 위해선 다음의 네 가지를 준수해야 한다. 이 네 가지를 4R이라고 한다. 4R은 이완·사실주의·규칙성·강화이다.

① 이완(Relaxation)

심상을 하기 전에는 반드시 몸의 근육을 풀고 이완시킨다. 호흡이 가장 좋은 방법이 될 수 있다. 수의적으로 호흡을 조절하면 쉽게 긴장된 근육을 풀 수 있다.

② 사실주의(Realism)

a. 명료성: 심상은 명료하고 밝아야 한다. 가능하면 천연색이 좋다.
b. 선명성: 심상은 실제상황과 유사해야 한다.
c. 감정: 풍부한 감정과 감수성이 동반되어야 한다.
d. 통제: 그려진 상을 마음대로 움직일 수 있고 통제할 수 있어야 한다.
e. 긍정적 결과: 부정적 견해를 가지고 있으면 심상의 효과가 반감된다.

③ 규칙성(Regularity)

2~5분이 가장 적당한 심상시간이다. 매일 규칙적으로 심상을 한다. 많은 시간을 들여 심상한다고 효과가 있는 것은 아니다.

④ 강화(Reinforcement) : 심상원고를 만들어 실시해 본다.

(7) 심상해보기

심상을 할 때는 시간보다 심상의 질이 중요하다. 연구에 의하면 심상의 질이 높으면 2분 정도만 심상을 해도 10분 또는 30분 심상을 하는 것보다 효과가 높다는 주장이 있다(Janelle 등, 1998). 심리학자인 도널드 시먼스(Donald Simmons)는 경기 전 각성상태를 유지시킬 목적으로 약 30초 안에 할 수 있는 심상 루틴을 개발했다. "퀵세트 루틴"이라고 부르는 이 방법은 신체·감정·집중으로 구성되어 있다. 간단하게 살펴보면 다음과 같다.

① 조용히 눈을 감고, 마음을 깨끗이 하고 숨은 코로 들이마시고 입으로 내쉰다. 천천히 천천히 리드미컬하게 깊은 호흡을 유지한다. 아무것도 생각하지 말고 단지 호흡에만 신경 쓴다. 경기에 대한 두려움도 실패에 대한 두려움도 아무것도 생각하지 말고 호흡에만 신경쓴다. 깨끗하고 향기로운 공기가 코로 들어왔다가 입으로 나오는 것만 생각한다(신체).

② 지난 번 경기에서 이긴 장면을 상상해 본다. 네가 지금 노를 젓고 첫 번째로 결선을 통과하는 모습을 상상해 본다. 결선을 통과할 때 느꼈던 짜릿한 감정을 다시 한 번 몸으로 마음으로 느껴 본다. 생각하지 말고 직접 느껴 본다. 눈을 감고 손을 하늘로 번쩍 올리며 우승의 기쁨을 맛보았던 지난번 시합을 다시 한번 느껴 본다(감정).

③ 다시 눈을 감고 조정출발선 위에 있다고 집중한다. 출발준비를 하고 있다. 노를 잡고 출발신호가 떨어지자마자 번개같이 질주하는 모습에 집중한다(집중).

경기 전 약 30초간 심상을 할 수 있는 예를 제시해 보았다. 심상은 실제 육체적 연습 없이 마음으로 연습하는 것이라고 앞에서 언급했다. 이렇게 연습하면 심상한 것이 기억에 남아 실제훈련에 도움이 되는 것이다.

심상이 신체적 연습만큼 효과는 없지만 상당부분 효과가 있다는 것을 명심한다. 심상이 신체훈련의 약 30% 수준으로 효과가 있다는 발표도 있다. 하지만 심상이 이 정도의 효과를 내기 위해서는 심상하는 사람의 심상능력이 전제되어야 한다. 심상을 잘하기 위해서는 우선 선명성·통제성이 뛰어나야 한다.

선명성이란 예를 들면, 눈을 감고 특정한 상을 마음 속으로 분명하게 떠올리는 능력이다. 즉 사과를 생각하면 빨간 사과가 분명히 뇌리 속에 그려져야 한다는 것이다. 마음 속에 그려진 사과를 자유자재로 움직일 수 있는 내적 통제성이 있어야 한다. 경험적으로 심상이 잘 안 되는 선수들을 보면 사과를 떠올릴 수도 없고 사과를 움직일 수도 없다고 말하는 경우가 있다. 이런 경우 아무리 심상을 해도 효과가 없다. 그러므로 심상을 하기 전 자신의 심상능력이 어느 정도인지 알아볼 필요가 있다.

자신이 믿는 것을 자신이 성취할 수 있다는 믿음이 중요하다.

심상능력 검사지

<심상능력 QMI 검사지>

본 검사는 당신의 심상에 대한 명확도를 정하기 위해서입니다. 실험의 항목은 당신 마음에 어떠한 상·모양들을 가져다 줄 것입니다. 당신은 아래 척도의 과정에 의해 각각 상들의 명확도를 평가할 수 있습니다. 예를 들면, 만일 당신의 상이 "막연함과 흐릿함"이라면 당신은 그것을 5로 표기하면 됩니다.

평가척도
△ 완전히 명백함(실제적인 경험처럼 명확하게) --------------------------- 1
△ 매우 명백함 -- 2
△ 적당히 명백함 그리고 명확함 -------------------------------------- 3
△ 명백하거나 명확하지는 않지만 인지할 수 있는 ---------------------- 4
△ 막연함과 흐릿함 -- 5
△ 너무나 막연하고 흐릿해서 분간할 수 없는 -------------------------- 6
△ 전혀 상이 잡히지 않음. 단지 당신이 생각하고 있다는 것만 인지됨 ------ 7

(A) 당신이 때때로 보는 친지나 친구를 생각하고 평가척도를 이용하여 그 상을 분류하십시오.

1. 정확한 얼굴·머리·어깨 신체부위 (   )
2. 머리의 개성적인 자세, 몸의 태도들 (   )
3. 걸을 때 정확한 자세·보폭 (   )
4. 어떤 유명한 옷에 있는 무늬와 다른 색깔들 (   )

(B) 평가척도를 이용하여 떠올린 상의 명확도를 분류하십시오.

5. 수평선 아래로 잠기는 태양 (   )

(C) 각각의 소리를 생각하고 평가척도를 이용해 그 상을 분류하십시오.

6. 기관차 소리 (   )

7. 자동차 경적 (   )
8. 고양이 소리 (   )
9. 김빠지는 소리 (   )
10. 박수갈채소리 (   )

(D) 아래 문항의 물체들을 만지거나 느낀다고 생각하고 평가척도를 이용해 상을 분류하십시오.
11. 모래 (   )
12. 내의류 (   )
13. 모피 (   )
14. 핀에 찔린 점 (   )
15. 미지근한 목욕물의 온기 (   )

(E) 다음에 오는 항목들을 수행한다고 생각하고 평가척도를 이용해 상이 어느 정도로 명확히 떠오르는지 분류하시오.
16. 위층으로 뛰어올라감 (   )
17. 기타 줄을 차례로 쳐 내려감 (   )
18. 종이에 원을 그림 (   )
19. 높은 선반에 손을 뻗침 (   )
20. 발에 걸린 것을 차서 길 밖으로 보냄 (   )

(F) 다음 항목들의 음식들을 맛본다고 생각하고 평가척도를 이용해 그 상을 분류해 보십시오.
21. 소금 (   )
22. 설탕 (   )
23. 오렌지 (   )
24. 젤리 (   )
25. 가장 좋아하는 수프 (   )

(G) 다음 항목들의 냄새를 맡는다고 생각하고 평가척도를 이용하여 그 상을 분류해 보십시오.

26. 환풍이 안 되는 방 (   )
27. 음식물 찌꺼기 (   )
28. 구운 쇠고기 (   )
29. 페인트 (   )
30. 가죽 냄새 (   )

(H) 아래 항목의 감각을 생각하고 평가척도를 이용해 그 상을 분류해 보십시오.

31. 피곤 (   )
32. 배고픔 (   )
33. 목이 아픔(후두염) (   )
34. 졸음 (   )
35. 식사후의 포만감 (   )

4) 선수의 관리

스포츠에서 성공한 많은 선수들은 자기관리를 성공비결로 꼽는다. 언론보도들도 최상의 수행을 보인 선수들을 기사화할 때 "자기관리에 철저했다"는 언급을 빼놓지 않으며, 실제로 현장의 선수들뿐만 아니라 지도자들도 매우 중요하게 인식하고 있다. 자기관리는 자신의 행동을 변화시키거나 유지하기 위해 스스로가 다양한 기술이나 전략을 활용하여 개인의 사고와 환경여건을 수정하고 행동의 결과를 조정하여 관리하는 것을 의미하는 것으로서(Jones, Nelson, & Kazdin, 1977), 스포츠 상황에서는 훈련과 시합, 그리고 평소 생활에 이르기까지 선수 스스로가 자신의 사고와 행동을 조절하여 최상의 운동수행과 성공적인 선수생활을 위한 목표를 세우고 이를 달성해 가기 위한 개인의 인지행동전략이 자기관리라고 정의된다(허정훈, 유진, 2004). 이러한 개념적 특성을 지닌 자기관리의 중요성과 필요성은 운동선수 뿐만 아니라 현대사회를 살아가는 사람이라면 누구에게나 해

당되는 것이다.

특히, 운동선수들에 있어서는 자기관리의 노력 여하에 따라서 경기력과 직결되는 결과를 초래하게 되는데, 이는 운동선수들의 자기관리의 중요성과 필요성을 밝히기 위해 수행된 많은 연구(김병준, 2003; 윤혜선, 김병준, 김랑, 문용관, 2006; 허정훈, 김병준, 유진, 2001; 허정훈, 유진, 2004; 현무성, 이성철, 2005; Gould, Eklund, & Jakson, 1992a, 1992b)결과가 잘 증명해주고 있다. 자기관리에 대한 선행연구의 결과를 종합해보면, 우수선수가 비우수선수보다 자기관리를 더욱 철저하게 관리하였고, 자기관리는 다양한 중재프로그램을 통해 전략적으로 향상될 수 있기 때문에 운동선수들이 성공적인 운동수행과 최상의 경기력을 발휘하기 위해서는 자기관리전략이 반드시 필요하다고 제시하였다. 따라서 성공적 운동수행과 최상의 경기력을 발휘하기 위해 선수는 반드시 철저한 자기관리를 통해 자신의 행동을 바람직하게 조절하여야 하며, 지도자들은 선수관리 차원에서 선수들이 자기관리를 성공적으로 수행할 수 있도록 적극적인 지도·관리가 필요하다.

(1) 훈련관리

요즈음 프로 선수들은 걸어 다니는 중소기업이라고 한다. 경기결과에 따라 몸값이 정해지니 훈련에 있어서 욕심을 내지 않을 수가 없는 상황이다. 흔히 선수들이 저지르는 큰 실수 중에 하나는 너무 열심히, 너무 많은 양의 훈련을 하는 것이다. 열심히 훈련하는 것이 왜 잘 못된 것일까? 꾀를 피우지 않고 집중해서 열심히 한다는 것은 선수가 최선을 다하는 모습이다. 하지만 그날의 컨디션을 고려하지 않고 무조건 열심히 한다는 것은 부상의 위험이 있을 수 있으며, 경기 전 컨디션을 유지하는데도 오히려 악영향을 줄 수 있다. 많은 훈련량만이 강하고 수준 높은 수행에 도달한다는 생각은 버려야 한다. 현실적인 문제는 너무 강도 높은 훈련은 양날을 가진 칼과 같아서 최고수행의 가능성까지 도달할 수 있다는 것과 반대로 수행능력을 완전히 파괴시킬 수도 있다는 것이다.

훈련만큼이나 중요한 것이 휴식이다. 강력한 훈련으로 최정상에 서기 위해서는 휴식과 신체적 회복의 적절한 균형을 유지해야만 한다. 격렬한 훈련과 신체적 회복의 적당한 균형은 아주 어려운 부분이다. 프로그램에서 너무 많은 회복기가 있다면 최고 수행에 도달하는데 충분한 과정이 될 수 없기 때문이다. 최신 트레이닝 뉴스레터 - 『Peak Performance』는 "회복은 잘 숙지해야 하는 것이고, 훈련에 결정적인 요소가 되는 것으로 강조해야 한다"고 보고하였다. 회복이 무엇인지, 얼마나 오랫동안 휴식해야 하는 것인지를 이해하는 것이 중요하다. 좋은 경기결과를 내기 위해 철저한 준비와 분석을 토대로 훈련과 경기에 임하는 것도 중요하지만 잘 먹고 잘 쉬는 것 또한 훈련 못지않게 중요하다. 선수가 자기 컨디션을 유지할 수 있는 <휴식을 취하는 방법> 몇 가지를 제안한다.

훈련일지 예(골프)

20 년   월   일   요일   날씨: 바람: 온도:

오늘의 훈련 목표	체력훈련		
	기술훈련		
	정신(태도) 훈련		
연습량 및 체크	구분	시간	느낌
	퍼터		
	어프로치		
	벙커샷		
	숏아이언		
	미들아이언		
	롱아이언		
	우드/드라이버		
훈련반성 * 오늘 잘 했던 점이나 잘못됐던 점을 생각해서 적으세요	체력훈련		
	기술훈련		
	정신(태도) 훈련		
기분상태			
내일의 목표 및 주안점			

① 훈련장을 떠나면 더 이상 훈련에 대한 생각은 하지 않는다.

훈련을 기분 좋게 끝냈다면 괜찮지만 훈련이 잘 되지 않았을 때 훈련장에서 기분을 숙소까지 가져와서 힘들어하지 않도록 한다.

② 내가 하고 있는 운동종목 외 다른 운동도 취미로 배운다.

다른 운동을 배움으로써 정형화된 운동이 아니라 실전경기에서 여러 가지 매개변수를 사용할 수 있다.

③ 매일 훈련일지를 쓰도록 한다.

하루의 반성과 목표를 점검할 수 있다.

④ 좋아하는 음악을 들으며 긍정적인 생각을 한다.

좋은 음악은 심신의 안정과 정서발달, 긍정적인 생각을 하는데도 도움을 줄 수 있다.

⑤ 충분한 수면을 취한다.

잠자리에 들기 전에 훈련이나 경기에 대한 생각은 하지 않는다.

(2) 경쟁스트레스 관리

올바른 경쟁은 서로의 발전을 고무시키고 성취감을 느끼게 하며, 때로는 강인한 자신을 만드는 지렛대의 역할도 하지만, 부정적인 경쟁은 상대에게 부정행위를 하게 하고 팀들 간에 적개심과 공격적 성향만 기른다. 이는 대부분의 선수들이 경쟁을 승리와 상대를 이기는 것만을 강조하기 때문이다. 그렇다면 운동선수들이 경쟁을 스트레스로 느낀다면 어떻게 대처해야 할까?

첫째, 이기고 지는 경기 결과보다 경기 내용에 목표를 두어야 한다. 예를 들어 자유형 100m에 출전하는 수영선수가 결승에서 1등이 목표가 아니라 기록이 목표가 된다면 1등은 하지 못하여도 자신이 목표로 한 기록이 나왔을 때는 경기에 대한 만족과 기쁨을 느낄 수 있을 것이다. 또한 자신이 목표로 세운 기록을 내려고 최선을 하다보면 등위는 자연스럽게 오를 수 있다. 하나의 목표가 끝날 때마다 도전목표를 증가시키는 식으로 경쟁을 계획한다면 더욱 성공적으로 수행할 수 있으며, 자신감과 자존감은 상호 성공할 때마다 증가하게 될 것이다. 물론 성공적이지 못할 경우도 물론 있겠지만, 그것은 배움의 훌륭한 기회로 받아들여야 한다.

둘째, 음악의 근원은 '음을 즐기는 것'처럼, 스포츠의 근원은 '스포츠를 즐기는 것'이다. 즐거움에는 '지식'과 '기술'이 필요하듯 '알고 있는 것'과 '모르는 것', '할 수 있는 것'과 '할 수 없는 것'의 차이란 즐기는 방법의 차이이다. 무엇이든 알면 알수록, 할 수 있게 되면 될수록 흥미와 관심이 증폭되며, 깊게 알면 즐거움도 배가된다. '즐긴다는 것'은 오락으로 가볍게 하는 것이 아니다. 스포츠를 즐긴다는 것은 '힘든 운동의 괴로움 속에서 즐거움을 찾는 것'을 의미한다.

스포츠를 즐기는 방법에는 '스포츠 그 자체를 즐기는 것, 스포츠의 향상을 즐기는 것, 스포츠의 깊이를 즐기는 것' 등 여러 가지가 있지만, 공통적으로 필요한 것은 스포츠기술력을 높이는 것이다. 운동기술이 능숙해지면 운동수행능력이 효율적으로 높아지고 즐거움이 증가하게 된다.

스포츠의 향상을 바란다면, 재미를 느끼고 좋아해야 한다. 이것은 큰 활력이 되고, 향상을 향해 나아가기 위한 커다란 추진력과 에너지가 된다. 긍정적인 마음자세로 자신이 진정으로 좋아하고 원하는 것을 하고 있다는 것을 실증시키는 것이다. 또한 자신이 하고 있는 경기에 대해 존중하는 마음을 갖는 것이 중요하다. 자신이 존중하는 게임에서 자신의 기술을 향상시키기 위해 보다 열심히 시합에 몰두하게 된다. 이와 같은 방법으로 생각을 관리할 수 있는 능력이 무엇보다도 중요하다.

(3) 연습기간의 관리

가장 효과적이고 능률적인 훈련에 관심이 있는 지도자라면 누구나 연습시간의 길이, 주어진 시간 내의 연습빈도, 연습기간내의 훈련·휴식에 관심을 가질 것이다. 많은 지도자들은 최소한의 연습시간으로 최대의 생산성이나 효율적인 시간 사용이 어떤 것인지 고민하였을 것이다. 지도자가 선수에게 기능을 습득하는데 부여할 수 있는 것은 시간의 분배와 연습량이다. 어떤 지도자는 기능습득에 충분한 시간을 제공할 뿐만 아니라 미래에 가장 바람직한 결과를 도출하기 위한 시간을 할당하기도 한다.

어떤 분야에서 기능을 향상시키기 위해선 연습기간 중에 휴식의 간격, 적절한 훈련기간의 간격에도 관심을 가져야 한다. 따라서 지도자는 선수의 연습관리에 많은 신경을 써야 한다. 지도자가 신경써야 할 부분은 연습의 길이와 간격, 집중연습 또는 분산연습, 전습법 또는 분습법, 구획연습 또는 무선연습, 정신연습 또는 신체연습과 같은 훈련방법들을 적절히 조합하고 할당하여 최상의 효과를 얻을 수 있도록 해야 한다. 예를 들면 같은 운동량을 소화하더라도 선수의 수준이나 운동기술의 특성에 따라 2000m을 매번 질주할 것인지 아니면 분절로 나누어 할 것인지 등 연습관리에 신경을 쓰는 것과 같다.

참고문헌

채원식 등(2009). 체육지도자훈련지도서(조정), 체육인재육성재단.

Bernstein, D.A., Borkove T.D., and Hazlett-Stevens, H. (2000) New Directions in Progressive Relaxation Training: A Guidebook for Helping Professionals. NewYork: Praeger Publishing.

Cox, R.H. (2005), Sport Psychdogy: Concepts and Applications, New York, McGraw-Hill

Cratty, B.J. (1969), Movement Behavior and Motor Learning Movement, Lea and Febeinger.

Jacobson, E. (1974), Progressive Relaxation, Chicago: The University of Chicago Press, Midway Reprint. Out of Print.

Martens, R. (1987), Coaches Guide to Sport Psychology, Champaign, IL: Human Kinetics.

Ogilvie, B. (1986), Problem Athletes and How to Handle Them, London, Pelham

Richadson, A. (1972), Mental Imagery, Routledge and Kegan Paul.

Singer, R.N. (1975), Myths and Truths in Sport Psychology, Harper and Row.

Singer, R.N. (1978), Motor Learning and Human Performance, New York, MacMillan Co.

Stelmackh, G.E. (1975), Efficiency of Mortor Learning as a Function of Intertrial Rest, Research Quarterly(季刊誌)

Weinberg, R.S., Gould, D. (1995), Foundation of Sport and Exercise Psychology Champaign, IL: Human Kinetics

Wolpe, J. (1992), The Pratice of Behavior Therapy. New York: Pergamon Press.

山田久恒, (1969), 動體視反應時間にする硏究, 體育學硏究.

松田岩男, (1975), 運動心理學, 東京: 大修館書店.

松田岩男, (1979), 體育心理學, 東京: 大修館書店.

長田一臣, (1975), スポーツと催眠, 東京: 誠信書房.

河野良和, (1973), 自己催眠入門, 河野心理敎育硏究所出版部.

□ 편저자 약력

· 경북대학교 체육학과 대학원 졸업(이학박사-스포츠심리 전공)
· 한국심리운동학회 심리운동전문강사
· 한국심리운동학회 학술이사
· 한국발달장애학회 논문편집위원 및 이사
· 한국체육학회 외 논문심사위원
· 한국특수체육학회 이사
· 한국스포츠심리학회 스포츠심리상담사 1급 자격증
현) 경북대학교 체육교육학과 강의교수
　　경북대학교 체육과학연구소 연구원
　　나사렛대학교 재활스포츠연구소 연구원

체육지도자를 위한
스포츠 심리학

2015년 8월 25일　인쇄
2015년 8월 31일　발행

지은이 : 김　성　운
펴낸이 : 장　세　진
펴낸데 : 학　사　원

대구광역시 중구 서문로2가 38-3
전화 : (053) 253-6967, 254-6758,
　　　FAX : (053) 253-9420
등록 : 1975년 11월 17일 (라120호)

※무단복제 엄금　　　　　정가 25,000원
ISBN 978-89-8223-090 93690